WELL EDUCATED PERSONS

Global Mind Leadership

김상철

글로벌 교양과 리더십

글로벌 인재 교양론

well educated persons

HUEBOOKs

❖ 국립중앙도서관 출판시도서목록(CIP) ❖

글로벌교양과 리더십 /
김상철 -- 서울 : 한국외국어대학교 출판부, 2008

p. ; cm

참고문헌 수록

ISBN 978-89-7464-509-0 03190 : ₩16000

세계교양[世界敎養]

194.1-KDC4
177.1-DDC21 CIP2008002729

글을 시작하면서

21세기 무한경쟁시대를 맞으면서 우리나라의 지성인이라면 누구나 한번은 "과연 우리나라도 선진국이 될 수 있을까?" 라는 화두(話頭)를 생각해보지 않은 사람은 없을 것이다. 이 물음에 대해 아마도 낙관적 견해를 가진 사람도 많겠으나 회의적 견해를 가진 사람도 많지 않나 생각된다.

선·후진국을 구별하는 판단 기준으로 흔히 경제수준 즉, 국내총생산(GDP)수준을 고려하는 것이 일반 상식이다. 우리는 1995년 1인 당 국민소득 1만 달러를 달성하였으나 외환사정 등 경제 악화, IMF의 구제금융지원 등 어려운 경제적 위기를 극복한지 12년 만에 겨우 수치상으로 2만 달러가 되었다 했으나 그동안 전진 후진을 거듭 하면서 사실상 제자리걸음을 한 것이나 다를 것이 없다. 아마도 외환위기와 한국적 특수사정이 아니었다면 지금쯤은 3만 달러 수준은 되었을 것이다. 안타까운 점은 미국, 일본은 1980년대에, 영국, 싱가포르는 1990년대에 이미 달성했는데, 우리는 2012년 세계에서 7번째로 20-50클럽에 진입했다 하니 천만다행이다. 그러나 언제 3~4만불 대로 재도약하여 사실상의 선진국이 될지 현재로는 요원해 보인다.

물론 건국 60년 동안 세계 140여 개 신생국가 중에서 현대적 제도개혁에 성공한 유일한 나라로써 경제성장의 기적을 이룩한 데에 자부심을 갖는다. 21세기 시대정신에 맞는 몇 가지를 생각한다.

경제성장, 발전이 중요하다.

눈부신 경제성장을 이룩한 것이 사실이지만 모두가 노력한 만큼 경제발전의 성과는 미흡하다. 더 많은 성과를 올릴 수 있었다고 생각되는데 부정적 요인이 문제다. 경제 성장을 시민정신, 국민의식 수준이 따라가지 못하기 때문이다. 일류 선진국 달성에는 선진시민정신이 수반되어야 한다.

세계화라는 무한경쟁시대의 거센 파도는 좋든 싫든 우리에게 다가오는 불가피한 현상이다. 새로운 시민정신으로 무장하지 않으면 치열한 경쟁에서 실패자로 머무르게 될지도 모른다. 정상적 사회는 국가. 기업, 나라, 국민 모두가 윤리, 도덕을 바탕으로 투명성, 정직성, 합리적 사고, 공동체 의식, 상생(相生, win-win)정신, 질서의식 등 법과 원칙, 기본이 확립되고 잘 준수되는 사회이다. 경제 성장도 기본과 원칙의 확립을 통하여 세워진 건전한 정신적 기초 공사 위에서 이루어질 때 비로소 경제대국, 일류 선진국가의 달성이 가능하다.

교양인의 시대가 다가오고 있다.

교양인의 세계를 창조해야 한다. 미래는 모든 사람이 "투명한 유리상자 속에서 벌거벗은 삶"을 살아가야 하는 첨단정보화시대다. 부정비리가 폭로되어 원칙과 정의, 투명성이 살아나는 시대이다. 우리 사회에 고등교육을 받은 지식인은 많으나 모두가 높은 교양인, 바른 교양인이라고 할 수는 없다. 높은 교양인과 낮은 교양인이 구별되는 사회가 되어야 한다. 높은 교양인이 많은 나라가 선진국이다.

이 글을 쓰면서 필자는 동양 고전의 중요성을 새롭게 느낀다. 특히 국민을 다스리는 지침서로써의 "목민심서(牧民心書)"의 예(禮)와 교양 등 세부 내용은 서양의 교양서를 능가하는 것으로 생각된다. 우리는 훌륭한 교양적 가치를 망각하고 있다. "가장 한국적인 것이 가장 세계적"이라는 말이 있다. 우리의 가치(정체성)를 지키면서 세계화에 대응하는 지혜가 요구된다.

부자가 되도록 경제 교육에 치중하는 것도 중요하지만 배금사상, 황금만능주의의 고착화를 초래한 것이다. 미래에는 많은 분야에 걸쳐 국내외에서 활동하는데 부족함이 없는 훌륭한 교양과 인품을 갖춘 글로벌 인재(人材)와 지도자를 양성하는 것이 나라의 장래를 위해 시급한 일이다. 글로벌 생활교양(Global Mind & Ethics)을 배워서 선진국민의식을 갖추도록 하는 것이 선진국형 국민을 양성하는 길이라고 생각되기 때문이다.

글로벌 마인드로의 변화가 필요하다.

글로벌 마인드(global mind)는 글로벌 스탠더드를 만드는 기초일 뿐만 아니라 스탠더드를 만든 다음 정직하게 지키고 실천할 수 있는 원동력이 되는 것이다. 글로벌 마인드는 바로 경쟁력이며 국력이다. 선진국이 되는 기본의 기본이다.

글로벌 생활교양(Global Mind & Ethics)이라는 용어는 의전(protocol), 좋은 태도(manners), 예절(etiquette), 우리의 전통 윤리, 도덕을 포함한 인류가 지켜야 할 포괄적 교양이라는 의미에서 필자가 정의한 개념이다. 사람을 영접하는 기술이나 형식, 절차라는 단순한 행정적 행위와는 차별되며, 매너와 에티켓에 대한 흥미나 요령 위주의 상식적 교육의 차원을 넘어서 다양한 학문적 이론과 경험적 실제를 종합적으로 승화시킨 하나의 새로운 글로벌 생활교양 윤리의 시도이다. 글로벌 교양은 독자의 감수성을 자극하고 윤리, 도덕을 포함하는 글로벌 마인드에 대한 성찰 능력을 배양하여 세계 선진시민 생활에 적용할 수 있는 힘이 되고, 나아가 창의성과 자기개발 능력을 성취할 수 있는 원동력이 되리라 믿는다.

이 글은 현대 사회 각계에서 일어나는 복잡한 모든 문제를 생각하고 사람의 마음의 변화를 통한 선진 시민사회 건설을 위한 합리적이고 실천 가능한 구체적 제도와 방법으로서의 문명적 표준(standard)을 설정하고 시행토록 하려는 데에 목적이 있다. 또한 그 목적 달성에 공헌할 수 있는 인재 양성을 위한 교양의 실용적 정형적 틀(situational frame)로서의 종합적 텍스트를 제시하는데 있다.

책의 제I부에서는 글로벌 생활교양의 이론을 정립하고 실제와 형식, 실용성에 중심을 둠으로써 국내외 사회, 직장생활에 도움이 되고 나아가 자기개발에 도움이 되도록 하였으며, 제II부에서는 여러 분야, 각계각층 지도자들의 역할의 중요성을 살펴보고 바른 교양인으로서의 글로벌 지도자와 인재(人材) 양성을 위하여 글로벌 교양을 어떻게 적용시킬 것인가를 생각했다. 제III부에서는 개인이나 나라가 당면한 문제점과 시정할 점을 생각하면서, 선진시민정신 함양을 위한 글로벌 마인드로의 변화를 통한 일류선진국 달성 방안을 제시했다.

앞으로 이 분야와 관련되는 전문학자의 배출, 교육자 여러분의 적극적 관심과 보완으로 이 학문이 하나의 새로운 인문학의 대표적 종합적 벤처 학문으로 발전되어 선진국가 달성에 공헌하고 나아가 인류 평화와 화합, 번영의 초석이 되기를 바라는 마음 간절하다.

이제 우리는 "글로벌 마인드로의 변화 없이는 일류 선진한국은 없다"라고 생각해야 한다. 고등교육을 받은 많은 지식인이 바른 지식인으로, 높은 교양인으로 다시 태어나는 날, 일류 선진국은 이루어질 것이다.

많은 분들이 이 글을 읽고, 공감하고, 받아들여 실행에 옮기는 노력을 할 때, 높은 교양인으로서 다시 태어날 것이며 존경 받고 앞서가는 인재와 지도자를 양성하는데 기여할 것이다. 글로벌 교양 마인드를 갖춘 분들이 각계를 이끌어 가는 주인공이 될 때 나라의 장래는 보장될 것이다. 이 글은 2004년 발행한 저서 "글로벌 센스가 경쟁력이다"를 현실에 맞게 수정, 보완한 것임을 밝힌다.

글을 쓰는데 많은 격려와 배려를 해 주신 전 한국외교협회 최호중 회장님(전 외교통상부장관), 글이 잘 되는지 항상 염려해 주신 홍순영 현 회장님(전 외교통상부장관)과 여러 선배 대사 그리고 친지 교수 여러분께 감사를 드리며 교정과 자문을 해준 친우 이창우 전문편집인에게 고마움을 전한다. 끝으로 이 책의 출판을 기꺼이 허락해주신 한국외국어대학교 출판부 탁경구 본부장 등 여러분께 깊은 감사를 드린다.

2012년 9월

김 상 철

추천서

21세기 세계화시대를 맞이하여 우리는 대외적으로는 북한 핵 문제를 둘러싼 한반도 안보, 통일문제, 원유 등 국제 원자재값 상승, 대내적으로는 불경기, 실업 등 경제문제에 당면해 있다. 뿐만 아니라 정치, 경제, 사회, 문화 등 모든 분야의 각계각층에 퍼져있는 각종 부정비리 등시민의식의 문제를 생각할 때 과연 우리도 선진국 대열에 진입할 수 있을 것인지 나라의 장래를 우려하는 사람도 많다.

이러한 문제를 슬기롭게 해결, 극복하지 않고서는 선진국 대열에 진입할 수 없을지도 모른다. 국민 모두의 지혜를 모으는 노력이 어느 때보다 요구된다.

안보, 통일 문제를 위해서는 국민 모두의 각성과 단결과 협조가 선행되어야 하며, 경제 문제 해결을 위해서는 과학 기술의 개발, 첨단 산업 육성, 투자 유치, 노사 간의 화합 등 효율적인 경제 정책이 필요하다. 이러한 문제의 해결은 국민의 단결과 정부의 적극적 노력으로 어느 정도 달성이 가능하리라고 믿는다.

현재 나라 경제성장의 발목을 잡고 있는 요인은 끊임없는 각종 부정비리와 국민의식 수준의 문제이다. 부정 비리를 제거하고 정직과 투명성을 바탕으로 경제성장과 발전이 이루어질 때 일류 선진국가 달성이 가능할 것이다.

그러기 위해서는 땅에 떨어진 윤리, 도덕을 회복하고, 기본을 확립하여야 하며 기본을 확립하기 위해서는 선진 시민정신, 즉 글로벌 마인드로의 변화가 필요하다. 21세기는 무한경쟁 시대이며 변화의 시대이다. 모든 국민이 선진국민의식을 갖추도록 변화해야 미래의 일류 선진국 달성이 가능하다.

저자는 우리나라가 국민소득 4만 달러를 달성하여 선진국 대열에 진입하기 위해서는 경제 성장(첨단 과학 기술 개발-전문 인력 양성), 윤리 도덕 회복(글로벌 생활교양 교육-예의범절, 정직, 투명성 확보), 외국어 인력 양성(영어, 중어, 일어, 제2외국어)의 삼위일체의 조건 확립이 필수적이라고 주장하며 이 중에서 글로벌 생활교양 교육을 통한 윤리 도덕 회복이 선결조건임을 강조하고 이를 위한 글로벌 리더와 인재(人材) 양성의 길을 제시한다.

그런 의미에서 금번 글로벌 인재교양을 위한 지침서인 "글로벌 교양과 리더십"의 발간은 나라를 선진국으로 이끄는 훌륭한 안내서가 되리라고 믿는다. 저자는 오랜 외국생활을 통한 경험과 다양한 분야의 학문적 연구를 통하여 우리의 전통 예절과 서양식 예의범절인 의전, 매너, 에티켓을 혼합한 퓨전 문화로서의 글로벌 생활교양서를 내놓게 된 것이다. 따라서 이 저서는 교양윤리의 새로운 학문적 시도라고 할 수 있으며 높이 평가되리라 생각한다.

저자는 우리나라가 세계화 무한경쟁시대를 슬기롭게 극복하고 선진국으로 성장, 발전하기 위해서 벌여야 할 사항과 받아들여야 할 사항, 보존해야 할 사항을 분명히 한다.

나아가 저자는 서양의 예의범절을 수용함에 있어 형식과 절차만을 중요시 할 것이 아니라 내용이 중요함을 강조하고, 구체적인 교육, 실천, 추진 방향까지 제시하고 있다. 이는 우리의 문제를 근본적으로 해결하는데 좋은 방책이 될 것이다.

이 책은 단순한 홍미 본위의 내용이 아니라 세계화시대에 모든 국민이 갖추어야 할 필수교양을 담은 문화교양서라고 생각된다. 따라서 우리나라의 각계 지도자, 공직자, 기업인은 물론 상사 임직원, 근로자, 학생, 남녀 할 것 없이 스스로 지식인을 자처하는 모든 분들이 한 번 읽고 생각하고 느껴 보시기 바란다. 우리 모두가 읽을 만한 교양서적으로서 손색이 없으리라 생각되어 감히 추천한다.

2008. 8.

한국외교협회 고문 최 호 중

(전 통일원부총리, 외무부장관)

목차

제 I 부 글로벌 교양의 이론과 실제

제 Ⅱ 부 지도자와 글로벌 인재교양

제 I 부

글로벌 교양의 이론과 실제

21세기 무한경쟁시대에 남보다 바르게 앞서가는 인성함양을 위한 "변화의 길잡이"가 "글로벌 교양"이다.

교양론은 "마음의 변화"를 추구하는 학문이다. 사고방식을 한층 더 업그레이드시키는 원동력이다. 글로벌 생활교양은 의전, 매너, 에티켓 등 예의범절의 총괄적 개념이다. 교양은 투명, 정직, 배려의 열린 마음을 배양하는 기본이다. 높은 교양인, 바른 교양인을 만드는 학문이다. 모든 분야의 바른 지도자, 바른 인재를 양성하는 길이다. 인성과 창의성 함양을 통한 자기개발, 자기실현이 가능하다. 교양의 형식(스타일)과 내용(마음) 그리고 절차와 실용성을 이해하고 실천하도록 함으로써 국민 모두의 글로벌 마인드(공감)를 고양하고 나아가 선진 복지국가로 가기 위한 국가 경쟁력의 기반을 마련하는데 목적이 있다.

제1장 글로벌 생활과 글로벌 마인드

교양이란 무엇인가? 글로벌 생활에 있어서 알아야 할 글로벌교양과 일반교양의 차이점은 무엇인가? 고대 서양교육과 한국의 전통교육에서 배울 수 있는 교양은 어떤 것들이 있는가를 생각하면서 글로벌 마인드가 왜 중요한가를 알아본다.

1. 글로벌 생활교양의 기본 요소

우리는 일반적으로 교양의 뜻을 많은 지식으로 생각하고 있다. 교양이 있는 사람이라 할 때 아는 것이 많은 사람, 즉 많이 배운 사람, 학식이 풍부한 사람으로 알고 있다.

교양의 의미는 몇 가지로 정의할 수 있다. 첫째는 학문, 지식, 사회생활을 바탕으로 키워지고 이루어지는 품행, 둘째는 인간의 정신 능력을 일정한 문화적 이성에 따라 계발하여 인격을 배양해 가는 노력과 성과, 셋째는 개인의 바른 인식과 바른 행동(M. Arnold; 영국시인), 넷째는 인간 자신의 내면적 형성 과정이다. 교양의 의미를 한 마디로 말하면 인간의 품성과 인성을 가르쳐 기르고 높이는 것이다.

교양(敎養; culture)은 인간의 정신 능력을 일정한 문화 이상(理想)에 근거하여 개발함으로써 인격을 배양해 나가는 노력을 의미한다. 영어의 교양(culture)이라는 용어는 농사를 짓기 위해 땅을 파는 행위, 즉 경작(agri-culture)한다는 의미에서 나온 말로, 개인의 바른 인식과 바른 행동을 의미한다. 여기서 말하는 교양(culture)은 일반적으로 말하는 문화(culture)와 영어 표현은 같으나 차이가 있는데 이는 후술할 것이다.

중세의 석학인 에라스무스(Erasmus)는 교양교육을 통하여 자비롭고 경건한 마음을 배우고, 인문학 작품을 통해 인간의 사랑과 의무감, 겸손, 공손, 친절한 태도 등을 배울 수 있다고 강조하였다. 교육의 의의는 인간이 사회 구성원의 일원으로 인간다운 삶을 영위할 수 있도록 자질과 교양을 배양하는데 있다.

교육학적으로 표현하면 교양인은 계몽된 교육정신(enlightened, well educated mind)의 소유자이다. 나의 쾌락을 추구하고 남의 고통을 회피한다는 심리학에 의해 지도되는 나의 행복추구와 최대다수의 행복추구가 사실상 동시에 일어난다는 사실을 인식하는 것이 계몽화된 정신이며 바로 교양인의 태도이다.[1)]

21세기 세계화시대를 맞이하여 누구에게나 높은 수준의 교양이 요구되고 있다. 교양은 경제이며 국력이다. 교양인이 많을수록 국민의 교양수준이 높을수록 선진국이라 할 수 있기 때문이다.

교양인은 훌륭한 인품을 가진 인격자이다. 즉, 교육을 제대로 잘 받은 인격자가 바른 교양인(well educated person)이다. 예의범절, 윤리, 도덕 공부를 통하여 완성된 인품의 소유자를 교양인이라고 할 수 있다. 예의범절과 윤리, 도덕을 형성하는 원동력은 착하고, 선하고, 정직한 마음이다. 참고 견디고 남을 생각하는 마음이다. 따라서 고등교육을 받은 사람이라도 윤리, 도덕관념이 없고 기본질서를 지킬 줄 모르며 부정부패 비리, 사기행위를 범하는 자는 여기서 말하는 교양인의 범주에서 제외된다.

글로벌 마인드(global mind; 국제공감, 시민정신)는 세계화시대를 사는 사람으로서 갖추어야 할 교양의 기본 요소이다. 글로벌 마인드의 필요성은 첫째, 인간이 국제 수준에 맞게 처신하기 위해, 둘째, 일상의 사생활뿐만 아니라 직장생활, 공적 생활, 나아가 세계 속의 국제생활과 관련하여 갖추어야 할 인성교양에 있다 할 것이다. 여기서 교양이라 함은 일반 지식 또는 상식으로서의 영어 등 외국어, 골프, 음악, 꽃꽂이 등 취미생활 과목을 의미하는 광의의 교양이 아니라 훌륭한 인품을 갖추도록 하는 인성교육으로서의 교양, 자기개발과 자아실현을 위한 글로벌 마인드를 의미한다.

교양교육은 바로 글로벌 마인드를 키우는 인성교육으로 가능하다. 우리는 인성교육과 상식 수준으로서의 광의의 교양교육을 혼돈하고 있다. 인성교육을 위해서는 교양교육의 내용을 선별할 줄 알아야 한다. 대학교의 커리큘럼 중 교양과목을 살펴보면 교양, 취미 생활, 예술, 스포츠, 상식, 지식, 기술 등을 애매하게 분류하고 있다. 교양의 의미를 광의로 해석하다 보니 전공 학생이 아닌 경우 자기 전공과목 외의 다른 과목은 무조건 교양과목으로 인식하도록 분류하고 있는 것이다. 예를 들면, 영어 회화는 필수 외국어 과목이지 교양 과목은 아니다. 골프는 교양이 아니라 스포츠 내지는 취미생활이다. 에어로빅은 운동 내지는 취미활동이지 교양도 아니고 더군다나 학문도 아니다. 이 밖에도 많은 취미생활 또는 지식, 예능, 체육, 기타 상식 과목이 교양과목에 포함되어 있다. 이는 대학이 아닌 연습장, 학원, 문화원 등에서 마음대로 배울 수 있는 취미생활 과목이다.

교양은 훌륭한 인성에서 나온다. 훌륭한 인성과 인품은 교양교육을 통하여 완성될 수 있다. 따라서 교양교육은 인성교육의 완성을 위한 교육 방안이며 기타 광의의 일반적 교양과목은 취미생활 내지는 여가생활 과목으로 분류하여 실시하는 것이 타당할 것이다. 교양과 인성은 상호 보완적이며 동시에 동전의 양면 같은 불가분의 관계에 있다. 따라서 글로벌 마인드를 갖추도록 하는 교양교육과 인성교육은 같은 의미로 이해되어야 할 것이다. 교양은 21세기 세계화시대가 요구하는 새로운 윤리, 도덕이다. 글로벌 에티켓, 매너 교육은 글로벌 생활교양의 기본 마인드를 함양하는 교육이다.

글로벌 생활교양은 글로벌 마인드를 기르는 첩경이고 장차 국내외 사회활동에서 리더가 되고 성공할 수 있는 인재를 양성하는 효과적인 수단이다. 글로벌 마인드는 정직성, 투명성, 제도, 질서 준수 의식, 봉사 협동 정신, 인권 존중, 합리성, 평등사상 등 세계의 지도자는 물론 모든 사람이 갖추어야 할 덕목이라 할 수 있다.(제II부 지도자와 글로벌 인재교양편 참조). 국제 생활교양을 우리 모두가 알아야 하는 이유가 바로 여기에 있다.

2. 글로벌 생활교양을 모를 때의 문제점

우리 인간이 일상생활을 하는데 있어서 먼저 해결해야 할 기본조건은 과거 전통적 관점에서 볼 때에는 의(衣), 식(食), 주(住)였다. 그러나 현대의 문명화 시대를 사는 인간의 기본생활 요소는 위의 3요소 외에 교(交; 사교, 인간관계 등)와 학(學; 배움, 지식 정보 획득)의 개념이 추가되지 않으면 안 되게 되었다. 교와 학은 이제는 인간다운 생활을 영위하기 위한 기본조건을 충족시키는 윤리, 도덕에 바탕을 둔 교양문화라고 할 수 있으며, 바로 교육과 교류(交; 인간관계)에 기초해야 하는 것이다. 그런 의미에서 교양은 인간생활의 기본인 동시에 모든 인간생활 영역에 적용되는 가장 중요한 생활문화라 할 것이다.

인간의 활동영역인 정치, 사회, 경제, 문화, 예술, 과학 분야뿐만 아니라 세부적으로 의료, 금융, 서비스업, 생산업, 학교, 가정 등 모든 생활영역에서 교양 있는 삶이 어느 때보다도 더 중요한 것이다. 과학문명이 발달하면 발달할수록 사회는 점점 더 투명한 사회로 발전하고 있으므로 글로벌 마인드가 없는 삶, 전통적 사고의 삶만으로는 결국 낙오, 실패의 삶이 될 수밖에 없을 것이다.

예절 연구가 매릴린 핀커스(Marilyn Pincus)는 에티켓을 몸에 익히고 어떻게 처신해야 할지를 항상 명심하고 최고가 되도록 노력한다면 사회생활에 있어서 유리한 고지를 점령할 수 있으며, 다른 경쟁자들은 뒤로 물러날 수밖에 없다고 주장하였다.[2] 이는 개인에 따라 다르긴 하나 누구나 자기개발 노력 여하에 따라서는 자아실현(自我實現)이 가능하다는 의미라고 할 수 있다.

독일의 교육학자 피히테(Fichte: 1762~1814)는 독일이 나폴레옹 군대와의 전쟁에서 패망한 이유를 세 가지를 들었다. 첫째, 독일인들의 개인주의적 이기심, 둘째, 진리에 대한 무관심, 셋째, 도덕의 극단적 타락이다. 그러면서 민족 공동체 의식의 개발, 도덕적 심성의 함양을 위한 새 교육의 인간상을 정의와 덕망, 확실한 선 의지를 가진 자라고 주장하였다.[3]

미르세아 엘리아데(Mircea Eliade: 문화 해설가)가 자국 문화전통의 도그마로 가려진 자기 문화의 정체성을 제대로 알려면 타 문화의 경험이 중요함을 강조한 바와 같이 자기 나라 문화에 관한 교육만으로 자국 문화의 수준을 알 수는 없다. 자국의 윤리, 도덕, 교양 문화의 수준을 알고 잘못된 점을 개선하기 위해서는 외국의 경험과 외국생활에 관한 풍부한 경험을 통하여 얻은 자료를 활용하여 실질적으로 체험하는 것과 같은 효과를 함양토록 하여야 한다. 그렇게 하기 위하여 글로벌 생활교양 이론을 알아야 한다. 윤리, 도덕 교육에 기초한 글로벌 생활교양의 함양은 국가와 개인의 장래와 직결되는 중대한 사안이라 할 것이다.

3. 동·서 문화 융합과 글로벌 교양의 창조

글로벌 생활교양(global life education－global manners & ethics)이라는 용어는 의전(protocol), 좋은 태도, 습관(manners), 예절(etiquette) 등 윤리, 도덕을 포함한 예의, 범절의 포괄적 의미에서 필자가 정의한 개념으로 바르고 옳고(right) 좋은(good) 생각, 세계적, 공감적 표준 마인드를 의미한다. 글로벌 생활교양은 인류가 세계화시대의 지구촌 생활에 들어서면서 선진 복지국가에서 일반적, 보편적으로 통용되는 예의, 범절, 에티켓, 매너, 프로토콜 등 일상생활에 필요한 문화를 의미한다.

여기서 의미하는 '보편적'이라는 의미는 피에르 브르디외가 한 인터뷰에서 표현한 대로 "인류 전체가 나누어야 마땅하다고 생각되는 쟁취물로, 어느 일국이나 일국민의 독점물이 아님"을 의미한다.[4] 따라서 특정 지역의 특정 문화와 관련된 생활교양은 여기서 말하는 글로벌 생활교양 개념에서 제외된다.

동양문화나 서양문화를 융합하는데 있어서 동양적 가치나 서양적 가치로 서로 다른 문화를 대체한다는 생각, 즉 한 문화에 대한 다른 문화로의 대안 가능성을 생각할 것이 아니라 상호간의 건설적 비판을 통하여 상대 문화에 대한 중요성을 인정하면서 보완적 관계를 찾아내는 것이 중요하다. 서양사상의 합리적 이성과 시민사회의 보편성, 동양사회의 공동체주의, 욕망의 절제를 통한 인격도야, 중도사상으로 고양된 다양성의 추구 등이 서로 결합되고 상승적으로 보완될 때 동·서 문화의 융합은 성취될 수 있을 것이다.

중국인으로 프랑스 한림원(아카데미아 프랑세즈)의 정회원인 프랑수아 쳉 교수는 "서양사상의 핵심은 인간의 개별적 주체(主體)를 강조하는데 있다"고 했다. 데카르트가 말한 '나는 생각한다, 고로 나는 존재한다'라는 명언이 서양 민주주의와 서양사상의 기본이다. 거기에 비하면, 동양은 집단과 공동체를 강조한다. 동양인은 서양의 개별적 주최 의식을 제대로 배우면서, 동양적 공동체 정신을 그들에게 전해 주어야 한다. 한국이 월드컵에서 보여 준 국민적 열성과 질서의식은 서양인들에게 좋은 본보기가 될 것으로 생각된다.

새뮤엘 헌팅턴(Samuel Huntington; 미국 정치학자)은 다양한 문화가 함께 존재, 발전한다는 의미에서 문화의 공존(cultural co-existance)이라는 용어를 사용한다. 공존은 상대 문화의 상호 존중을 의미하는 것이나 필자는 가능한 분야에 있어서 문화의 동화현상으로서의 융합을 주장하는 것이다. 사실상 많은 다른 문화가 융합되고 있는 것이 현실이라고 생각하기 때문이다.

퓨전(fusion) 문화의 구성 부분으로서의 글로벌 생활교양에는 에드워드 홀이 말하는 많은 정황적 틀(situational frame)이 존재한다. 이러한 틀을 구성하는 것은 정황언어(situational dialect), 물질적 부속물, 정황적 인격, 행동의 패턴 등으로 인지된 배경(setting)에서 특정한 정황에 적절하게 이루어지는 것들이다. 평상적인 배경과 정황에는 인사, 일, 식사, 매매, 다툼, 지배, 연애, 통학, 요리, 접대, 여가 등의 행위가 있다. 정황적 틀이란 하나의 완결된 실체로서 분석하고, 가르치고, 전파하고, 후대에 물려줄 수 있는 실행 가능한 문화의 최소 단위이다.[5)]

동·서 문화의 혼합은 동·서양의 두 개(兩)의 다른 문화로부터 장단점을 구분하고 좋은 문화를 수용하여 이를 동·서양에서 공통적으로 상호 수용할 수 있는 글로벌 생활예절 윤리문화, 글로벌 생활교양(global manners & ethics)으로 정착시켜 인성교육 자료의 표준화 내지는 정형화 자료로 활용하는 방안을 강구하는 것이다. 이것을 필자는 "동·서 퓨전 문화(O-O Culture; Oriental-Occidental Culture)의 정형화" 라고 명명한다(예: 서로 머리 숙여 인사하면서 악수하는 행위—악수하면서 머리 또는 허리 굽혀 인사하는 동양인의 악수 행위를 서양인들도 좋은 관습으로 인정하고 있는 경향이 있으므로 이를 서양인들이 수용하도록 하는 노력이 필요하다. 본래 악수는 서양 관습을 수용한 것이다(인사 법 "악수인사" 참조).

완전한 동·서 퓨전 문화의 창조는 불가능할지 모르지만, 앞으로 많은 세계의 학자들이 관심을 가지고 연구, 발전시켜야 할 분야가 될 수 있으리라 생각된다. 따라서 동·서 간에 잘못된 문화는 버리고 좋은 문화는 서로 수용하는 노력이 필요하다. "변화의 지혜"가 필요한 때이다. 모두가 스스로 향상을 위한 "변화"를 추구해야 한다. 바로 이런 의미에서 필자는 동·서 문화의 만남, 즉 동·서 퓨전 문화(비록 제한적 범위이긴 하지만)의 창조가 가능하며 그것은 이 책에서 전하려는 메시지 "글로벌 생활교양 문화(global life education: global mind, manners & ethics)"인 것이다.

---

* To move the world, we must first move ourselves. - Socrates -

* 세상을 움직이려면 먼저 나 자신을 움직여야 한다. - 소크라테스 -

제2장 글로벌 생활교양의 용어, 형식, 내용

21세기 밀레니엄시대 또는 세계화시대를 맞이하여 우리가 필요로 하는 글로벌 생활교양을 이해하기 위해서는 우선 여러 가지 관련 용어를 아는 것이 중요하다. 예의범절의 의미는 본래 시민의 신분(civilite; civilitas)이라는 용어에서 기원하며, 시민의 신분은 시민이 가져야 할 권리와 의무를 알고 지키는 품성을 갖춘 인격자를 의미한다. 예의범절을 의미하는 서양 교양 용어에는 프로토콜(protocol; 의전), 매너(manners), 에티켓(etiquette), 커터시(courtesy; coutoisie, 좋은 태도, kindness) 등이 있다. 우리가 아는 상식으로는 의전은 영접행위, 매너는 습관, 에티켓은 예의이며 커터시는 친절이다.

그러나 위에서 설명한 교양 용어에 대한 상식적 차원의 피상적 이해만으로는 본래의 의미를 상실하게 된다. 교양 용어의 내면적 의미를 이해하는 것이 중요하다. 의전, 매너, 에티켓 등 국제교양 관련 용어의 의미는 형식(form)과 내용(contents)으로 구성되어 있다. 이러한 교양 용어를 정확히 이해하기 위해서는 용어 의미의 구성 요소인 형식(form; forma), 절차(formality), 그리고 본질내용(base, matter, substance-contents, meaning, mind)의 총체적 개념을 알아야 한다.

1. 의전(儀典; protocol)과 우호관계

프로토콜(protocol)이란 용어는 라틴어의 protocollum과 그리스어의 protokollon이란 어원에서 유래하였으며 그 의미는 사전, 어원, 문서, 교황칙서, 외교의례 등 서류, 문서의 총체적 의미를 포함한다. 그 후 외교행사, 의식을 규정하는 의례, 에티켓, 존칭, 경칭, 예의, 겸손, 품위 등을 의미하면서 국제관계 및 국제적 행사 등 공식행사를 할 때 국가 간 또는 외국인 간의 도덕적 규범으로 발전하여 왔다.

의전의 발전 역사를 간략히 살펴보면, 고대의 신에 대한 제례 의식으로부터 그 기원을 찾을 수 있다. 문헌상 가장 오래된 고대 예법서는 4500년 전 이집트 왕의 신하가 쓴 프타호텝 교훈서(Instruction of Ptahhotep)로 알려져 있으며 그 후 그리스, 로마의 교양교육, 12세기 스페인계 유태인 성직자 페트루스 알폰시(Petrus Alphonsi)의 저서 "성직자의 규율", 성 빅토르 유고 폰의 "수도사 교육론", 13세기 이태리인 본비치노 다 리바(Da Riva)의 예법서, 탄 호우저(Tan Häuser-독일인)의 궁중예법 그리고 15세기의 에라스무스(Erasmus)의 "어린이 예절교본(De civilitate morum puerilium)" 등을 거처 발전되어 오면서 프랑스 루이 14세 당시 궁중 예절로 확립됨으로써 현대적 의전(protocol)으로 발전하였다.

의전이라 하면 국가, 정부 내의 공식적인 행사, 국가 간의 외교 행사 등에서 지켜야 할 예의나 규범을 의미한다. 그 뿐만 아니라 넓게는 사회 구성원으로서 개개인이 지켜야 할 예의범절까지를 포함하는 광범위한 개념이다.

세계화시대에 국제 관계가 증대해 감에 따라 의전 이해의 필요성이 점증하고 있다.(의전실무편람, 외교통상부 출간. 2002)

의전을 위반함으로써 상대방 국가와의 관계 악화, 즉 국제 관계의 악화를 초래하는 경우도 있으므로 의전을 아는 것이 중요하다. 영국 대사가 테헤란 부임시, 극진한 영접을 받았는데 샤(국왕)를 알현하는 첫 날 프로토콜상 바닥에 앉게 되어 있었는데 이를 거부하고 의자를 요구, 또 신을 벗어야 했는데 신발을 신을 것을 고집, 모자(두건)를 벗고 인사하는 것은 실례이나 영국 대사는 모자를 벗을 것을 고집하였으므로 의전상 마찰이 있었다.[6)]

이 예는 양국 국민 간의 전통, 생활관습 차이가 야기한 문화 충돌로 발생한 의전상의 문제이다.

공식적으로 의전이 적용되는 경우의 대표적인 예를 들면 외국 원수(국왕 또는 대통령)의 방문 또는 영접 행사인 국빈방문(State Visit)

이다. 이 경우의 사전 준비가 필요한 절차는 다음과 같다.(자세한 내용은 외교통상부 의전 편람 참조)

① 구두 초청(교섭).

② 공식 초청(초청장 발송).

③ 시기, 형식 결정.

④ 의제, 일정 조정(고위관리 방문).

⑤ 선발대 방문 시찰, 점검, 협의.

⑥ 선물, 훈장 교환 협의.

⑦ 약력, 기호, 금기사항, 가족사항 등 통고.

⑧ 공항행사, 절차 협의.

⑨ 공항 영접(악보, 국기, 영접 수행원 등 결정).

⑩ 숙소, 영접, 방문인사, 오·만찬 주최, 연회, 연설, 조약, 공동성명 서명 준비, 참석 인원 등 결정.

⑪ 영부인 별도 일정 준비.

⑫ 호텔 정리, 감사 서한, 방문 후 합의 사항 이행 등.

이상에서 설명한 외교 관례상의 의전(Protocol)은 주로 외빈의 영접 형식, 절차에 관한 행위로 일종의 기술이라고 할 수 있다. 그러나 의전의 의미에는 다음 사항이 포함되어 있음을 중시하여야 한다.

① 형식 중시(행정 규칙, 절차, 서식 등).

② 서열 중시(국가 및 개인).

③ 행정 절차 준수.

④ 상호 존중(국가, 개인).

⑤ 예의범절 준수(에티켓, 매너, 상대 문화, 여성 배려 등).

⑥ 공사 구별 의식.

⑦ 국가 간 협의 및 합의(의전 절충).

이 책에서 설명하는 의전의 내용은 이것을 국제 생활교양이라는 윤리, 도덕 차원으로 높인 개념으로 이해해야 한다.

의전과 유사한 용어로 의례(儀禮)라는 용어가 있는데 이는 라틴어 ritus(성스러운 관습)로부터 파생되어 제례(ritual)라는 종교적 의미 외에 축제, 놀이 등 다양한 행사와 혼합된 행사 문화의 용어로 사용되었고 같은 의식, 의례, 의전을 의미하는 ceremony(monial) 용어를 사용하는 나라도 있다(아르헨티나에서는 외무성 의전실을 프로토콜 용어 대신 "ceremonial y culto"라고 표기함).

의전과 관련하여 국빈방문(state visit) 때의 영접의 예를 들어 설명하면 첫째, 손님을 영접하기 위한 여러 가지 형식으로 공항 도착할 때 영접 인사를 몇 명으로 하고, 오찬, 만찬 등 초청 대상은 누구로 몇 명을 할 것인가 등을 들 수 있다. 둘째, 형식을 이행하기 위한 절차로서 영접 행사를 공항에서 할 것인지, 또는 청와대에서 할 것인지 등을 들 수 있다. 셋째로는 어떤 마음으로 대할 것인지, 모든 정성을 다하여 할 것인지, 좀 고자세로 할 것인지 등 상대 국가와의 우호관계나 이해관계에 따라 또는 방문 인사, 즉 손님에 따라 다를 수가 있다. 다시 말하면 외국 대통령이 미국을 방문할 때 부시 대통령이 백악관에서 영접한 경우, 텍사스 농장에서 영접한 예와 캠프 데이비드 별장 또는 백악관에서 영접한 예 등은 내용과 관련된다 할 것이다.

---

* Our limitations and success will be based most often on our expectations for our selves. What the mind dwells upon, the body acts upon. - Thomas Dewar -

* 우리의 한계와 성공은 종종 우리 자신을 위한 기대치에 의존한다.
몸은 마음이 머무는 데를 향해 움직이기 마련이다. - 토마스 드워 -

2. 매너(Manners)와 풍요로운 삶

매너는 인간의 태도, 습관, 관습으로 인간의 행위나 생활과 직결되는 도덕의 다른 표현이다. 매너는 첫째, 모든 대인 관계, 즉 인간 활동, 언행행위에 적용된다. 둘째, 개인, 단체와 접촉할 때 인사, 악수 등 행위를 포함하여 겸손, 상대 존중 등 표정관리와도 관련된다. 셋째, 문서나 서식행위의 형식에도 반영된다.

매너의 역할의 중요성을 인식하는 것은 성공적인 풍요로운 삶에 이르는 길이다. 매너는 첫째, 인간관계의 통로에 윤활유(smooth)를 치는 격이다. 서양식으로 표현하면 hello, please, thank you 등 가벼운 인사가 중요한 매너에 속한다. 둘째, 인간관계에 있어 자신감(self-confidence)를 제공한다. 좋은 인간관계 유지에 도움이 되기 때문이다. 셋째, 좋은 매너는 인간적 매력, 호감(attraction)을 제공한다. 즉, 상대방으로 하여금 좋은 반응을 일으킨다. 매너는 여권(女權) 신장 및 사회적 환경변화 등 시대적 변화에 따라 변화, 발전한다. 여권 신장이 확장될수록 여성에 대한 매너는 더욱 개선되어야 한다.

매너(manners)의 어원은 본래 라틴어 모레스(Lat. mores; morality, 도덕성)라는 단어에서 파생되었으며 여기서 매너(manners; 습관, 태도)라는 용어도 나왔다.

매너는 에티켓과 마찬가지로 형식과 내용으로 분류할 수 있다. 그런데 형식은 행동의 겉보기, 즉 틀, 모양(form)인 습관을 말하며 내용은 마음(mind), 의식적, 무의식적 태도와 관련된다. 진정한 마음 또는 가식적 마음가짐 등의 표정과도 관계된다. 커피를 타는데 수저로 덜거덕거리며 수십 번을 신 바람나게 저어대는 행위는 겉보기 모양과 관계된다. 저어대는 행위가 조용하게 이루어질 때 남을 의식하는 행위가 되며 반대의 경우 무의식 행위가 된다. 남을 의식하지 않는 무의식적 행위는 잘못된 매너로 인식될 수 있다.

우리 속담에 "세 살 버릇 여든까지 간다"는 말이 있다. 나쁜 습관, 즉, 나쁜 매너는 고치기가 쉽지 않다는 의미다. 나쁜 습관을 무의식적으로 받아들이다 보면 자기도 모르게 몸에 배어 고질적 악습의 밧줄을 짜게 된다.

나쁜 매너는 에티켓(etiquette)에도 영향을 미친다. 학교 수업시간, 골프 시간에 상습적으로 10분씩 늦는 행위, 친구와의 대화에서 말끝마다 욕하는 행위, 지하철 안에서 사람이 많은데 책상다리를 하거나, 다리를 뻗는 행위, 때와 장소를 가리지 않고 아무 곳에서나 맨발 벗는 행위 등 그 예를 이루 다 들 수가 없다.

특히 단체로 외국 여행을 하는 경우가 많은데 외국의 유적지 또는 수족관 등 어느 특정 장소를 관람할 때는 공간이 비좁아 들어오고 나가는 사람 간에 몸과 팔이 부딪히는 신체 접촉의 경우가 있는데 이때는 내가 잘했든 잘못했든 관계없이 "미안하다는 표현(excuse me or sorry)"을 하는 것이 예의이다. 지하철에 승하차 할 때 다른 사람을 밀치고 지나가면서 아무 말 없이 가는 경우가 흔하다.

신체 접촉뿐 아니라 승차한 후 좌석에 앉아 다리를 앞으로 뻗는 행위 등은 대화 이론에 나오는 개인 거리(개인 주변 공간 약 50cm)를 침범하는 행위이다. 개인 영역을 존중하는 것도 남을 배려하는 마음이고 매너를 지키는 마음으로 삶을 풍요롭게 하는 행위이다. 따라서 "마음의 변화" 없이는 좋은 매너, 풍요로운 삶은 성취될 수 없다.

---

* Habit is either the best of servants or the worst of masters.

- Nathaniel Emmons -

* 습관은 최상의 하인이 될 수도 있고 최악의 주인이 될 수두 있다.

- 나사니엘 에먼스 -

3. 예의범절(Etiquette)과 겸양지덕의 즐거움

에티켓 준수의 목적은 인간관계에 있어 즐거운 환경조성 행위, 즉 인간 세상을 즐겁게 하는데 있다. 에티켓의 근거는 상대방에 대한 친절 의식에 있다. 따라서 나를 상대방보다 높여서는 안 되며 항상 나를 상대방보다 낮춘다는 생각에서 출발해야 한다. 에티켓은 예의, 예절, 예의범절의 총체를 의미하며 겸양지덕으로 자발적 준수를 원칙으로 한다.

예의범절의 서양적 표현인 에티켓(etiquette)의 어원은 프랑스 루이 14세 당시 궁중 파티에 참석하는 1천여 명의 많은 사람들이 화장실 부족으로 정원을 오염시키게 되자, 정원사가 정원보호를 위해 정원 출입금지표지인 말뚝(estiquier)을 세워 놓은 것에서 유래하였다 하며 "예의를 지켜야 한다"는 의미로 발전되었다.

예의범절의 문제를 단순한 기분으로 보는 경향이 있는데 이런 경우에는 잘 준수되지 않는다. 즉, 회의 시에 "음주를 삼가야 한다"고 할 때 이를 하나의 단순한 기분으로 생각하는 경향이 있으면 회의 전에 음주습관이 들 수 있다(러시아, 중남미 일부 기타, 서양에서는 고위관리, 회사임원들이 사무실에 술을 비치하고 손님이 방문할 때 한두 잔 권하는 경우도 있다).

지하철 안에서 노약자석을 학생이 점하고 있는 행위는 분명히 에티켓에 어긋나는 행위이나 강제로 해결할 수는 없다(때로는 노인들이 강제로 학생을 몰아내고 자리를 빼앗는 경우도 없지는 않다).

"의무 개념을 윤리학의 중심에 위치한 최초의 철학자 칸트는 도덕적 선은 의무 개념의 이행으로 가능하다"고 주장한다.

이러한 관점에서 볼 때 어떤 경우에는 의무 개념의 이행에 있어 선의의 규제가 필요하다고 본다. 예를 들어 주·정차를 위반하면 범칙금을 과하는 것과 같은 방법으로 개를 동반하고 나갈 때 목줄 사용, 꼬리표 부착, 배설물 봉지 준비 등을 의무화하고 위반하면 벌금을 부과토록 한 처벌 규정은 좋은 행정조치이다. 우리나라의 경우 자발적 준수를 기대하기 보다는 아직도 이행규칙 또는 법규를 정하는 것이 효과적인 경우가 많기 때문이다.

4. 공손함(Courtesy)과 좋은 인상

커터시는 사람과 사람 간의 친절의 표시이다. 이에 대한 예로, 승강기를 탑승할 때 문을 잡고 다음 사람을 기다리는 양보 태도, 여성 앞에서 일어서기(비서, 직원, 부하인 경우에는 예외 인정 가능), 기타 smile, thank you, please 등 상냥한 마음과 감사 표현 행위 등이 해당된다.

그러나 지나친 공손이나 겸손은 자칫하면 자신의 출세나 이익을 챙기기 위한 아부나 아첨으로 오해될 수도 있으므로 너무 지나칠 정도로 비굴한 태도를 보이는 것은 지양해야 한다.

공손은 상관이나 어른을 대하는 바람직한 태도이다. 예절이 바르고, 정중하고, 친절한 행동이나 품위 있는 언행의 표현이 여기에 속한다. 상대에게 호의를 베풀거나 우대를 하는 뜻도 여기에 해당된다. 자신이 실수로 잘못했으면 구구하게 변명할 것이 아니라 솔직하게 그리고 정중하게 사과하고 용서를 구하는 태도가 중요하다.

식당에서 손님에게 호의를 베풀기 위해 주문하지도 않은 한 가지 요리를 더 내오면서 "공짜입니다(한국식으로는 서비스입니다)"라고 말하는 데 라틴계 나라에서는 "커터시(예의)로 드립니다"라고 하며 영어로는 "It's on the house."라고 한다. 이러한 표현도 일종의 공손한 표현이라 할 수 있다. 전통 있는 서양식당의 손님 접대예절에서 유래된 표현이라 할 수 있다. 우리에게는 "공짜"라는 표현 외에 점잖은 적절한 말이 없으므로 편의상 "서비스입니다"라고 한다.

5. 겸손(Modesty)과 성공의 열쇠

겸손, 친절, 겸양은 예절과 미덕의 근원이다. 공자(BC.552~479: 노나라)는 "항상 겸손해라. 겸양과 친절은 예의의 기본이다"라고 했다. 요한 쉴러(Schiller, Johann; 1759~1805 독일 시인)는 겸손은 인생에서 성공하기 위한 첫 번째 열쇠라고 주장하였다.

성서나 경전에서도 겸손을 강조하는 구절이 있다. "누구든지 자기를 높이려면 낮아지고, 낮추려면 높아진다"(누가복음 18장 14절). 오만의 죄가 크다는 말도 여기서 나온 것 같다.

이와 같은 뜻으로 불교의 하심(下心; humbleness)이라는 말은 불심의 기본 중의 하나이다. 자신의 분수를 알고 양보하고 남을 배려하는 마음이 겸손이다.

조선 초 "태종실록"을 편찬한 맹사성(孟思誠)의 일화는 하심(下心) 교훈의 본보기이다. 그는 19세에 급제하여 파주 군수가 되자 어느 스님을 찾았다. 스님이 차를 대접하면서 차 잔이 넘치도록 따라주자, "차가 넘치고 있습니다"라고 했다. 스님은 "차가 넘치는 줄 아시지만, 얇은 지식으로 오만이 넘치는 줄 모르시는군요"라고 했다. 그는 당황하여 방을 나오다 문 대들보에 머리를 받혔다. 그 후 겸손의 도를 알게 되었다고 한다.

고위직에 있는 사람 중에는 외부 인사를 접견할 때에도 의자에 기대어 거만한 태도로 임하는 경우가 있다. 특히 젊은 나이에 고위직에 오른 사람일수록 오만의 자존심을 내세우기 때문이다. 직업 근성이 타성이 되어서는 곤란하다는 것을 아는 지혜가 필요한 경우이다.

겸손은 이기적, 자기중심적 사고인 "오만"과 반대되는 개념으로 누구에게나 호감을 살 수 있는 교양 마인드의 대표적 덕목 중의 하나라고 할 수 있다.

지하철이나 승강기 탑승 시 모르는 상대방에게 먼저 타도록 권하는 양보심이 겸손의 표시이다. 양보 받는 사람이 감사를 표하는 행위도 바로 겸손에 대한 예의이다.

6. 정중(Politeness)과 존중하는 마음

겸손하고 정중한 태도로 말한다. 친절, 겸손, 관용은 타인에게 호감을 주는 품성으로 데이비드 흄이 제시하는 미덕의 목록에 속한다. 상대방을 무시하지 않고 높게 보는 신중한 태도이다. 상대방을 배려하고 존중하는 마음이다. 상대방의 지위 고하를 막론하고 가능한 한 자신을 낮추고 성의껏 대하는 태도이다. 교양 있는 사람들에게서 흔히 볼 수 있는 태도이다. 서양에서도 상류층일수록 친절하고 정중한 사람이 많다.

남에게 실례가 되지 않도록 하는 조심스러운 언행을 말한다. 언행과 태도에 있어 세련되고, 고상하고 품위 있는 표현 행위이다. 자기 신분에 맞는 언행을 선별하는 것은 대단히 중요하다. 높은 지위에 있던 분이 재직기간 동안 권위적으로 근무를 하고 나서 그만 두는 마당에 힘든 일 그만두게 되어 시원하다고 공개적으로 심정을 토로한다면 존경의 대상이 되기 어려울 것이다. 그런 심정은 몇몇 측근이나 또는 부인에게 개인적으로 할 수 있는 얘기이다.

우리에게는 언어상의 존칭과 풍부한 존댓말이 있으므로 존댓말을 사용함으로써 정중한 존경의 표현을 얼마든지 할 수 있는 장점이 있다. 영어권처럼 존칭은 있으나 존댓말이 발달되지 않은 나라 사람들도 대화할 때 보면 얼굴 표정과 태도, 즉 언행에서 어느 정도의 정중한 태도와 존경하는 마음을 읽을 수 있다.

대화를 할 때 상대방의 말을 잘 듣지 않고 건성으로 대화하는 것은 경솔한 행위가 되며 경청하고 공손하게 대답하는 태도는 정중함의 표현이다. 부모나, 상관의 바른 지시에 순종하고 성실하게 공감하는 태도도 정중과 존중의 표시이다.

7. 신사다움(Gentleness)과 훌륭한 인품

신사다움(gentleness)은 친절하고 교양과 예의를 갖춘 품행을 의미한다. 신사(gentleman, gentlemanship; 신사도)의 정의를 보면 첫째, 대인관계가 좋고(남에게 잘하고) 둘째, 약속을 잘 지키고, 셋째, 정직하고 품행이 단정한 사람으로 되어 있다 (Gentleman is a man who behaves well towards others and who can be trusted to keep his promises and always acts honorably).[7)]

우리나라에서 지나가는 사람에게 길을 물으면 처다 보지도 않고 "저쪽이요"라고 무뚝뚝하게 대답하는 경우가 있다. 이런 불친절한 태도는 고쳐야 할 덕목이다. 서양인들은 손짓발짓 다 동원해서 친절하게 설명해 주고 그것도 부족해서 목적지까지 친절하게 안내해 주는 경우가 많다.

승강기를 탑승할 때 또는 건물이나 사무실에 출입할 때 여성 우선(lady first)을 배려하는 친절도 신사다움의 표시이며 식당에서 식탁에 앉을 때 여성에게 먼저 앉도록 권하는 행위, 더 나아가서 자신의 옆 좌석에 여성이 앉을 의자를 잡아 거들어 주는 행위(웨이터가 대신 할 때는 제외) 등은 서양식 신사다움의 표시라 할 수 있다.

그 밖에 일반적으로 호칭되고 있는 교양 용어로 영어에서 신사(gentleman), 귀족(nobleman), 독일어의 귀족(adel), 기품 있는 사람(edel) 같은 단어는 가문이나 행실이 좋은 사람을 의미하는 동시에 덕망이 있다든지 또는 신중하다든지 하는 의미를 갖는다는 사실도 이해해야 한다. 즉, 예절과 도덕을 겸비한 뜻의 단어이다.[8] 서양의 "신사도(gemtlemanship)"란 용어는 우리나라의 "겸양지덕(謙讓之德)"에 해당된다고 할 것이다.

8. 양보심(Concession)과 행복한 마음

윤리학자 화이트(White)는 도덕적 행동은 비도덕성의 고통을 초월해서 이타적(altruistic proposition) 품성을 갖는 것이라고 하였다. 자신의 순간적, 신체적 편안을 위해 노약자에게 자리를 양보하지 않고 양심의 가책을 느낀다면 그것도 일종의 고통일 것이다. 마음의 고통을 사서 겪는 것과 같다.

테일러(Paul Taylor; 윤리학자)는 "악"은 고통을 야기하는 행위이며, 선(옳음)은 행복을 산출하는 의미로 해석한다. "악함", "옳음" 용어를 자연주의적 이론에 입각, 주관주의와 객관주의적 해석을 한다. 즉, 주관주의적 해석에서는 "악하다"를 싫어하는 의미로, "옳다"는 기존 사회에서의 인정행위로 본다. 객관적 자연주의 관점에서는 전자는 고통을 야기하는 행위로 후자는 행복을 생산하는 행위로 설명한 것이다.[9]

"최대 다수의 최대 행복"이라는 이상적 공리주의를 주창한 벤탐은 자연이 인간을 쾌락과 고통 사이에 놓았다고 주장한다. 즉, 지하철에서 자리에 앉지 않고 서서 감으로써 육체의 일시적 고통을 느끼는 현상과 자리양보를 하면서 편안한 마음, 정신적 안락, 쾌락을 추구하는 바람직한 도덕적 행위도 자연적 현상이라는 의미이다.

필자는 노인에 대한 자리 양보 태도를 마음속으로 결정하는 행위의 반응을 양보를 하겠다는 긍정반응(positive reaction)과 안 하겠다는 부정반응(negative reaction)의 두 가지로 분류하고, 양보 여부에 대한 마음 결정 행위에서 일어나는 반응 과정을 양보를 즉시 할 것인지 또는 잠시 생각을 하다가 할 수 없이 양보할 것인지, 양보하지 않을 것인지에 대한 마음 결정 속도에 따라 다음과 같이 3단계(양보심 발동 단계)로 구분하였다.

① 순간반응 또는 즉시반응(instant reaction)

② 좀 생각하다가 양보하는 경우 지연 반응(delayed reaction)

③ 양보를 포기하고 그대로 앉아 있는 태도 - 정지 반응(suspended reaction)

자리를 양보할 때 어떤 반응을 보일 것인지 생각해 볼 가치가 있을 것이다. 어느 반응이 더 마음을 즐겁게 할 것인지를 생각하는 것은 홉스의 쾌락의 역설(paradox of hedonism)에 해당된다 할 것이다.

테일러(Taylor)는 쾌락의 색조(tone)를 즐거움(enjoyment), 좋아함(liking), 만족(satisfaction), 쾌락(pleasure)의 4가지 용어로 표현했다. 여기서 "쾌락"이란 누구든지 즐기고, 좋아하고, 만족하고 유쾌하다고 생각하는 경험의 총체로 쾌락의 원천은 사람에 따라 다르나 색조는 공통적이라 한다.[10)]

칸트의 도덕철학에 나오는 정언명령은 선(善) 이행의 호소를 의미하며 도덕의 준수는 고통과 불쾌감을 동반하나 감성을 초월한 순수이성에 의거 고통을 극복하고 선을 실천하는 것이 도덕법칙이라 했다.

노르베르트 엘리아스(Norbert Elias; 독일 철학자)는 "예절을 지킬 때 얻는 것은 세련된 행동 양식이고 잃는 것은 자연스런 삶"이라 했다. 즉, 예절을 하나의 형식이라 한다면 형식에 구속되는 현상이다. 따라서 문명화된 현대의 삶의 입장에서 볼 때 정신적으로 자유를 잃은 가혹한 삶으로 생각될 수 있는 것이다. 이러한 인간의 본능적, 이기적 관점이 예의범절, 윤리, 도덕을 땅에 떨어지게 하는 원인이라 할 수 있다.

예절 바른 행동은 윤리, 도덕을 지키는 행위요 문화인의 세계에서는 남을 생각하는 마음, 자기희생적 삶을 위한 인내심으로 가능한 것이다.

9. 감사(Appreciation)와 즐거운 마음

필자는 지하철을 이용할 때 양보를 받지 않으려고 문 쪽에 서서 위에 붙은 광고를 읽는 버릇이 있다. 혹시 젊은 사람과 눈이 마주쳐 자리 양보를 받으면 가능한 한 사양한다. 불가피해서 앉을 때는 반드시 감사의 인사를 한다. 자리 양보를 받고도 당연하다는 식으로 고맙다는 인사 한 마디 안 하는 사람도 있다. "고맙다는 표시"의 교양 문화가 습관화되어 있지 않기 때문이다.

서양 사람은 부모자식 등 가족 간에도 크든 작든 어떤 호의나 도움을 받으면 "감사하다"는 말을 흔히 사용한다. 통계에 의하면 서양의 초등학교 어린이들이 하루에 20번 정도 "감사" 표현을 하는데 비해 우리 어린이는 1~2번 정도 사용할 정도라는 것이다.

"범사에 감사하라"는 말이 있다. 항상 모든 일에 감사하면서 살라는 말을 성직자들에게서 귀가 아플 정도로 듣는 것이 사실이다. 그런데도 불구하고 감사 표현을 하는데 인색한 것은 무슨 이유일까? 아마도 항상 신앙 대상에게만 감사해야 하는 것으로 착각하고 있는 것이 아닌가 생각된다. 감사의 대상은 그 외에 부모, 조상, 자녀, 친척, 이웃, 친지, 친구, 모든 사람, 주어진 사물, 삶 등 더불어 사는 인간, 자연, 만물을 대상으로 해야 한다는 평상시의 마음가짐이 중요하다.

자리를 양보하는 미풍양속도 예절이며, 양보 받은 사람도 반드시 고맙다는 인사를 하는 것이 교양이다. 그것은 상대방의 자기희생과 고통에 대한 인내심 감수를 통하여 베푸는 호의의 표현임을 인식한다면 양보에 대해 감사하지 않을 수 없을 것이다. 서양 사람들은 사소한 일에도 감사(thank you)하고 미안하다(excuse me, sorry)는 말을 한다. 감사할 줄 아는 습관을 기르는 것이 교양을 높이는 것이다.

10. 규정, 규칙(rule, regulation)과 처벌에 대한 인식

규칙 또는 규율은 인간이 반드시 준수해야 할 사회적 규범 사항으로 위반할 때는 처벌 대상이 될 수 있다. 서양에서는 고급 사교 클럽의 규칙을 위반할 경우, 제명 또는 벌금의 처벌을 받는 경우가 있다. 주차위반, 신호위반 등 교통규칙 위반행위에는 당연히 처벌이 수반된다.

일반 대중 버스는 말할 것도 없고 일부 대학 통근 버스의 특권적 신호 위반행위, 아동 수송용 차량 등의 난폭운행, 교통법규 위반행위는 심각하다는 지적이 많다. 승차 중인 학생들의 지각 가능성을 고려한 예외적 운행으로 이해되나, 타고 있는 학생, 청소년들이 보고 배우는 산교육에 어떤 영향을 미칠지 의문이다.

스티븐 코비(Stephen Covey; 리더십 전문가)는 "원칙은 영구불변의 가치인 인간의 행동 지침이며 근본이므로 논쟁의 여지가 없는 것이다. 원칙을 위반하면서 성공한 삶을 살려는 태도는 어리석은 짓이다. 이 세상 누구도 불공정, 속임수, 비열, 열등함, 퇴폐성 등이 성공과 행복을 지속시키는데 필요한 요소라고 믿지 않을 것이다"라고 설명한다.

미국에서는 경찰관이 교통규칙 위반행위를 단속할 때 운전자가 경찰관에는 항의를 하면 경찰관은 이렇게 답변한다. "나는 교통규칙 단속의 의무를 가지고 있으나 변명을 들을 권리는 없습니다. 이의가 있으시면 법원에 가서 주장하십시오." 운전자와 경찰관 사이에 더 이상의 다툼이 필요 없는 것이다. 우리가 항상 서로 다투고 설전을 하는 것과는 다른 현상이다.

규칙을 위반한 경우에는 구구하게 변명하거나 처벌을 모면하기 위한 변명, 구실을 찾을 것이 아니라 처벌을 감수할 줄 아는 자세가 선진 국민의식이다. 법과 원칙이 준수되는 사회가 선진사회이다.

11. 의무, 책임(duty, responsibility)과 원칙 준수의식

칸트는 "의무를 인간의 의지를 객관적 법칙에 따라 강제로 규정하는 구속성이며 내면적 지적 강제행위"라고 정의하였다. 따라서 의무는 법칙에 대한 존경심에서 나오는 행위의 필연성이다.11)

칸트(Kant)가 윤리학의 중심 속에 의무 개념의 존재를 최초로 주장한 것처럼 인간이 지키겠다는 의무 개념 없이 윤리, 도덕이 바로 설수는 없다. 인간이 의무를 잘 이행하는 것은 법치과 사회규칭을 잘 이행하는 행위로 공적 의무라고 할 수 있다. 이 경우의 의무위반 행위는 처벌 대상이 되는 것이다. 이것이 도덕적 의무와의 차이이다. 도덕적 의무를 위반하거나 이행하지 않을 경우 처벌의 대상은 되지 않는다. 이것은 어디까지나 양심의 문제로 남는 것이다. 칸트는 도덕적 구속력 또는 의무는 외적 요인에 의한 강요가 아닌 지성적 강요로서 자신이 스스로 짓는 운명이라는 것이다. 마음속으로 책임감을 느끼는 태도이다

우리 사회에는 의무감도 없고 "아무도 책임지는 사람이 없다"는 말이 유행처럼 되어 있는데 이는 불확실성이 지배적이기 때문이다. 홉스테드(Hofstede)는 법률과 규칙은 "인간행동의 불확실성을 예방하기 위한 수단"이라고 정의한다. 즉, 인간행동의 불확실성이 강한 사회 일수록 불확실성에 대한 회피 경향이 강하게 나타나므로 법률과 규칙의 엄격한 적용이 요구된다. 그러나 우리의 경우는 불확실성이 어느 나라보다도 강한 사회임에도 불구하고 소위 "솜방망이 처벌 법규"로 인하여 의무감, 책임감의 상실 현상이 지배적이다.

의무감, 책임감은 윤리, 교양교육의 산물임이 틀림없으나 결국 법제도 속에서 보장될 수밖에 없는 것이다.

12. 호감(Favour)을 주는 용어

흄(David Hume)은 타인에게 도움이 되고 호감을 주는 성질을 미덕으로 간주하고 다음과 같은 덕목을 제시하였다.

① 다른 사람에게 유용한 성질 : 자비(benevolence), 정의(justice), 성실(fidelity)

② 다른 사람에게 호감을 주는 성질 : 친절(politeness), 겸손(modesty),

관대함(decency)

③ 자신에 호감을 주는 성질: 쾌활(cheerfulness), 아량(magnanimity), 용기(courage), 침착(tranquility)

흄은 그밖에도 인간의 본성이며 장점을 나타내는 형용사로 다음과 같은 예를 든다.12)

① 사교적인(good-natured)
② 인간적인(humane)
③ 인정 많은(merciful)
④ 감사하는(grateful)
⑤ 우애 있는(friendly)
⑥ 너그러운(generous)
⑦ 자비로운(beneficent)

흄이나 노만의 덕목은 위에서 설명한 형식과 내용 중 내용에 관련되는 용어이다. 글로벌 생활예절을 배워서 실천하는데 있어서 두 가지를 잘 이해하는 것이 중요하다. 형식만 이해하고 내용을 도외시하는 경우는 마치 양식을 할 때 포크, 나이프를 밖에서부터 안쪽으로 사용한다는 것만을 배우고 매너, 에티켓을 모르는 것과 다름이 없다.

교양의 대표적 기본 용어로 윤리학(ethics)이란 단어가 있다. 그런데 이 단어의 어원은 성품(ethos)이라는 그리스어 에티콧(ethicos)으로부터 파생되었으며 라틴 관습에 의하면 도덕 철학(Moral philosophy)으로 불리기도 한다. 도덕(morality)이란 단어는 라틴어(mores)에서 유래하였으며 매너(manners) 또는 윤리(morals)의 의미로 해석된다.

국가 원수 등 고위층 접촉 시에는 호감을 주는 용어 특히, 의전상 부합하는 용어의 사용이 중요하다. 2007년 부시 대통령이 교황(베네딕트16세)을 방문, 면담하는 중에 교황에게 "yes, sir"라고 대답하여 의전상 무례를 범한 것으로 세간의 가십거리가 된 적이 있다.

끝으로 외교통상부 의전실무 편람에 있는 외교 전문 용어로서의 존칭과 호칭을 참고로 소개한다.

- His(Her) Majesty (국왕 또는 왕비에 사용)
- His(Her) Highness (황족에 대한 경칭)
- His Royal Highness (세자에 대한 경칭)
- The Honorable (영국에서는 공작, 백작 등 작위에 대한 존칭으로 사용)
- Lord (Chief Justice)(대법원장 등 법관에 사용)

  (미국에서는 Ambassador; 대사, Minister; 공사, Cabinet member; 각료, Senator; 상원의원, Representative; 하원의원 등 앞에 붙여 경칭으로 상용)

  (스페인어 사용국의 경우에도 차관 이하 국장급 등에 대한 존칭으로, 대사를 제외한 공사, 참사관 등에 대한 존칭으로 사용되며 상 · 하원의원 등에도 사용한다.)
- Excellency (각하의 뜻)

  (외국의 대통령, 각료, 대사 등에 대한 경칭으로 직책 앞에 사용되며 약자로 H. E.를 사용해도 무방하다.)
- Sir(공작, 백작 등 작위 앞이나 일반인의 성명 앞에 사용하는 존칭)
- Holiness (법왕에 대한 경칭)
- General (장군에 대한 경칭)
- The Reverend (신부, 주교 등 성직자에 대한 경칭)
- Dr. (박사학위 소지자 명칭)
- Professor (교수)
- Mr. Mrs. Madame. Miss (상기 여러 가지 다양한 직위에 따른 경칭이 없는 경우에 일반적으로 사용되는 존칭)

지금까지 설명한 용어에 대한 예비지식을 가지고 해외여행을 하면서 글로벌 생활예절을 배워보자. 이제부터 독자 여러분이 필자와 함께 외국 여행을 한다고 가정해 보자. 그리고 외국에서의 생활을 마치고 귀국한다고 가정해 보자. 이제 우리는 훌륭하고 성숙한 인품, 인성을 갖춘 글로벌 생활교양인이 될 것이다.

중남미에서는 정식 박사가 아니더라도 상대를 높이기 위해 Doctor 호칭을 사용하는 경우가 많으며, 그밖에 석사, Licenciado, 변호사, Abogado, 경제학사, Economist, 큰 화가, 예술가, Maestro 등 경칭을 가장 많이 사용하는 경향이 있다. 예를 들면 필자는 공관장 시절에 Dr.칭호가 없는데도 흔히 Ambassador Dr. Kim이라고 쓰인 서신을 받았다.

제3장 해외여행의 자유화와 글로벌 생활교양

글로벌 생활교양을 배우는데 있어 외국 여행예절이 왜 중요한가? 글로벌 생활의 시작과 기본은 여행에서부터 나오는 것이기 때문이다. 외국 여행예절을 알기 위해서는 우선 우리나라 국민의 외국 여행 자유화의 발전 역사를 살펴보는 것이 도움이 될 것이다. 여행 자유의 고마움을 알고 교양 있는 처신을 해야 한다. 외국인으로부터 존경을 받아야 글로벌 세계로의 진출이 가능하다. 외국 여행의 자유화가 하루아침에 이루어진 것이 아니기 때문이다.

1. 해외여행의 자유화가 특전이었나?

1) 마음대로 못한 여행

우리나라 국민의 해외여행이 지금같이 신분과 직업에 관계없이 누구나 자유롭게 된 것은 그리 오랜 일은 아니다. 1970년 이전만 해도 외국 여행을 할 수 있는 사람들은 극히 제한되어 있었다. 여행객의 사회적 지위, 직업, 여행의 목적, 필요성에 따라 여행이 허용되었던 것이다. 뿐만 아니라 여행 가능한 지역도 제한되어 있었으며 꼭 필요한 지역에 한하여 정부의 허가를 얻어 여행할 수 있었다.

정부 수립 후 건국을 전후하여 국민의 해외여행은 국가적인 혼란 및 어려운 외환 사정으로 극히 제한적일 수밖에 없었다. 특히 6 · 25 전쟁과 분단국이라는 특수한 사정으로 여행이 더욱 제한되었다. 그 후 사회 안정과 경제가 서서히 회복되면서 일부 공직자의 공무 여행, 국제회의 그리고 주요 기업인의 상용이나 기술연수를 위한 해외여행이 제한적으로 그리고 선별적으로 허용되었다.[13)]

이와 같이 여행이 자유롭지 못했던 이유는 나라의 정치, 경제, 외환 사정, 남북분단 상황 등 복합적 요인에 기인한 것이었다.

2) 경제 발전과 해외여행

1960년대에 들어 정부가 수출 주도형 경제정책을 본격적으로 추진하면서 업체대표 등 해외여행객이 증가하기 시작하였다. 또한 수출증진, 경제발전, 국제수지 향상 등에 따른 국력신장으로 국민의 해외여행 제한을 점진적으로 완화하는 계기가 마련되기 시작하였다.

그러나 1960년대 후반만 해도 여행자격에 대한 많은 제한이 계속되었다. 예를 든다면 수출업체의 임직원도 회사의 수출입 실적에 따라 소속 회사의 여행 가능한 인원에 대한 쿼터가 정해져 있었으며 차츰 상무, 이사, 과장급 등으로 여행 자격이 완화되었다. 또 불요불급한 여행이라 해서 대학 등 정규 유학 외에 외국어학원, 미용학원, 꽃꽂이 연수 목적 여행 등도 제한 내지 금지되었다. 1987년 들어 여행 개방조치가 확대되어 상용, 문화여권의 신청 요건 완화, 관광 허가 연령의 확대 등 완화 조치가 취해졌으며, 제한적으로 발행되던 복수 여권 제도도 1988년에 들어 본격화되고 관광 여행 가능 연령이 40세로 확대되면서 부부 여행이 비로소 허가되었다.

이와 같이 어려운 여건에서 여행을 하던 시기의 여행자들은 그야말로 선택된 사람이라 할 수 있었다.

3) 여행의 완전 자유화

앞에서와 같이 우리나라 사람들의 해외여행이 지금처럼 자유롭게 이루어지게 된 것은 오랜 일이 아니다. 또 제약이 많았던 당시에는 여권을 신청하는데 서류도 복잡하고 절차도 까다로웠으며 신원 조회 등 수속을 기다리는데도 최소 2~3주가 소요되었다. 발행기관도 외무부 여권과에 국한되어 전국에서 여권을 발급 받기 위해 서울에 여행을 와야 했다. 요즈음은 3~4일 걸리면 여권을 발급 받을 수 있고 또 지방관청에서도 발급 받을 수 있으니 얼마나 편리한 세상인가

결국 나라의 경제발전, 국민소득 증대, 국제화 추세, 여행 자유화 조치 등으로 이제는 남녀노소 구별 없이 언제, 어느 나라나 여행 목적에 구애됨이 없이 자유로 여행할 수 있게 된 것이다.

4) 외국인들이 보는 한국인 모습

1990년대 들어 완전한 여행의 자유화로 해외로 나가는 여행자는 기하급수적으로 증가하게 되었고 과거의 선택된 여행자의 특성이 완전히 상실되면서 여행자의 질이 천차만별로 나타나게 되었다. 최근에는 해외에 거주하는 한국인 동포만 해도 700만 명에 달하고 있으니 어느 나라를 여행하더라도 한국인을 만나게 되고 또 한국인 해외여행객이 2007년 1,300만에 달하게 되었으니 그야말로 가는 곳마다 한국인 여행객으로 넘쳐난다. 이제는 세계가 한국이요 한국이 세계라고 할 정도로 우리 국민의 활동 영역은 세계화되었다.

뿐만 아니라 2007년 기준 우리나라를 찾은 외국인 관광객도 644만 명에 달할 정도로 점진적 증가 추세이다. 이렇게 볼 때 국내외 어디에서나 우리 한국인은 사실상 외국인의 눈에 노출되어 있다고 할 수 있다. 외국인의 끊임없는 주목의 대상이 되고 있는 것이다.

5) 외국인의 관심 대상으로서의 한국인

한국인의 활동 영역이 넓어지고 여행객이 많아지면 많을수록 외국인과의 접촉이 증대되고, 한국의 경제가 성장하면 성장할수록, 세계적 위상이 높아진다. 따라서 한국인에 대한 외국인의 관심은 그만큼 커질 수밖에 없다. 또 외국인의 관심이 커지면 커질수록 우리와의

경쟁심도 그만큼 커지고 우리에 대한 경계심도 커질 수밖에 없다. 이 점을 우리 모두가 유념하고 신경을 써야 할 중요한 과제라는 사실을 인식해야 한다.

따라서 한국인의 국제적 위치가 중요시되고 있으며 한국 경제의 성장 발전에 대한 외국의 관심이 상대적으로 커질 수밖에 없다. 2008년 4월 러시아에서 한국 여행객이 러시아인들에 의해 노상에서 폭행을 당하는 사건이 발생하는 등 일부 서양의 여러 나라에서도 백인우월주의자들의 난동의 목표가 될 수도 있음을 주의해야 한다. 동남아, 중남미 등 외국에 진출한 우리 기업체 그리고 우리 동포 경영기업 등에서 고용하고 있는 외국인 근로자들에 대한 처우, 복지문제에도 잡음이 없도록 항상 유의하여야 한다.

화교의 외국 이주 그리고 일본인들과 일본 정부의 적극적 외국진출 지원정책은 백여 년 전부터 본격적으로 시작되어 현재는 세계 시장에서 자본, 자원 확보 활동에 많은 기여를 하고 있음을 감안할 때 우리도 높은 교양수준을 갖춘 세계 시민으로 존경 받으면서 해외에 진출할 수 있는 활로를 개척해 나가야 할 것이다.

한국의 경제성장에 비례하여 국민의식 수준이 높아져야 한다. 아직도 한국에 거주하는 외국인의 눈에는 우리 국민이 많은 문제를 안고 있는 것으로 비추어지고 있다.

2. 여권 신청과 항공편 예약

1) 여권이란 무엇인가?

해외여행을 하려면 여권만 가지고 여행할 수 있는 것은 아니다. 여행을 하는 데는 여권과 비자(입국사증)가 필요하다. 여권(passport)

은 국가가 자국민에게 허가해 주는 외국 여행 허가증을 의미한다. 여권에는 발행 주무관청의 수장인 외교통상부장관이 내국인인 여행자가 자국의 국민임을 증명하는 동시에, 해당 여행국 정부에 대하여 여행자가 그 나라를 여행할 때 제반 편의제공과 보호를 요청하는 글을 여권상에 기재하고 날인하게 되어 있다.

여권에는 일 회에 한하여 여행할 수 있는 단수여권(single passport)과 여러 번 왕래 할 수 있는 복수여권(multiple passport)이 있다. 일반여권의 유효기간은 과거에는 대략 1~3년 등 제한적이었으나 최근에는 10년으로 연장되고 여러 번 왕래가 가능한 복수여권으로 되어있다. 기간이 지나면 한두 번 연장이 가능하였으나 지금은 그 제도가 없어졌다. 그 밖에 공무 여행자를 위한 관용여권 그리고 외교관여권 등이 있다. 2008년 8월부터는 전자여권시대가 개막되었다.

2) 비자란 무엇인가?

비자(visa)는 여권과는 반대되는 개념으로 여권 소지자가 외국에 여행하고자 할 때 그 나라에 입국할 수 있는 허가를 해 준다는 증명이다. 따라서 여권과 비자는 정반대 성격의 여행 허가증이다. 과거에는 여권상에 여행국에 대한 제한, 즉 공산권 국가에 대한 여행이 금지되었었으나 최근에는 일부 공산권 국가 여행도 신고를 하면 가능하게 되었다. 비자 부여 여부는 외국정부의 고유권한으로 그 나라의 정책과 관련되므로 비자부여 조건, 기간 등이 상이하다. 특히 한국과 비자 면제 협정이 체결되어 있는 나라와 체결되어 있지 않은 나라가 있으므로 여행 전에 이를 확인하는 것이 필요하다. 보통 비자 면제는 2~3개월 내지 6개월 간의 관광 여행에 한하여 적용되는 것이 보통이다. 최근에는 몇 년씩 비자 허용기간이 연장되는 추세이며, 미국의 경우에도 미국에서 취업이나 불법체류를 하지 않는다는 확신이 서면

10년 기간의 관광사증을 부여하고 있다. 관광 외의 목적으로 여행할 경우에는 사전에 여행 목적에 부합하는 비자를 취득하여야 하며 여의치 않을 경우 우선 관광비자를 취득하고 입국한 후에 장기 체류 허가를 받도록 하여야 한다. 비자의 종류는 여행목적에 따라 관광, 취업, 유학, 이민, 공연 등이 있다.

비자(입국사증) 발급 주최국은 상대방 국민의 태도, 국가 간의 관계에 따라 비자를 발급하는데 있어 제한 또는 차별대우를 할 수 있다. 예를 들어 미국이 테러 주동국가나 지원국가 국민에 대하여 미국 입국사증 발급조건을 까다롭게 하는 경우를 들 수 있다. 미국은 일본인에 대하여는 입국사증을 면제해 주고 있으나 한국인에 대하여는 한때 더 까다롭게 한 적이 있다. 예를 들어 반미시위가 계속될 때는 한국인의 미국 입국에 영향을 받을 수도 있다. 미국 정부가 한국인의 미국비자 신청서 및 사진을 강화하고 비자 신청요금도 인상(100달러)했으며 특히 여행사에 의뢰하면 되던 것을 본인을 직접 면접한 후 발급키로 결정한 것은 테러, 반미분자 등을 선별하여 발급하겠다는 일종의 차별적 주권행사라고 할 수 있다.

그러나 한·미간의 FTA체결 등 관계증진, 전자여권발급 제도 등으로 2008년 안에 한국인에 대한 미국 정부의 비자 면제 조치가 이루어 진 것은 외교적으로 큰 성과이다.

3. 출·입국할 때 지켜야 할 사항

1) 출국할 때 준비해야 할 사항

여권과 비자 취득이 완료되면 다음과 같이 여행 준비를 해야 한다.

① 항공편 예약 및 항공권 구매(좌석 등급 예약; 3등(economy),

2등(business), 1등(first class).

② 여행짐 꾸리기, 치약, 칫솔, 면도기, 의복, 서류, 기타 (치약, 칫솔, 면도기 등은 기내 화장실에 1회용을 비치해 놓음)

③ 자동차 운전이 필요할 경우 국제면허를 발급 받아 여행하면 보통 외국에서 6개월 정도 운전 가능(계속 장기체류 시 현지 면허로 갱신하여야 함).

④ 항공편을 예약하고 항공권 구입 완료.

⑤ 짐은 가능하면 화물로 탁송한다(일부 액체, 식품종류, 화물 탁송 가능). (짐이 적을 경우 혹시 모르는 사람이 자기 짐을 하나 붙여달라고 부탁하는 경우도 있는데 부탁을 들어주면 마약 등 밀수혐의자로 취급되어 낭패를 당하는 수가 있다).

⑥ 핸드 캐리어(손으로 직접 들고 들어가는 물건)는 간단히 한다. (부피가 커서 통로를 방해하거나 좌석 앞이나 머리 위 선반에 놓을 수 없는 경우에는 승무원의 제지를 당하거나 다시 맡겨야 할 경우가 있다. 악기 등은 탑승 후 승무원에게 부탁하면 별도로 앞 쪽에 보관해 준다).

⑦ 짐에는 이름표(name tag; 전화, 성명 등 기재) 부착.

⑧ 여행경비 환불. 여행경비로 일부 현금을 준비하는 것은 필요하나 많은 금액은 거래 은행에서 여행자 수표(traveler's check)를 구입해서 휴대하는 것이 분실에 대비하는 길이다 (분실의 경우 환불이 가능).

⑨ 팁을 주기 위해서 항시 잔돈(1달러)을 준비해 두어야 한다. 공항 포터, 택시, 호텔보이, 식당 등에서 사용할 수 있다(상세는 여행예절 4) 팁 지불 예절편 참조).

⑩ 호텔예약이 필요한 경우에는 사전에 해 두어야 한다. 현지의 연고자나 또는 여행사에 의뢰하여 안전한 지역에 적당한 호텔

을 예약한다.

* 호텔은 등급에 따라 가격 차이가 있으며 보통 5 star로부터 3 star 사이의 호텔을 정하는 것이 좋으며 호텔 객실의 등급에는 royal suite, suite, junior suite, double, single 등이 있다.

⑪ 중요 문서 등 귀중품은 손가방 또는 옷 안에 지참하는 것이 좋다. 화물이 늦게 도착하거나 분실되는 경우도 있기 때문이다.

⑫ 항공편을 전에 예약해서 표를 구입해 놓았더라도 출국하기 48 시간 전에 항공사에 전화로 일정대로 여행한다는 것을 재확인하여야 한다. 재확인(reconfirm)은 중간 기착지에서도 출발 하루 전 탑승 시마다 하는 것이 차질 없이 여행할 수 있는 안전한 방법이다. 왜냐하면 예약 확인은 승객이 예정대로 특정항공기 편으로 여행을 한다는 확인 행위이므로 공항에 다소 늦게 도착하더라도 좌석을 보존해 두기 때문이다 (상세는 예절 2. 예약편 참조).

2) 출국할 때 지켜야 할 사항

출국할 때에도 여러 가지 지켜야 할 사항들이 있다.

① 여행 경비 휴대 한도액(현행 미화 10,000 달러 허용) 범위 내에서 지참(미국 등 공항도착 시에는 1만 달러 이상 외화 반입 시 신고의무 · 신고 불이행 시에는 밀수범으로 오인될 수도 있으며 돈을 분실할 경우 신고가 곤란하다).

* 여행경비 한도액은 시대와 나라에 따라 차이가 있다(태국은 2만 달러 기준).

② 전염병 지역에 여행 시에는 관련 예방주사를 맞아야 한다. 콜레라 또는 황열병(yellow fever등) 예방접종 증명 필요(아프리카 및 중남미 일부 지역), 중국에서 발생한 사스(Sars)도 여러

가지 단속의 대상이 되었다.

③ 과일, 육류 외에 부패식품 반입 금지, 박제품 등 동물모피 반입 금지.

④ 애완동물 반입 시는 원산지국의 방역증명 등 지참, 허가 신청

⑤ 무기 종류(등산용 칼 포함) 반입 및 금지된 의약품 반입 금지. (단, 칼은 화물로 탁송 가능; 이상 정부 방침에 따라 변경 가능)

과거에 미국을 여행하는데 김포에서 출국, 호놀룰루를 경유했다. 기내에서 제공한 과일 중에 오렌지 두 개를 먹지 않고 나중에 먹으려고 휴대용 가방에 넣어 가지고 나오는데 세관원이 들춰 보고는 과일 반입은 안 된다면서 압수를 하는 것이었다. 기내에서 받은 음식은 기내에서 다 먹거나 그대로 남겨야 하며 다른 나라에서 밖으로 가지고 나와서는 안 된다. 출국할 때 신고하지 않은 보석 또는 외제 골프채 같은 고가의 귀금속 등 물품을 반입할 경우 문제가 되는 경우도 있다. 최근에는 한 번 신고하면 계속 여행 가능토록 한다는 경우도 있다.

3) 입국할 때 지켜야 할 사항

장시간의 지루한 여행이 끝나면 항공기가 공항에 착륙하기 위해 하강을 시작한다. 승무원은 기내 방송을 통해 곧 착륙을 예고하면서 바른 자세 유지를 위한 좌석정리, 안전벨트 착용, 흡연금지 등을 승객에게 주문한다. 항공기가 땅에 내리면 약 10여 분 이상 정차장으로 이동하게 되는데 성급한 사람들은 항공기가 완전 정지하기도 전에 먼저 일어나 짐을 내리고 야단법석을 떠는데 다른 외국인보다도 한국인들이 더욱 극성이다. 장시간 지루하고 피곤한 여행에서 가능하면 일분이라도 남보다 먼저 밖으로 나가려는 심정, 그립던 가족이나 친지

를 빨리 보고 싶은 심정은 이해하고도 남음이 있지만, 자기 우선의 이기주의적 행위, 무질서 행위 등을 그대로 노출시키는 것이다.

항공기에서 내릴 때에는 순서와 차례에 따라 앞문과 뒷문으로 내리게 되어있다. 상대방을 배려하는 여유 있는 마음가짐, 인내심, 내가 좀 손해를 봐도 좋다는 그런 마음의 여유가 있을 때 교양인의 소양을 갖추게 되는 것이다.

항공기에서 내릴 때에는 항공사 직원의 안내대로 따라가면 출입국 수속 직원이 대기하고 있는데 직원에게 여권과 입국카드를 제시하고 수속을 밟은 후 보세구역으로 들어가 화물을 찾아 카트에 싣고 세관을 통과하게 된다. 이때 미리 작성한 세관 신고서를 세관원에게 제시한다. 세관원이 질문하면 답변하고 세관원 지시에 따르면 된다. 간단한 짐은 세관검사를 거치지 않고 통과된다. 귀국할 때도 절차는 같다. 해외여행에서 구입한 선물, 화장품, 약품 등은 미화 총 400 달러 이상 과다한 물품, 사치품에는 세금이 부과될 수도 있다.

(이상 출 · 입국 관계 규정은 국제항공협회 또는 당사국 사정으로 개선, 강화 등 변경이 가능하므로 상응하는 준비가 필요하다)

4) 즐거움, 긴장 속의 보안 의식

세관 통과가 끝나면 밖으로 나온다. 외국 여행 때 짐이 많으면 포터의 도움을 받으면 되는데 짐 한 개당 1달러 정도를 주는 것이 보통이다. 밖에 나왔을 때 지인이 영접을 나와 있으면 안내를 받으면 된다. 택시를 타야 할 때는 영업용 택시인지를 확인하고 승차하는 것이 좋다. 택시기사가 아닌 사람이 과잉 친절을 베풀면서 다가와 안내해 줄 것 같은 표정을 짓는 경우는 경계해야 한다. 특히 한국말을 몇 마디 하면서 한국인을 잘 알거나 한국을 좋아한다는 식으로 과잉 친절을 베풀 때는 사기꾼일 수도 있다는 데에 주의해야 한다. 어느 나라나 사기꾼은 있다. 오래 전 일이긴 하지만 모 상사 과장이 사업차 해외여행 중 이탈리아를 관광차 방문하였다. 그런데 낯선 사람의 친절에 넘어가 차를 탔다가 이상한 곳으로 안내되어 린치를 당하고 옷을 벗겨 돈을 다 빼앗기고 구사일생으로 살아나서 교민의 도움으로 대사관에 협조를 요청한 경우도 있었다.

외국 여행 도중에는 현지 실정을 잘 아는 친지나 안내원을 동반하지 않고 유흥가 등 우범 지역을 방문하는 것은 금물이다. 특히 한두 사람 소수 인원의 방문은 삼가는 것이 좋다. 다음은 어느 친지의 경험담이다.

"미국 로스엔젤레스에 며칠 체류하게 되었는데 어느 날 심심해서 서울에서 동행한 친구와 둘이서 호텔을 나와 택시를 잡아타고 쇼를 하는 유흥가를 안내해 달라고 주문했다. 택시기사는 흑인이었다. 기사는 알겠다 하면서 한 30분을 시내 변두리 쪽으로 향하더니 조명이 찬란한 장소 주차장에 내려놓았다. 그런데 그 흑인기사는 그들을 내려놓고 돈을 받고도 떠나지를 않고 바라보고 있었다.

그들은 기분이 좀 이상해서 택시 기사를 술좌석에 동석토록 초대했다. 그는 좋다고 그들을 안내해서 들어갔다. 관중들의 시선이 일행에게 집중되는 것 같았다. 들어가 보니 미희가 무대에서 쇼를 하는 곳이었다. 그런데 객석을 둘러보니 다른 관광객이나 백인은 보이지 않고 전부가 흑인들만 있었다. 흑인들이 술이 취해 서거나, 앉아서 떠들고 소리치고 있었다. 일행은 맥주 한 잔씩을 시켜놓고 무대로 시선을 집중했다. 험악한 분위기에 겁에 질려, 불안, 초조한 마음에 맥주 한 잔도 못하고 그냥 서둘러서 나왔다. 한 20분 정도 앉아 있었던 것 같다. 기사는 맥주를 안마시고 일행을 호텔로 다시 태워다 주었다." 그들은 나중에 안 일이라면서 그 기사가 그들을 동행해 주지 않았으면 큰 낭패를 보았을 것이라고 하였다.

잘 알지도 못하는 한산한 유흥업소나 우범지대에 가는 것은 큰 위험이 있을 수 있는 것을 알아야 한다.

특히 동남아 등 외국을 여행할 때 주의해야 할 일은 유흥업소나, 골프장 등에서 서비스하는 종업원들과 언쟁을 하거나, 무시하는 언행을 해서 불필요한 마찰을 일으키지 않도록 주의해야 한다.

고위층 인사가 외국의 동포식당에 가서 권위주의적 반말 투로 식사 주문을 하다가 주인과 시비가 발생하여 망신을 당한 경우도 있다. 지위 고하를 막론하고 항상 교양있는 언행을 하는 것이 자신의 안전을 위한 길이다.

여행은 즐거움인 동시에 긴장이다. 두 가지를 적절히 조화시킬 때 보람있고 성공적인 여행이 될 것이다.

영사 콜센터 운영 안내

외교통상부는 우리 동포가 해외여행 중에 긴급한 도움이 필요할 때 도움을 요청할 수 있는 전화를 2005년 4월부터 운영하고 있다.

현지국제전화코드 +800-2100-0404(**무료전화**)
822-3210-0404(**유료전화**)

제4장 해외여행예절과 기내예절

해외여행을 할 때 알고, 지켜야 할 예절은 무엇인가? 항공기 안에서의 기내예절이 왜 중요한가? 지켜야 할 사항들은 어떤 것들이 있는가? 예의범절은 교양인의 기본이며 상호적이다. 어느 일방만이 지켜야 하는 것은 아니다. 예의범절을 잘 지키는 행위는 자신의 인격과 교양 수준을 나타내는 것이기 때문이다.

1. 여행예절 ; 교양의 기본

1) 여행예절, 매너 그리고 에티켓

과거 여행자유가 제한되었던 시절에는 정부관리, 국회의원, 기업체 임직원, 학교재단 관계 인사 그리고 유학시험에 합격한 유학생 등 선택된 사람들만이 제한적으로 여행을 할 수 있었기 때문에 여행객의 에티켓, 매너 등은 그리 큰 문제가 되지 않았다. 따라서 우리나라 소수의 여행객은 낯선 이국 여행이 신기하고, 또 선택된 사람이라는 기분 속에서 대부분이 정부나 소속회사에서 경비를 부담하다 보니 어리둥절한 촌사람 같은 기분으로 여행을 하게 되었고, 여러 면에서 점잖고 조심스럽게 처신을 했다고 할 수 있다. 여행하는 과정에서 접하게 되는 여러 가지 낯선 일에는 신중하게 처신하려고 노력했고 잘 모르면 남이 하는 대로 보고 배우면서 실수를 하지 않으려고 요령껏 노력한 것만은 사실이다. 간혹 실수를 하더라도 항공기 승무원들의 친절한 설명이나 안내로 낯선 관습을 배울 수 있었고 그대로 잘 순응하는 경우가 대부분이었다.

그런데 1970년대 들어 중동 여러 나라에 대한 취업 근로자 파견

등 많은 한국인의 해외여행이 본격화 내지 대중화되면서 여행객의 행태에 많은 문제점이 노출되었다.

여행객들의 언행, 매너, 에티켓, 한국식 관습, 악습 등 타인이 보기에 혐오감을 주는 많은 행동이 꼬리를 물고 표면에 나타나게 된다. 공항에 앉아서 기다리는 태도, 의자에 누어있거나, 담배를 아무데서나 피우면서 꽁초를 함부로 버리는 행위, 고스톱이란 화투놀이를 펼치며 떠드는 행위 등 일련의 추태가 한때 유행처럼 나타났다. 그러나 최근 들어 여행객의 질이 상대적으로 향상되고 있음은 다행이다.

우리나라는 경제협력개발기구(OECD) 회원국으로서 경제 규모는 국내 총생산 기준 세계 13위이다. 따라서 경제수준에 걸맞은 국민의식 수준, 즉 국제 생활교양 수준을 갖추어야 한다.

2) 예 약

① 예약의 의미

개인이 여행할 때뿐만 아니라 회사 업무로 상관을 수행하게 될 경우 항공권이나 호텔을 먼저 예약함으로써 즐거운 여행을 할 수 있고 유능한 직원으로 인정을 받을 수 있다. 그리고 여행 준비가 되어도 출국 2일 전에 항공사에 전화로 출국 예약을 재확인하는 것이 필요하다. 그렇게 하지 않을 경우 여행자가 많고 또 출국할 여행객이 혹시 공항에 늦게 도착하여 수속이 늦으면 여행을 취소한 것으로 간주하여 대기자(waiting list)상에 있는 여객에게 항공권을 판매하는 경우도 있기 때문이다.

예약제도는 인류사회가 복잡하게 됨으로써 수요 공급이 많은 주문에 효과적으로 대처하기 위해 발달했다고 할 수 있다. 예약의 현대적 의미를 본다면 첫째, 수요 공급자 간의 약속이며 둘째, 수요, 공급자 상호 간 대우 및 편이제공의 필요성 셋째, 고객 확인 넷째, 손님에 대한 주인의 서비스 확보 등 수요공급자 간의 거래상의 교통정리를 위한 제도이다.

우리나라에는 예약문화가 발달되지 않았다. 과거에는 예약이 필요한 경우가 별로 없었으므로 우리 생활 자체가 예약 관습에 익숙하지 않았기 때문이다. 우리나라에서 예약이 필요한 곳은 종합병원, 항공회사, 호텔, 극장, 예식장, 미용실, 일부 식당 정도이다. 반면 서양, 유럽의 여러 나라에서는 예약하지 않으면 안 될 정도로 예약제도가 생활화되어 있다. 서구에는 개인병원, 치과, 자동차 정비공장 등 용무가 있어 가야 할 곳에는 대부분 사전 연락 또는 예약을 해야 한다. 특히 관공서, 회사 기타 친지 방문 시에도 사전 연락 또는 예약을 하는 것이 관행이며 예의이다. 우리는 전화 발달 및 보급 등이 늦어서 선진형의 사전 연락 또는 예약관습이 발달되지 못하였다고 할 수 있으나 최근에는 예약에 대한 인식이 차츰 높아지고 있다. 그러나 아직 우리나라의 예약제도는 사람이 많아서 자리 또는 좌석이 만원이 되어서 사전 예약을 하지 않으면 안 되는 경우에 한하여 예약을 해야 하는 것으로 인식되어 있다.

② 예약 취소

예약은 영어로 reservation(호텔, 항공편 등 예약에 사용되며 별도로 자리 또는 몫을 확보해 둔다라는 의미)이라 하며, pre-engagement(선약, 예약), booking(골프 등 미리 이름을 등재하다) 등의 용어도 사용하는데 이 용어들은 engagement, promise (약속) 등의 의미를 내포하고 있다. 일단 예약을 하는 행위는 수요자와 공급자 간의 구두 약속행위를 의미한다. 따라서 문서로 약속을 하지 않았더라도 전화 또는 구두로 약속을 했을 경우에도 약속 당사자 상호간에 약속을 지키는 것이 예의이다. 우리는 할 수 없이 예약을 해야 하는 것으로 인식하고 있으며 예약을 했다 하더라도 사정상 변경, 또는 취소를 해야 할 사유가 발생한 때에는 정식 취소 등 통고 없이 예약 부도를 내는 경우가 많다. 몇 년 전까지만 해도 예약 부도를 내는 비율은 식당 72 %, 콘도 50 %로, 예약한 사람 중 절반 이상이 취소 통고를 하지 않고 약속을 지키지 않는 것으로 방송에 보도된 바 있다.

중요한 예약의 경우에는 구두 약속에 따라 서면 약속을 하게 되는데 이 경우에는 일종의 계약 같은 성격을 가지게 되므로 약속을 어기는 경우 10~20 %의 범칙금을 공제 받게 되는 경우도 있다(항공권 구입 후 여행을 취소하는 경우 등).(대한항공은 예약취소 없이도 범칙금을 부과하지 않도록 제도 변경을 검토한다는 것인데 단체 여행의 경우 여행 임박해서 취소할 때는 날짜에 따라 여행사가 20 % 또는 절반의 손해 배상을 요구한다)

외국의 경우 개인병원(치과 등)에 예약을 하고 사전 통고 없이 병원에 가지 않는 경우 진찰비를 부과하는 곳도 있다. 호텔의 경우도 예약을 해 놓고 사전 취소 연락 없이 투숙하지 않으면 부분적으로 손실을 부담하게 된다(따라서 많은 객실을 예약 할 때 호텔 측은 일부 선금 또는 서면 신청을 요청하는 경우가 많다). 심지어 로스앤젤레스의 어느 호텔에서는 출발시간(check out)이 12:00시인데 13:00로 잘못 알고 호텔을 나가려는데 안 된다며 하루 숙박료를 더 요구한 경우를 보았다.

라틴어에 "약속은 이행되어야 한다(pacta sunt servanda)"라는 말이 있다. 계약행위는 물론 예약도 약속의 일종이므로 당연히 지켜져야 한다는 사실을 알아야 한다.

식당 예약과 취소에는 융통성이 많다고 할 수 있겠으나 반드시 손님이 많은 경우에만 예약을 요하는 것은 아니다.

예약의 의미는 손님 측에서는 고객으로 좋은 자리와 손님이 많을 경우 우선 좌석 배정을 요구하는 의미가 있으며, 식당 주인의 입장에서는 고객(단골손님)에 대한 친절과 예우를 보장하는 의미로 해석할 수 있다. 예약은 당사자 간의 사전 약속인 동시에 상호 간의 예의의 표시이며 교양인으로서의 자질을 표현하는 행위로 인식되어야 한다.

3) 자가용 문화와 예절

우리나라는 4명에 1대의 비율로 자동차를 소유하고 있고 자동차 문화 속에 살고 있다.

공항에 나와 지인의 안내를 받아 승용차에 오르게 되면 지켜야 할 사항이 있다. 즉, 승용차예절이다. 우리는 차를 탈 때 예절에 대하여 별로 신경을 쓰지 않는 경향이 있다. 그러나 승용차예절도 중요하다는 것을 알아야 한다. 우리는 본격적으로 자가용 시대, 즉 마이카 시대를 맞이하게 된 역사가 짧기 때문에 승용차예절 문화가 완전히 정착되지 않고 있다.

차를 운전하는 사람이 운전기사로서 뒷좌석에 앉기를 권유하는 경우에는 뒤에 앉으면 된다. 그러나 친지, 선·후배, 사업상의 교섭상대 등으로 운전기사가 아닌 경우에는 운전자 옆, 즉 차의 앞좌석에 앉는 것이 예의이다. 우리는 어린이를 앞좌석에 앉히는 경우도 있고 부인을 뒤에 모셔 놓고 남편은 기사 노릇을 하는 경우도 흔히 있다. 말하자면 승용차 예절에 전혀 개의치 않고 편의위주로 적당히 앉는 것이다. 그러나 외국에서는 다르다. 한 마디로 전문 운전기사가 운전을 하는 경우와 운전기사가 아닌 사람이 운전을 하는 경우가 다르다는 것이다.

필자가 외국 ○○대사관에 근무할 때 국회의원이 방문하여 개인차로 호텔에서 공항까지 안내하는데 국회의원이 무조건 뒷좌석에 앉는 것이다. 다른 사람이 나를 보면 대사관 운전기사로 오인할 지도 모른다는 생각에 기분이 상하다 보니 길을 잘못 들어 어려움을 당한 적이 있다(유아, 노인 탑승 시는 예외).

군대의 경우는 정반대이다. 군대용 지프차의 경우는 일반 승용차와 다른 의전이 적용된다. 공용 지프차의 경우 운전병의 옆 좌석은 상관인 지휘관 석이 된다. 따라서 뒷좌석은 일반 부관 또는 다른 사병 등이 앉게 된다.

4) 팁 지불

팁(tip)이란 본래 18세기 어느 영국 술집에서 신속하고 좋은 서비스를 제공 받기 위해 주는 것이라고 써 붙인 글에서 나왔다는 이야기가 있고, 미국의 어느 대통령이 급히 심부름을 시키기 위해서 돈을 준 데서 생긴 말로 그 의미는 "to insure promptness" (신속한 조치를 보장 받는다는 의미)로 일종에 급행료에 해당하는 사례금(service charge)의 성격으로 지칭되어 지금은 서비스 제공에 대한 감사의 표시로 발전하였다. 그 후 미국에서는 하나의 불문율로서 당연히 지불해야 하는 반대급부로 인식되어 있는 실정이다.

승용차가 호텔 현관에 도착하면 짐을 내리게 되고 또 다른 사람이 반갑게 영접을 하는 경우도 있다. 짐을 내리면 포터가 오든가 직접 나르던가 해야 하며, 포터를 사용할 경우 호텔 로비 접수처(front desk)까지 운반해 주는데 이때는 팁을 주지 않는다. 호텔 투숙등록 후 방 배정이 되면 보통 포터가 열쇠와 짐을 방까지 운반해 준다. 방문을 열고 짐을 들여 놓은 다음에 열쇠를 손님에게 넘겨주는데 이때 팁을 지불해야 한다. 액수는 보통 큰 가방 1~2개에 약 1~2달러 정도면 무난하다.

고위층 인사들은 팁 같은 사소한 준비는 등한히 하는 경우가 많은데 이런 경우에는 수행원 몫이 될 수밖에 없다. 예를 들어 미국의 한 호텔에 도착하여 짐을 방에 들여 놓는데 준비된 잔돈이 없어서 팁을 즉석에서 주지를 못하고 나중에 준다고 하니, 호텔 포터가 매우 불만스러운 태도를 보였다. 미국에서는 팁을 적시적소에서 사용할 줄 모르면 교양 없는 사람이 되는 것이다.

팁은 외국에서는 주로 식당, 호텔, 택시, 열차, 공항, 미용실 등에서 지불하는 것이 보통이고, 식당에서는 보통 10~15%, 호텔 및 공항에서의 짐 운반 팁은 1~2 달러 정도면 된다. 공연장 좌석 안내원에게는 보통 동전으로 50센트 정도면 된다(단, 나라에 따라 차이가 있다).

영국의 세계적 영화배우 숀 코너리가 뉴욕 체류 중에 8시간 동안 승용차를 타고 단돈 5 달러를 팁으로 주려고 했다가 운전기사 폴 먼로가 심한 모욕감을 느껴 받지 않고 되돌려 주었다고 영국 타임스 신문이 몇 년 전 보도하여 화젯거리가 되었다.

단체 관광여행 때에는 여행 안내원이 팁 제도를 설명해 주는 것이 보통인데 그대로 시행하면 된다.

5) 호텔 투숙 예절

호텔방에서 이성의 방문을 받거나 방문하는 행위는 바람직하지 않다. 불필요한 오해의 소지가 있기 때문이다. 필요한 경우 로비에서 만나는 것이 좋다. 그 밖의 주의 사항은 다음과 같다.

- 호텔 물품을 가져가지 말 것(수건 등).
- 호텔 복도에서 잠옷 바람으로 서성대거나 다니지 말 것(몰상식한 행위로 간주됨).
- 호텔 복도에서 신발을 벗고 다니는 행위.
- 호텔 복도, 로비, 식당 등에서 고성방가를 하지 말 것(특히 한국 사람은 목소리가 외국인보다 더 크게 들리는 것 같다).
- 밤늦게까지 한방에 모여 고스톱 놀이로 떠들며 밤을 새는 행위

를 하지 말 것(옆 방 투숙객에 안면방해 행위).

· 샤워할 때 바닥에 물이 흐르지 않도록 한다(물이 넘쳐 바닥으로 새는 경우에는 아래층 천정 파손 등을 변상해야 하는 경우도 있다.)(탕 위의 커튼을 치고 사용함이 좋다).
· 호텔 냉장고에 있는 음료수, 주류, 과자 등은 먹은 후에 호텔 계산서를 청산할 때 신고를 해서 지불해야 한다(보통은 체크아웃 신고를 하면 종업원이 방에 와서 조사를 해 간다).
· 아파트 호텔을 제외하고는 일반 호텔 객실 안에서의 취사는 금지다.

2. 기내예절, 매너

1) 예절, 매너의 관계

예절과 매너, 즉 교양 표현은 상호적이어야 한다. 사람과 사람 사이의 예절, 존경의 표시 등 감정 표시는 상호적일 때 가치가 있다. 승무원도 반드시 친절한 것은 아니다. 그들은 직업상 친절교육을 받고 일터에 나온 근로자이다. 따라서 그들에게서 진정한 마음으로부터 우러나오는 친절을 기대하는 것은 어떤 의미에선 지나친 희망 사항일수도 있다. 3등석 좌석에 앉아서 여행하는 경우에는 승객이 많기 때문에 승무원이나 승객이나 특별한 경우가 아니면 기본적인 서비스 외에 좋은 서비스를 기대할 필요는 없다. 조금 서비스가 늦어도 그러려니 하고 인내를 해야 하는 것이다.

비즈니스 급 이상의 좌석에서는 보다 낳은 서비스를 기대할 수 있다. 그만큼 항공료를 더 많이 지불한데 대한 반대급부를 받게 되는 것이다. 그러나 승객이 별로 많지 않으므로 승객 자신도 신경을 써야 한다. 승무원에게 반 존대나 반말을 하면 그 다음부터는 관심을 기울여 주지도 않고 서비스도 잘 해 주지 않는 경우를 의식적으로 느낄 수 있다. 그렇다고 신경질을 내 봐야 결국 피차 기분 상하는 일이고, 돌아오는 것은 크든 작든 직·간접적인 불이익 밖에 없을 것이며 즐거운 여행이 될 수가 없다. 교양 있는 태도의 표현은 상호관계라는 사실을 분명히 인식하는 것이 필요하다(원하는 식사 등 특별대우를 받으려면 1등석에 타야 하는데 항공요금이 몇 배나 차이가 난다).

2) 어글리 차이니스와 코리안 문화

중국인의 해외여행이 급격히 증가하면서 "어글리 차이니스가 과거의 어글리 재패니스, 어글리 코리안에 이어 어글리 아시안 시리스의 제3탄으로 등장했다"고 보도한 홍콩 시사 주간지 "아주주간(亞州週刊)"의 기사내용이 몇 년 전 국내신문에 소개되었다. 어글리 차이니스의 7가지 죄(罪)는 불결, 소란, 조급, 안하무인, 저속, 궁색, 무지막지라는 것이다.

① 말레이시아발 홍콩행 중화항공이 착륙 직전 중국 남성이 돌연 휴대 전화를 꺼내 크게 떠들자 승무원이 말렸다. 그러나 시비가 일자 승객 10여명이 합세 승무원 태도 불손을 지적, 농성을 벌여 경찰이 동원되는 해프닝이 발생했다. 조급, 안하무인, 무지막지, 소란 증세가 한꺼번에 표출된 사례이다.

② 영국의 하이드 파크에서 중국인 여행객이 구두를 벗고 발을 긁자 지나가던 영국인이 눈살을 찌푸렸다.

③ 홍콩 백화점에서 중국인이 양복을 고르면서 코를 손가락으로 후비자 점원이 도망갔다.

④ 대만에서 택시를 탄 한 중국인이 기사의 안전띠 착용 요구에 불복, 화를 내면서 담배를 피우며 폭언했다는 신문 기사.

⑤ 고급 식당에서 구두를 벗고 책상 다리를 하는 저속한 태도.

⑥ 고맙다는 말을 할 줄 모르는 안하무인.

⑦ 길거리에서 쪼그리고 앉거나 호텔에서 잠옷 바람으로 다니는 사람 등.

위에서 설명한 중국인에 대한 사례가 우리에게도 해당되지 않는지 한 번 생각해 볼 필요가 있다.

여행객은 남녀노소 지위 고하를 막론하고 나라와 민족을 대표한다는 생각을 항상 염두에 두어야 한다. 항공기에 탑승하면 기내에서 준수할 사항과 예절을 지켜야 한다. 그리고 좋은 매너를 가져야 한다. 남의 눈에 거슬리는 행위를 함으로써 예의 없고 교양 없는 사람으로 취급 받을 수 있고, 경우에 따라서는 탑승객 사이에 또는 승무원들과 시비로 불이익을 받을 수도 있다. 출국수속이 완료되어 탑승이 시작되면 항공기 입구에는 승무원들이 줄을 서서 들어오는 승객들을 인사로 맞이한다. 이때에 "수고하십니다. 또는 안녕하세요." 정도로 답례를 하면서 들어가는 것이 예의이다. 최소한의 목례를 해도 좋다. 미소를 지으면서 하면 더 좋은 인상을 줄 것이고 즐거운 여행의 시작이 될 것이다.

3) 승객의 무질서 사례

항공기를 이용하여 국내외 여행을 하는 사람들이 해마다 증가하고 있는 추세다.

몇 년 전 어느 기관에서 여승무원 1,000명을 대상으로 승객의 무질서 사례를 조사한 결과 응답 현황을 보면 다음과 같다.(조선일보 2001.2.6.)

승무원에게 반말	14.4 %
화장실 더럽게 사용하기	12.9
여승무원 몸에 손대기	9.2
화투놀이, 큰소리치기	9
화장실 내 흡연	8.7
신발, 양말 벗고 다니기	5.7
벗은 발을 앞좌석 위에 놓기	5
출입구, 통로에 누워 자기	4.9
술주정	4.7
규격 이상 큰 화물 휴대 탑승	4.1

이상의 무질서 사례 몇 가지를 구체적으로 설명해 보자.

흡연 행위

얼마 전 까지만 해도 흡연석은 따로 구분되어 있었으므로 처음 탑승 수속을 할 때 좌석배정 담당 직원에게 흡연석 배정을 요청하여야 했다. 흡연석에서 담배를 피울 때에도 항공기가 이착륙할 때는 화재 위험성이 있으므로 피워서는 안 되며 이륙 후 흡연 가능 신호가 떨어질 때까지 기다려야 한다. 또 비록 흡연석에 앉았더라도 옆에 숙녀, 특히 외국인 여성인 경우에는 담배를 피우겠다는 양해를 구하면서 피는 신사의 예의를 지켜야 했다. 이 경우 옆에서 담배 피우는 것이 싫다 해도 기꺼이 피우라고 동의를 해 줄 수밖에 없는 것이다. 그런 에티켓은 남을 무시하거나 무관심하지 않고 관심을 가지고 존경한다는 의미이기 때문이다. 요즈음에는 기내뿐만 아니라 시내 공원, 일부 거리 등에서도 금연이 확대되고있다.

담배꽁초 버리기

한국인의 흡연 비율은 세계에서 상위권에 속한다. 담배를 많이 피울 뿐 아니라 담배 피는 매너도 문제이다. 담배를 피우는 장소의 구별, 피운 다음 담배꽁초의 처리 방법 등에 대하여 생각하려 들지 않거나 적당히 처리하는 것이다. 고속도로를 달리는 차 속에서 담배를 피우면서 차창 밖으로 재를 털거나 꽁초를 창밖으로 던지는 행위는 하지 말아야 한다. 차 안에 재떨이가 있으나 자기 것은 더럽히고 싶지 않고 청소하기도 싫으니 슬그머니 교양 없는 짓을 하는 것이다. 꽁초를 변기통에 버리는 행위는 귀찮아서 그런 것이나 악습이 아닐 수 없다.

화장실 사용

한국 탑승객이 화장실을 더럽게 사용하는 것에 대하여는 이의를 제기할 사람이 없을 것이다. 세면기에 침을 뱉고, 코를 풀고, 치약을 묻히고도 닦지 않고 그대로 놔두는 습관, 자기 마음대로 사용하고 남을 의식하지 않는 생각 등이 그것이다. 훌훌 소리를 내면서 두 손으로 물을 가득 받아 세수하는 습관으로 바닥에 물이 떨어 질 수밖에 없다. 서양의 선진국 사람들은 일반적으로 매일 샤워를 하는데 그렇지 않을 경우 고양이 세수를 하기 때문에 비교적 깨끗이 사용한다. 그래서 승무원의 큰 임무 중에 하나가 화장실을 수시로 치우고 정돈하는 일이다.

시내의 어느 빌딩 지하실에 있는 화장실에 들어가 보니 소변기에 담배꽁초가 가득하다. 벽에는 흡연금지 구역이라는 글이 붙어 있는데도 불구하고 담배를 피울 뿐만 아니라 변기에 버린다. 소변을 볼 때 변기에 바짝 다가서야 되는데 멀리 떨어져 보다 보니 소변이 바닥에 떨어지는 것이다. 그러나 일산호수공원, 창덕궁 등 관광지의 화장실은 선진국에 못지않은 최고수준의 시설이라 할 수 있다.

가래침 뱉기

가래침 뱉는 행위는 천식 등 건강상의 문제 또는 탁한 공기, 매연 문제 등 특별한 경우를 제외하고는 일종의 습관이라 할 것이다. 우리나라 사람들은 세면기뿐만 아니라 길에서도 아무데서나 침을 뱉는 사람이 있다. 가래침을 많이 뱉기로 유명한 사람들은 아마도 중국인일 것이다. 3억 명이 가래침을 뱉는 습관을 가지고 있다고 한다. 몇 년 전부터 중국에서는 2008년 올림픽을 앞두고 '가래침 안 뱉기 운동'을 전개했다고 한다. 중국인들은 가래침을 길거리는 물론 영화관 등 공 공장소에서도 가리지 않고 서슴없이 뱉는다. 중국인들의 가래침 뱉기는 19세기 이전 서양인들과 접촉하기 전까지만 해도 체내의 불균형을 바로잡기 위한 배설행위였다고 한다.

홍콩은 청결운동의 일환으로 "공중도덕 벌점제"를 시행하여 쓰레기 마구 버리기, 애완동물 기르기 등 19가지의 공중도덕 위반 행위를 규제키로 했는데 그 중에 거리에 침 뱉는 행위는 7점 등 벌점을 주어 16점이 넘으면 아파트 입주권 박탈 등 강력한 조치를 취하기로 했다고 한다.(한국일보 2003.6.2)

신 벗기

신발 벗는 행위는 우리의 전통적 관습이므로 지위 고하를 막론하고 신발을 장시간 벗지 않고 착용하고 있는다는 것은 어려운 일이다. 서양인들은 일반적으로 집안에서도 신발을 벗지 않고 신고 사는 것이 관습이다. 따라서 그들에게는 신발을 신고 있는 것이 당연한 것이고 신발을 벗고 있으면 불쾌하게 여겨지거나 교양 없는 태도로 인식될 수밖에 없을 것이다.

한국 국적의 항공기를 비롯하여 동양 여러 나라의 항공기의 경우 장거리 비행 항공기에서는 여행객의 편리를 위하여 슬리퍼를 제공하고 있어 승객들이 탑승하자마자 슬리퍼부터 갈아 신는 즐거움을 느낀다. 외국승객 특히 서양승객들도 기내에서는 슬리퍼를 찾는 경우를 많이 본다. 그런데 슬리퍼조차 벗거나 양말까지도 벗고 기내를 돌아다니는 사람들이 늘어나게 되었다. 서양의 관점에서 보면 분명히 교양 없고 매너도 없는 사람으로 여겨질 수밖에 없다. 서양 사람이라 해서 발에서 향내가 날리 없고 무좀이 없는 것은 아니며 신을 벗을 때 시원한 느낌을 모를 리 없다. 요즈음 대한항공은 슬리퍼 대신 일회용 양말을 제공하여 마음대로 신고 다니도록 한다.

언젠가 손님 영접차 인천공항에 나가 승객 출구 앞 의자에 앉아 있는데 옆에 60대 서양인이 앉아서 신을 벗고 발목을 돌리면서 발을 주무르고 있었다. 나는 그를 유심이 쳐다보았다. 다른 서양인도 그를 바라보고 있었다. 그도 영접을 나와 손님을 기다리는 것 같은데 한국에 오래 살면서 발 마사지나 발 주무르기가 건강에 좋다는 것을 아는 것 같았다. 분명히 한국인에게서 배운 습관이다.

장거리를 여행할 때 항공기 내에서 신을 벗는 것이 보통이고 자가용 승차 때 신발을 벗는 행위, 사무실에서 신발을 벗는 행위는 가능하다. 신발을 벗고 안 벗는 행위는 대부분이 각자의 관습에 기인한다고 할 수 있으나 중요한 것은 갑갑한 것을 참는 인내심이고 남의 혐오감을 야기하지 않으려는 의식과 배려인 것이다. 대중식당에서 신발을 벗고 책상다리를 하고 식사하는 사람 그리고 운전기사 옆자리 또는 관광버스 뒷자리에서 양말을 벗은 맨발을 차 창가에 올려놓고 가는 사람들은 아마도 세계에서 한국인밖에 없을 것이다. 외국인 기자가 사진을 찍을 수 있다면 세계의 토픽이 될 것이다.

공자의 서(恕)의 개념은 남이 싫어하는 행위를 하지 말라는 뜻이다. 즉, 자기가 하기 싫은 일을 남에게 시키지 말고 남이 자기에게 하는 것이 싫은 일은 남에게 하지도 말라는 뜻이다. 다른 사람에게 불쾌감을 주는 행동을 삼가는 것도 남을 배려하는 교양이다.

▮ 소음 (고성) 행위

그 밖에도 사람들이 모인 공공장소에서 큰 기침을 하거나 큰 소리로 떠들고 휴대폰으로 통화할 때 큰 음성으로 또 장시간 대화하는 행위, 다리를 뻗어 앞 사람에게 불편을 주는 행위, 중요한 회의 때 휴대폰을 켜놓는 행위, 흡연장소 외의 금연장소에서 흡연을 하는 행위, 기내 영화 상영을 위해 소등할 때 소등을 하지 않는 행위, 안전벨트를 매지 않는 행위, 잠자는 시간도 아닌데 의자 등받침을 뒤로 젖히는 등 지켜야 할 많은 사항들이 있다. 따라서 잘 모르는 경우에는 승무원의 요구에 따르는 것이 좋다.

건설교통부는 기내 무질서 행위와 관련, 흡연, 폭언, 고성방가 등 소란행위, 술주정, 스튜어디스 등에 대한 성희롱 행위를 할 경우 항공안전과 보안에 관한 법률에 의거 1년 이하의 징역이나 1,000만 원 이하의 벌금형에 처할 수 있다고 발표했다.

취객들의 기내 소란행위는 최근에도 발생하고 있다. 2007년 말 모 기업회장이 국내선 탑승 때 술에 취해 여승무원과 시비를 하고 난동을 부려 항공기 운항에 지장을 초래한 사건이 발생하였으나 사법당국의 조사, 처벌이 지연되었다는 비난이 언론에 보도되었는데 1천만 원의 벌금형에 처했다는 보도가 있었다. 아직도 일부 시민의 의식수준의 문제로 지적되고 있다.

이상의 모든 무질서 행위를 강력히 단속하지 않으면 시정될 수 없다. 엄격한 행정제재 조치를 강구하여야 모든 무질서, 비행의 근절이 가능할 것이다.

기내소란 누구 책임인가?

2008년 7월 17일 저녁 프놈펜행 아시아 비행기에는 140명의 승객이 탑승하고 이륙대기 중이었다. 기장이 영상정보 모니터 고장을 알리며 다른 비행기로 갈아 탈 것을 알리자, 승객으로부터 거센 항의와 함께 심한 항의 소란이 발생했다. 결국 비행기를 교체하고 항의 주동 승객 6명은 탑승하지 못하고 3시간 후 출항한 사건이다. 언론은 사소한 일에 쉽게 흥분하는 성격으로 항공위협 사건으로 보도했다.

(1) 사람의 성격, 교양, 제도의 문제

① 안전상 당연히 비행기를 바꾸어야 한다(정비상의 문제로 생명과 관계되기 때문).

② 기장의 불가피한 설명과 친절한 양해 설명이 있어야 한다(기장의 책임은 아니므로).

③ 승객은 사정을 이해하고 수긍해야 한다(과격행위는 자제해야 한다).

④ 이런 경우 항공사의 적절한 보상제도가 당연히 확립되어 있어야 한다(항공요금 5% 반납 등).

(2) 서비스 정신의 이해 부족

문제가 생길 때 떼를 써야 자신에게 유리하게 해결된다는 의식구조가 문제이다. 참는 사람은 손해 본다는 생각이 문제이다. 서비스 종사자의 진심어린, 호소력 있는 사과의 설명도 중요하다. 자동적으로 합리적으로 해결되는 선진 시스템, 글로벌 교양 마인드가 아쉽다.

* Procrastination is the seed of self- destruction. - Mathew Burton -
* 미루는 버릇은 자멸의 씨앗이다. - 매튜 버튼 -

제5장 식탁예절

우리는 식탁예절에 대하여 별로 관심을 두지 않는 것 같다. 그러나 식탁예절은 글로벌 생활교양의 기본 중의 기본이라 할 수 있다. 손님을 초대하는 주인으로서 손님 영접 예절과 초대 받아가는 손님으로서 예절을 배워서 실천하는 노력이 중요하다. 식탁예절은 교양, 문화 수준의 총체적 표현이다.

1. 식탁예절은 왜 중요한가?

식탁예절이란 식사를 할 때에 지켜야 할 예의범절을 의미한다. 손님을 초청하는 주인으로서 지켜야 할 예절과 초청 받은 손님으로서 지켜야 할 예절을 포함한다. 식탁문화는 나라와 인종의 다양성에 따라 다르다. 예를 들어 음식을 손으로 집어먹는 나라도 있다. 이는 나라와 민족의 역사, 문화, 전통, 관습의 차이에 기인할 뿐만 아니라 음식을 만드는 전통과 맛 그리고 기호에 따라 차이가 있기 때문이다.

우리는 식탁매너(table manners)를 양식을 먹는 방법, 즉 서양식 식사 방법, 수프는 수저를 앞에서 뒤쪽으로 떠먹고, 빵은 손으로 뜯어먹고, 포크, 나이프는 바깥쪽에서부터 안 쪽 순으로 사용하면 된다는 정도로 간단하게 생각하고 마치 이미 잘 알고 있다고 생각하고 있다. 왜냐하면 우리가 양식을 먹어본 경험 있는 사람들로부터 배워서 아는 상식이기 때문이다. 그러나 식탁예절은 간단한 것이 아니라 어느 예절보다도 복잡하고 중요하다.

강제적이든 자발적이든 우리가 지켜야 할 규칙에는 규제적 규칙(regulative rules)과 구성적 규칙(constitutive)의 두 종류가 있다. 규제적 규칙이란 일반규칙과는 다른 선행적으로 존재하는 행위를 규정하는 원초적 규칙으로 식사관습, 식탁매너가 여기에 속한다. 구성적 규칙에는 제도적으로 정해진 규칙, 즉 야구, 축구 등 게임 규칙을 의미한다. 식사관습 같은 규제적 규칙은 반드시 지켜야 할 의무가 있는 것은 아니며 위반하더라도 어떤 재제나 처벌을 받지 않는다. 다만 비난 또는 흉잡히는 대상이나 불이익의 대상은 될 수 있다. 다시 말하면 윤리, 도덕의 위반과 같은 경우라고 할 수 있다. 구성적 규칙을 위반한 경우에는 징계 등 처벌뿐만 아니라 직접적인 불이익을 받을 수 있는 것이 다른 점이다.

한국인의 식사습관, 음식의 형태는 외국의 그것과는 많은 차이가 있으며 식사관습은 어떤 의미에서 독특한 특성을 가지고 있다. 국제예절로서의 식사예법에 관하여는 과거 외교통상부에서 발간한 의전편람에도 많은 부분을 할애하여 설명하고 있다. 여기서는 외교관 의전 편람을 참고로 하되 서양음식의 종류, 주류 등 파티나 연회 준비 등 관련된 복잡하고 전문적인 설명은 생략하고 국제사회의 일원으로서 알아야 할 일반적, 보편적 식사예절에 관하여 유의하고, 참고하고, 준수해야 할 사항을 소개하고자 한다.

우리가 외국에서 또는 외국인들과 함께 식사를 할 때 행사장소 또는 식당 도착에서부터 식사완료 후 식당을 떠날 때까지의 필요한 사항을 살펴보고 흉을 잡힐 수 있는 주의 사항 등 선진 문화국민, 글로벌 생활교양인으로서의 손색이 없는 식사예절의 기본에 대해 알아보자.

2. 손님(guest)으로서 지켜야 할 예절

식사예절은 손님을 초대하는 주인으로서 지켜야 할 예절도 중요하며 초대받아 가는 손님의 입장에서도 중요하다.

먼저 손님으로서 식사초대를 받았을 때 유의해야 할 것들을 알아본다.

1) 확인 사항

초청 목적, 초청 대상, 부부 동반 여부, 복장, 장소 등을 초청장과 대조하여 확인한다.

2) 인사

일반식당에 들어갈 때는 먼저 와 앉아있는 모르는 사람들에게도 간단히 인사(목례 등)를 하고 들어간다. 인사는 인격의 표현이며 사교의 시작이며 대인관계를 부드럽게 하는 윤활유이다.

3) 넥타이 착용

비공식 행사가 아닌 이상 행사 참석 시에 정장에 넥타이 착용은 당연한 예의이다. 넥타이는 품위와 관련되므로 양복 색에 조화되도록 색상 선택에 신경을 써야 한다(넥타이 길이는 끝이 혁대 장식을 덮을 정도로 착용한다).

고급식당의 경우에는 넥타이 등 정장을 반드시 해야 하는 경우가 있다. 전통 있는 고급식당 출입자는 그만큼 품위를 유지해야 한다는 의미이다(특히 유럽의 유명한 식당에는 정장을 하지 않으면 입장을 불허하는 곳도 있으며 식당에서 넥타이를 빌려 주는 경우도 있다).

4) 칵테일

고급 파티나, 중요한 오찬이나 만찬의 경우에는 식탁에 앉기 전에 칵테일 코너에서 간단한 주류를 들면서 20~30분 환담을 하는 것이 보통이다. 이 경우 주류로는 위스키(scotch & soda or water), 진토닉(gin & tonic), 보드카, 쉐리(sherry) 등이 있으며 음주를 못하는 사람은 주스나 콜라 등 음료를 주문하면 된다(일부 학교에서 주도(酒道)강좌, 즉 "술 예절" 과목을 필수 교양으로 가르치는데 인기 과목이라 한다. "주도와 명주(名酒)"라는 제목으로 강의를 하고 술 따르는 법, 술버릇 등을 교육하는데 호텔경영학 전공자가 아닌 사람에게는 1~2회 특강이 바람직하다).

5) 식당 예약

좋은 식당의 경우 예약이 되어 있든 안 되어 있든 소규모 오·만찬 참석을 위해 식당에 들어 갈 때는 식당 좌석 안내원(headwaiter)의 안내를 받는 것이 보통이다. 우리나라 식으로 그냥 들어가서 아무 자리에 앉는 것은 예의가 아니다(우리나라에서도 요즘 일부 식당에 들어 갈 때 예약이 필요한 경우가 늘어나고 있다). 자리안내 등은 웨이터의 임무이며 그런 서비스 행위에 대한 반대급부로 식사 후 손님으로부터 팁을 받게 되는 것이다.

6) 좌석 배열

주최자 또는 주인과 상호 인사가 끝나면 주최자(host)의 안내로 식당 좌석에 앉게 된다. 이때 좌석은 공식행사인 경우에는 사전에 좌석표에 의해 표시가 되어있으며, 비공식적이거나 친목 모임인 경우에는 좌석을 지정하지 않는 것이 보통이다. 좌석 배열은 식사참석 인원, 즉 대·소규모의 연회에 따라 여러 가지 방법이 있다. 즉, 일자,

사각, 직사각, T형, ㄷ자형, 원형 테이블 등 다양하다.

오찬·만찬 등 연회를 개최할 때에는 식탁의 형태, 즉 원형 또는 직사각형 등 형태와 참석 인원의 규모에 따라 좌석 배열이 다르게 된다. 간단한 경우가 대형 원탁 테이블 하나(9~10명석)로 이때는 주최자의 맞은편에 주빈을 앉게 하고 주최자의 우측과 좌측 그리고 주빈의 우측과 좌측 순으로 좌석 순위를 정하면 된다. 긴 직사각형의 식탁인 경우에도 한쪽 중앙좌석에 주최자, 상대편에 주빈 순서로 양측에 배정하면 된다. 긴 식탁의 경우에는 한쪽 끝에 주인이 다른 쪽 끝에 주빈이 착석하는 경우도 있다. 참석 인원이 많은 경우에는 T자형으로 식탁을 배열하거나 ㄷ자형으로 배치하여 한 가운데 주최자의 좌석을 지정하게 된다. 정부나 관공서의 공식행사 때에는 참석자들의 좌석에 대한 관심이 크므로 신중한 좌석 배열작업을 해야 한다.

좌석의 서열순 배열문제 또는 참석자의 좌석 배정 누락 등 문제로 시비가 발생하는 경우가 있다(공식행사 등 실무적 전문적 좌석 배열 방법은 외교통상부 발간 외교 편람 참조).

의전상 좌석 배열을 단순한 서열 프로토콜로 해석할 것이 아니라 참석자들 간의 존경심, 타인 배려, 질서의식, 겸손, 소개, 교제 등 사교 활동과 관련된 글로벌 생활교양의 기본으로 이해하여야 한다. 형식과 절차 외에 내용을 생각하는 마음가짐이 중요하다는 의미이다.

7) 여성 배려

식당에 들어가 좌석에 앉을 때는 주최자를 중심으로 연배 또는 상급자, 특정 주빈(guest of honor)이 있을 때는 주최자 맞은편이나 우측 옆에 앉도록 배려를 해야 하며 기타 하급자, 연소자, 행사의 성격에 비추어 거리를 두고 앉는다. 공식 모임이나 사교 모임인 경우에는 남자 좌석 옆에 여성이 앉는 것이 보통이다. 이때에는 남성은 일어서서 여성의 의자를 살짝 뒤로 빼서 앉는데 불편이 없도록 배려해 주는 것이 신사의 예의이다(웨이터가 대신하는 경우도 있다). 우리나라 관습에서는 이상하게 보일지 모르나 서양에서는 그렇게 해야 교양 있는 신사로 대접을 받는다. 그리고 참석자들 간에 대화가 시작되는데 대화는 주빈 중심으로 하는 것이 보통이며, 또한 옆에 앉아있는 손님, 특히 여성인 경우에는 관심을 가지고 대화를 해 주어야 한다. 옆에 여성을 빼 놓고 건너편이나 한 두 사람 떨어져 있는 친한 사람하고만 대화를 하는 것은 실례가 될 수 있다.

8) 냅킨 처리 요령

식탁에 앉으면 냅킨을 무릎 위에 올려놓는다. 식사 도중에 불가피하게 화장실을 가야 할 때는 냅킨은 식탁에 놓지 않고 의자에 놓는다. 식사가 끝난 다음에 식탁 위에 올려놓는다. 이는 나이프나 포크를 식사가 끝난 후에 나란히 놓거나 식사 중에 비스듬하게 걸쳐 놓는 것과 같은 의미가 되는 것이다.

식탁에 앉아 있을 때는 의자 뒤로 기대지 말고 자세를 바르게 한다. 식탁에 앉아 다리 꼬기는 하지 않는다.

식사가 끝난 후에 한국식으로 냅킨을 가지고 가볍게 입을 닦는 것은 상관없으나 얼굴을 닦는 것은 금물이다. 단, 손 닦는 그릇(finger bowl)을 사용한 후 손가락을 씻은 다음 닦는 것은 좋다. 다시 말하면 식탁보로 닦지 않는다. 한국에서는 식탁보로 손도 얼굴도 닦고 코도 닦는다. 물수건으로 얼굴을 닦는 습관이 몸에 배어있기 때문이다.

---

* "소매로 코를 닦는 것은 촌스럽고, 팔꿈치로 닦는 것은 장사꾼이다"

- 에라스무스 -

9) 식사 개시

식사가 순서대로 나오면서 시작이 되는데 주빈이 먼저 식사를 하자고 권하면 시작이 된다. 식사 서브에 있어서도 여성을 배려하는 것이 예의이며, 보통 주빈으로부터 먼 곳에서부터, 먼저 여성 우선의 순서대로 서브가 된 다음 남성 순서대로 제공되며 주빈에게는 맨 나중에 한다.

우리나라 식당에서는 남녀 구별 없이 순서대로 서브하는 것이 다른 점이다. 따라서 주빈이 음식이 식기 전에 먼저 들라고 양해하지 않는 한 주빈에게 식사가 배달될 때까지 기다려야 한다. 이 경우는 우리나라 관습에 부모 등 어른이나 주인이 들기를 권하면서 먼저 시작할 때까지 기다리는 것과 같은 예절이다.

포도주 시음: 종업원은 포도주를 손님에게 따르기 전에 주인 또는 주빈에게 약간 따라서 시음토록 한다. 이때 한 모금 정도 마셔서 맛을 보고 좋으면 좋다고 답한다(식당에서는 맛이 변한 경우 손님이 지적하면 다른 것으로 가져온다).

10) 소음 조심

식사를 할 때 특히 주의해야 할 사항은 한국식으로 쩝쩝하고 음식 씹는 소리를 내는 일이 없도록 주의하는 일이다. 수프를 먹을 때 "훌훌" 소리를 내는 것도 흉이 된다.

해외에서 우리 한국 어린이가 학교 동료 학생들로부터 "한국인들은 식사를 돼지 같이 한다"라는 말을 들었다고 한다. 소리를 내면서 정신없이 먹어대는 식사습관을 보고 그들 나름대로 평가한 표현이다.

외국인들이 우리의 음식문화와 습관을 이해해 주면 좋겠으나 그렇지 못하다. 오히려 우리가 한국 음식의 특성과 습관을 이해하는 것이 중요하다. 우리의 음식문화는 전통적으로 "탕" 중심의 다양한 음식으로 구성되어 있다. 김치, 깍두기 등 채소, 밥과 국은 항상 준비되고 한 번에 많은 음식을 차려 놓고 마치 100미터 경주하듯 "시작"하면 정신없이 먹어대는 것이 우리의 습관이다. 펄펄 끓는 뜨거운 탕을 놓고 빨리 먹자니 입으로 불어 식혀가면서 마실 수밖에 없다. 김치, 깍두기 등 때 소리 나는 음식을 먹자니 소리가 나는 것이고 그렇게 습관화된 것이다.

식사습관과 문화의 차이에서 오는 소음 발생임을 알고 남을 의식하면서 주의하며 좋은 습관을 기르는 것이 글로벌 식사예절이다.

11) 식사 중 대화

서양의 식사문화와 우리나라의 식사문화 사이에는 음주문화와 마찬가지로 근본적인 차이가 있다. 서양의 식사방식은 서서히 시간을 가지고 가족 또는 친지 간에 자연스러운 대화 속에서 식사를 즐기는 것이며, 식사모임은 일종의 대화와 사교의 장으로 활용된다. 음식이 한 번에 서비스되는 것이 아니라 한 가지 한 가지가 순서대로 나오기 때문에 차례차례로 먹는 것이다. 상대와 대화하면서 천천히 식사를 하는데 나만 먼저 먹고 앉아서 상대를 바라보고 있는 것도 좋지 않다. 식사의 속도를 적절히 조절하는 것이 바람직하다.

대화를 너무 큰 소리로 해서는 안 되고 혼자 너무 떠드는 것도 문제이다. 화제는 건전한 내용으로 하며 개인적인 문제, 나이, 건강, 종교, 기타 상대국 나라를 흉보는 말 등을 언급하는 것은 피한다. 날씨, 스포츠, 시사, 문화 등 일상적인 사항에 관하여 건전한 교양 있는 대화를 한다. 식당이 아니고 개인 집에 초대되었을 때는 주인에게 음식을 맛있고 즐거운 시간이 되었음을 감사하는 것이 예의이다. 서양인들은 일반적으로 과장될 정도로 상대방에 대한 칭찬을 아끼지 않는다는 사실을 알아야 한다. 대화 할 때 같은 내용의 얘기를 반복하는 것도 곤란하다. 대화를 많이 나눈 상대에게는 대화가 재미있었고 유익했다는 얘기를 하는 것도 예의이다. 식탁에서 자기 앞이나 옆 사람보다 먼 곳의 친한 사람에게 더 관심을 쏟아 대화하는 행위(칵테일 효과의 영향)는 피하는 것이 좋다. 자연스러우면서도 남을 의식하는 마음과 태도가 교양이다.

여기서 한국에 사는 외국인들이 한국인의 비즈니스상 바꾸어야 할 문제점에 관하여 지적한 내용을 참고로 소개한다.

· 한국인의 음주, 과음문제.
· 한국식 영어(반말 투 등).
· 한국인끼리 대화(양해 없이).
· 예의 바르지 못함(서양적 관점에서 볼 때).

12) 바른 자세

식탁에 앉아 식사를 하는 동안에는 바른 자세를 유지한다. 몸을 옆으로 비스듬하게 기대거나 책상 다리를 하고 발이 옆 사람에 닿게 하거나 팔꿈치를 식탁 위에 놓고 심지어 턱을 바치는 것도 금물이다(독일같이 팔을 위에 올려놓아도 되는 나라도 있다).

2002년도 월드컵 때 외국인 관광객을 일반 가정에 초청하여 숙식을 제공하면서 우리의 고유문화를 소개, 홍보한다는 홈스테이(home stay)사업을 추진했다. 한 방송에서 외국인을 접대하는 한 가정을 소개하는 프로를 보았는데 아침식사를 할 때 식탁에서 외국인과 마주 앉아 식사를 하는 주인집 젊은 딸이 외국인과 대화를 하는데 식탁 위에 팔꿈치를 올려놓고 포크를 손에 쥐고 말끝마다 포크를 흔들어 대는 장면이 보였다. 테이블 매너에 대해 제대로 교육을 받은 적이 없기 때문이라는 사실을 직감할 수 있는 장면이다. 포크는 음식을 찍어 먹는 도구이므로 항상 입 밑에서 오르내려야 한다. 일단 포크는 음식을 찍어 먹은 다음에는 식탁에 닿을 정도로 밑에 내려가 있어야 한다. 아나운서는 외국인의 홈스테이 제도가 민간외교에 도움이 된다고 했다. 비록 그 집에서 접대를 받은 외국인이 감사하게 생각하고 서울을 떠나갔겠지만 한국인의 매너에 대하여는 다른 평가를 할 수 있다는 사실을 우리는 알아야 할 것이다.

또 손으로 머리를 긁거나 손톱을 만지작거리거나 손을 까불거나 하는 것도 삼가야 한다. 손은 식탁 위에 몸 가까이에 가볍게 놓는다. 가끔 무릎 위에 놓을 수도 있다.

13) 얼굴 화장

외교관 편람에 의하면 여성의 경우 식사 후 식탁에서 거울을 보고 화장을 고치는 것은 삼가고 화장실에 가서 하도록 되어 있다. 요즘에는 사실상 식탁에 앉은 자리에서 하는 경우도 있으나 식사 후에 하는 것이 좋다. 외국인 앞에서 이쑤시개는 식탁에서는 사용하지 않는다. 여성의 핸드백은 자기 의자 뒤에 두는 것이 자연스럽다.

14) 입안 음식과 대화

상대방과 대화를 주고받게 될 때에는 입에 음식이 들어 있는 상태에서는 삼가야 한다. 외국인이 음식을 씹고 있을 때 얘기를 하는 것은 좋다. 왜냐하면 그때는 상대방이 듣고 있기 때문이다. 그 얘기가 끝나면 그쪽에서 얘기를 해야 하는데 입에 음식을 넘기고 나서 얘기를 하는 것이다. 이쪽에서 음식을 씹고 있는데 질문을 받게 되어 답변을 할 때에도 급히 말을 할 것이 아니라 일단 음식을 넘기고 나서 답변을 하는 여유를 가져야 한다. 우리 한국인은 성격이 급해서 음식을 입에 넣은 상태에서도 말을 하다가 음식이 입에서 튀어 나오는 경우도 있기 때문에 유의해야 한다.

15) 바닥에 떨어진 물건

식사 도중에 냅킨이나 수저 포크 등이 바닥에 떨어졌을 때에는 직접 허리를 굽혀 주어서는 안 된다. 이때에는 웨이터를 불러서 새 것을 달라고 주문하면 된다. 웨이터를 부를 때는 손짓을 하거나 또는 Mr. 등으로 부르면 된다. 나라에 따라 다르기는 하나 일반적으로 쉿(hiss) 소리, 휘파람(whistle)으로 부른다. 눈이 마주칠 때는 손짓으로 불러도 되고 영어로는 attention, listen 등을 사용한다. 중남미에서는 종업원을 부를 때 휙하고 휘파람 소리를 내서 부르기도 한다. 직접 "보이"라고 부르는 사람도 있는데 교양상 좋지 않다. 손뼉(clap)을 쳐서 부르는 경우도 있긴 하나 중국식당에서 손뼉 치는 식으로 하면 곤란하다.

16) 트림, 재채기

식탁에서 웃을 때 너무 크게 웃는 것도 좋은 매너가 아니다. 식탁에서 하품을 하는 것은 실례이다. 실수로 하품이나 재채기를 했을 때에는 미안하다는 말을 해서 양해를 구해야 한다('excuse me' 등).

우리나라에서는 트림을 하는 것은 잘 먹었다는 의미로 보통 인식되고 있으나 서양에서는 금기로 되어 있다. 반대로 우리나라에서는 식탁에서 코를 푸는 행위는 지저분한 행위로 간주되나 서양에서는 보통으로 이해되는 나라도 있다. 코나 재채기는 감기 초기 증세로 신진대사 행위로 간주되므로 흉이 되지 않는다. 재채기를 하는 사람에게는 상대방이 "건강하세요(salud)"라고 인사를 해주며 인사를 받은 사람은 "고맙습니다"라고 답변을 하는 것이 예의로 되어 있다. 즉, 감기에 걸리지 말거나 걸린 사람에게는 빨리 회복되기를 바란다는 의미가 된다.

식탁에서 콧물이 나와 코를 풀거나 기침을 할 때는 고개를 뒤로 돌리고 손수건으로 씻는다.

17) 식사 중 흡연

식사 도중에 담배를 피우는 것은 잘못이며 담배는 주식이 끝나고 디저트가 나온 다음 커피가 들어오기 직전부터 필 수 있다. 식탁에는 보통 담배 재떨이가 놓여 있는 것이 보통이다. 담배를 꺼내서 피울 때 옆 사람에게 담배를 원하는지 물어 보고 권하는 것이 예의이다. 옆에 여자가 담배를 피울 때는 담배 불을 붙여 주는 것이 예의이다(요즈음에는 금연하는 경향이 있어 담배를 삼가는 경우가 많다).

또 커피에 설탕을 넣고 오래 젓지 않는다. 어떤 여성은 커피를 타서 수십 번을 덜거덕거리면서 젓는다. 보기에도 민망할 정도로 방정맞고 좋은 인상은 아니다.

최근 흡연 관련, 담배를 피우는 시점에 관하여 조사한 캘리포니아 대학 델피노(Del Pino) 박사의 연구 조사에 의하면 흡연 욕구는 남성의 경우 슬픔과 강한 연관이 있는 반면 여성은 기쁨과 연관이 있는 것으로 알려졌다.(시니어 저널 2001.9.10)

몇 년 전 한국인의 흡연율은 세계 1위였다. 성인 남성 68.2%로 라트비아, 러시아의 성인 흡연율 67%보다 높다.[14] 그러나 2008년 현재는 많은 흡연자가 금연으로 전환하고 있어 흡연율이 크게 하락되었다.

에라스무스(Erasmus)는 중세 독일 선술집의 추한 모습을 다음과 같이 묘사했다.

① 마늘 냄새와 악취가 난다.

② 아무 대나 침을 뱉는다.

③ 식탁에서 신발을 신는다.

④ 빵을 여럿이 먹는 음식에 적셔 먹는다.

⑤ 장소도 누추하고 악취가 난다.

⑥ 다른 술을 달라면, 다른 데로 가보라고 한다.

위의 예는 미국의 서부 영화를 보는 것 같고 얼마 전까지 한국의 술집과 유사점이 있어 흥미롭다.

18) 선물

공식적 행사에 따르는 의례, 의전 외에도 일반적 의례와 의식은 일생 동안 우리 주변에서 일어나고 있다. 즉, 생로병사(生老病死), 결혼, 생일, 그리고 가정생활에 있어 흔히 일어나는 사건, 사고 등 통과의례(通過儀禮)의 경우에는 그 나라의 관습과 관례에 따라 예의범절이 다를 수밖에 없으므로 그때그때 확인하여 필요한 예우를 갖추는 것이 필요하다.

일반적으로 서양에서는 어느 집에 오·만찬 등 식사 초청을 받아 방문할 때에는 간단한 선물을 가지고 가는 것이 예의이다. 선물은 초콜릿 등 사탕 종류나 또는 간단한 토산품으로 하면 되고 적당한 선물이 없을 때는 꽃을 선물하면 된다. 꽃은 미리 보내는 경우도 있고 후에 감사 표시로 보내는 경우도 있다. 꽃 선물은 경우에 따라 잘 선택해야 하며 한국이 아닌 외국에서는 잘 모를 때는 화원 주인과 상의하여 선택하는 것이 좋다. 한국에서는 생일, 병문안 할 때 장미 등이 무난하다. 외국에서는 국화나 글라디오스 등은 주로 조화로 사용되고 있음에 유의해야 한다.

3. 주빈(Host) 또는 식당 주인, 종업원으로서 지켜야 할 예절

지금까지 손님으로 초대되었을 때와 식당에서의 일반적인 식사 예법에 관하여 알아보았다. 그러나 손님뿐만 아니라 손님을 초대하는 주인 또는 식당 주인으로서의 예절을 갖추어야 한다. 손님을 집에 초대할 때 손님에 대한 제반 편의를 제공하여 맛있는 음식은 물론 좋은 인상을 주도록 최선의 배려를 해야 한다.

일반 식당의 경우 식당 주인, 웨이터나 웨이트리스의 손님 접대 방식, 친절한 서비스 개선을 통하여 외국 손님이나 관광객에 대하여 나라와 민족의 이미지를 고양시키는 것이 중요하다. 여기서 우리나라 식당예절의 잘못된 경우를 예로 들어보자.

지난 봄 일행 5명이 강원도 어느 관광호텔 양식당에서 식사를 한 적이 있다. 한식당과 반대편에 양식당이 있었는데 한식당에는 손님이 많았으나 양식당에는 손님이 거의 없었다. 양식당으로 들어가는데 아무도 안내해 주는 사람이 없었다. 안쪽으로 들어가 식탁에 자리를 잡고 앉아 있으니 안쪽에서 종업원이 오고 있었다. 인사 한 마디 없이 메뉴 하나를 가지고 와서 건네주었다. 메뉴를 더 요청했다. 우리는 메뉴를 보고 아메리칸식 조찬을 주문했다. 우유, 오렌지주스, 빵, 계란(스크램블), 소시지, 햄, 베이컨 등이 포함되는 아침식사다(주: 빵, 주스, 과일 정도 나오는 콘티넨탈식과 구별). 웨이터는 아무 대답 없이 주문을 받고 물러 가다가 다시 오면서 햄과 베이컨 중 하나를 택해야 한다는 것이다. 그래서 햄을 택했다.

여기서 이 식당의 서비스상의 문제점을 지적하면 다음과 같다.

① 손님이 별로 없기 때문에 종업원의 근무 자세가 해이하고 손님을 접대하는 예절이 부족하다는 인상을 준다(식당에 들어설 때 손님을 맞는 종업원은 보이지 않았다).

② 손님이 좌석에 앉아 있을 때 종업원이 손님에게 다가오면서 인사를 하는 것이 보통이다. 그러나 인사도 없이 메뉴표를 전한다. 종업원의 기본자세의 문제이다.

③ 메뉴는 서양 식당에서는 사람 수에 따라 가져다 주는 것이 일반 관례이다. 왜냐하면 각자가 다른 메뉴를 선택할 수 있기 때문이다.

④ 주문을 받은 다음 일단 돌아가다가 또는 나중에 다시 와서 햄인지 소시지인지를 물어보는 것은 서투른 종업원이다. 주문받을 때 확인을 해야 하는 것이다.

앞의 예에서 살펴 본 것과 같이 식당 종업원에 대한 교육에는 부족한 점이 많았다. 종업원에 대한 교육기관도 부족할 뿐만 아니라 손님, 고객 등 다른 사람에 대한 봉사정신, 직업의식이 부족하기 때문이다. 한국의 일류 관광호텔이라는 곳의 서비스 수준이 이 정도이다.

일반 대중식당의 예를 들면 더욱 문제가 있다. 서울시내 어느 이태리식 식당에서 스파게티를 주문하면 스파게티만 가져다준다. 기다리다가 종업원을 불러 치즈 가루를 요청하자 아무 말 없이 가져다주는 식이다. 심지어 어느 호텔 식당에서는 치즈 가루가 없다는 곳도 있다. 서양에서는 당연히 스파게티를 주문하면 치즈 가루를 함께 가져온다. 손님이 모르는 줄 알고 치즈를 아끼려고 안 주는 것인지 또는 몰라서 안 가져오는지 알 수가 없다.

다음은 손님을 차별 대우하는 식당의 예를 들어본다.

몇 년 전 우리 부부는 외국에서 근무 후 귀국해서 오랜 만에 강남의 유명한 냉면식당에 들어갔다. 그런데 식당에 들어갈 때에는 종업원들이 인사를 하며 자리를 안내했다. 앉아서 냉면 2인분과 추가로 1인분을 주문하니 선불이라 했다. 선불을 하고 20여 분을 기다리는데 음식을 가져오지 않았다. 마음이 좀 초조해지기 시작했다. 영수증도 주지 않고 돈은 받아갔지만 혹시 무슨 음식을 주문했느냐고 물어보면 증거가 없으니 결국 시비를 할 수 도 있지 않을까 하는 생각이 들었다. 주문 받은 사람의 얼굴도 기억이 나지 않았기 때문이다. 다행히 냉면을 가져와 우리의 걱정은 기우로 끝났다. 옆 자리의 손님은 불고기를 주문한 손님이었는데 그들에게는 선금도 요구하지 않고 서비스도 잘했다.

우리가 나올 때는 종업원의 인사도 없었다. 고기를 먹지 않고 냉면만 먹고 나가는 손님은 방에 들어갈 필요도 없고 홀에서 식사를 하고 나가야 하는 것이 우리나라의 음식점이다. 우리나라 식당 같이 고객에 차별대우를 하는 경우는 외국에서는 찾아보기 힘들다. 손님에 대한 불친절, 차별의식도 고쳐야 한다.

시내의 어느 커피숍에는 계산대 밑에 작은 글자로 셀프 서비스라고 쓰여 있었다. 젊은 여자 종업원 혼자서 시중을 하고 있었는데 잘 모르고 들어가 자리에 앉아있는 손님을 향해 큰 소리로 계산대에 와서 선불로 주문을 하라는 것이다. 요즘의 햄버거 식당식이다. 시키는 대로 하고 나서 1시간 후 밖으로 나오는데 또 소리를 지른다 "셀프 서비스니까 컵을 치우고 가세요."라는 것이다. 외국의 셀프 서비스를 하는 식당에서는 손님이 잊고 그릇을 그대로 식탁에 두고 나가더라도 손님에게 소리를 질러 치우도록 강요하지 않는다. 옆에 종업원이 보고 아무 말 없이 치우는 것이다. 종업원 한 사람을 두고 계산대에서 손님을 바라보고 명령하면서 돈이나 받는 그런 곳은 없다. 종업원에게 문제가 있겠지만 전적으로 경영주에게 문제가 있다 할 것이다.

친절한 서비스를 통하여 많은 고객을 유치해서 수익을 올린다는 생각보다는 가능한 한 적은 자본으로 최대의 수익을 올리면 된다는 잘못된 경제원리만을 생각하기 때문이다. 그리고 식당에 손님이 많을 때 알지도 못하는 사람들끼리 합석을 시키는 운영방식은 잘못된 것이다. 서양에서는 비록 테이블에 손님 혼자 앉아서 식사를 하더라도 합석을 강요하는 일은 없고 천천히 식사를 해도 개의치 않는다. 오히려 다른 손님이 차례를 기다리게 되어 있다.

식탁예절은 상에 앉아서 식사할 때에만 해당되는 것이 아니라 식당 내에서의 손님의 언행, 태도 그리고 종업원의 서비스 정신, 식당 주인의 훌륭한 기업가 정신 등이 종합적으로 상승작용을 할 때 수준 높은 문화로 자리매김 될 것이다.

식탁예절(table manners)은 단순한 식사방법이라는 의미를 넘어서 손님, 주인, 종업원 모두에 적용되는 복합적 예절의 하나로 인간생활의 중요한 예의범절에 속하며 교양문화의 기본이라 할 것이다.

---

* 개인주의, 이기주의, 자기중심주의 다음의 인간은 남을 의식하고 배려하는 이타주의, 인간존중, 인본주의의 인간이 될 것이다. - sck -

4. 동·서양 고전에서 배우는 식사예절

동·서양 고전에 나타난 식사예절을 비교하여 봄으로써 식사예절의 중요성을 다시 한 번 상기해 보자.

여기서는 우리의 고전 예절서라고 할 수 있는 주희의 소학(小學)(주:이기석 역해, 제41장 음식지절飮食之節 p.154)과 서양예절의 기본서라고 할 수 있는 탄 호우저의 궁중예법(die Hofzucht) 중에서 식사예절 부분을 소개한다.[15)]

소학(동양) (2장 어린이 교육)	궁중예법(서양)
① 밥은 오른손으로 먹는다. ② 남녀는 식사를 따로 한다. (남녀칠세부동석 중). (41장 타인과의 식사) ① 배불리 먹지 말 것. ② 같은 그릇의 밥을 먹을 때. 손을 적시지 말 것. ③ 밥을 뭉치지 말 것. ④ 수저로 밥을 많이 뜨지 말 것. ⑤ 음식을 들여 마시지 말 것. ⑥ 뜨거운 밥 급히 해쳐 먹지 말 것. ⑦ 나물국을 들이 마시지 말 것. ⑧ 이 쑤시지 말 것. ⑨ 손님은 국에 조미하지 말 것.	① 빵은 음식에 적시지 않는다. ② 갈비를 먹고 뼈를 같은 음식 그릇에 놓지 말 것. ③ 식사 중 헛기침을 하지 말 것. ④ 식탁보에 코를 풀지 마라. (코를 닦지 말 것) ⑤ 식사 중 킁킁대지 말 것. ⑥ 식사 중 손으로 목을 긁지 말 것. ⑦ 식사 중 손가락으로 귀나 코를 쑤시지 말 것. ⑧ 식전 손을 씻을 것. ⑨ 한 손으로만 식사를 할 것. ⑩ 손을 닦을 수건이 없으면 옷에 닦지 말 고 그대로 말릴 것. ⑪ 팔꿈치를 식탁에 대지 말 것. ⑫ 말을 너무 많이 하지 말 것. ⑬ 게걸스럽게 먹지 말 것. ⑭ 음식물을 소금 통에 넣지 말 것.

에라스무스는 "어린이 예절론"에서 식사 예법과 관련하여 다음을 지적했다.

① 식사 전 손 씻기.
② 손은 음식에 세 손가락만 댄다.
③ 먹던 음식을 남에게 주지 않는다.
④ 접시를 뒤적거리지 말고 처음 집은 것을 먹을 것.
⑤ 기름 묻은 손가락을 빨거나 옷으로 닦지 말 것.
⑥ 마시기 전에 입을 닦아라(공동의 잔 사용 시).
⑦ 식사 도중 담소하는 것은 좋다.
⑧ 고기는 각자 자기 칼로 잘라서 접시에 놓는다
(중세 각자 칼 휴대 풍습).
⑨ 음식을 제일 먼저 집지 마라(뷔페 등 주빈 우선).
⑩ 수프를 손가락으로 젓지를 마라.
⑪ 대화할 때 게걸스럽게 먹지 마라.
⑫ 빵은 나이프로 잘라 먹어라(반대).
⑬ 머리를 긁지 마라.
⑭ 이를 쑤시고 손장난, 칼 장난을 하지 마라.
⑮ 손가락으로 소금을 담지 마라.
⑯ 아랫배를 눌러 방귀를 참아라.

중세 식탁에서는 한 마리의 통닭처럼 고기가 통째로 나왔다 한다.
노만(Norman)에 의하면 고기 자르는 법이 17세기부터 다음과 같이 점점 발달하여 왔다.
독　일: 비천한 직업이 아니라 하나의 명예로운 기술
프랑스: 전문업자의 등장으로 천한 기술로 변질
중　국: 서양보다 먼저 고기 자르는 법 발달, 전문직이 생김.
(노만은 이와 같이 중국에서 서양보다 먼저 생긴 기술이 문명화 과정에서 후퇴하는 경향을 "문명화 곡선"이라 표현).

에라스무스(Erasmus; 15세기) 이전 13세기의 가장 진보적이라고 하는 다 리바(da Riva; 이태리인)의 50가지 예법 중에 다음과 같은 식탁 예법이 있다.

① 기침이나 재채기할 때 몸을 돌려라.

② 손가락을 빨지 말 것.

③ 큰 접시의 가장 좋은 고기를 집지 말 것.

④ 빵은 모양 좋게 자를 것.

⑤ 손가락으로 공동의 컵 가장자리를 잡지 말 것.

노르베르트 엘리아스(Norbert Elias)는 저서 "문명의 과정"에서 유럽에서는 식사습관의 발전과정을 통하여 다음과 같이 그 나라 사람들의 문화수준을 알 수 있다고 했다.

① 위생, 건강에 대한 개념 파악 가능.

② 식사 태도, 의식 추구(추한 동물적 태도 지양).

③ 식사 때 타인 배려 정도.

④ 문명인과의 차별화(상 · 하층 간의 구별) 가능.

⑤ 신분유지, 보존의식의 표현.

앞에서 살펴 본 것과 같이 동서양 간의 식사관습은 음식의 종류, 환경, 문화수준 등에 따라 차이는 있으나 대부분 공통적 요소가 많고 반대되는 내용도 있다. 손님이 음식에 조미료를 추가하면 음식 맛이 없다는 의미로 해석 될 수 있다는 것이 한국식이라면 마음대로 추가할 수 있는 서양식과는 차이가 있다. 대체적으로 한국식은 음식을 먹는 식사행위 자체를 중심으로 예의범절을 규정하고 있다. 그러나 서양식은 식사행위 자체를 포함하여 몸가짐, 즉 태도에 더 많은 관심을 갖도록 규정되어 있다고 할 수 있다. 티인을 배려하고 불쾌감을 주지 않으려는 의도라고 할 수 있을 것이다.

현대적 의미에서 인간의 식사관습은 경제력 향상에 따른 음식 종류의 다양성, 음식의 모양, 맛의 음미, 즉 미각 등에 따라 식사 형태, 모양에 다소 차이가 있을 수 있다.

5. 총체적 교양으로서의 식탁예절

여러 가지 식사 예법 중에 우리 한국인이 유의해야 할 사항은 타인으로부터 흉을 잡히지 않도록 하는 것이다. 식사할 때 즐거운 대화를 나누면서 타인을 배려하는 마음으로, 체면과 품위를 지키려는 문화의식을 가지고 낯선 행위를 하지 않도록 유의하는 것이 식사예절(table manners)의 기본이라고 할 수 있을 것이다. 식사관습은 엘리아스의 표현대로 식사매너 자체로 끝나는 것이 아니라 사람의 몸가짐, 신분의 표현이며 사람이 갖춘 교양, 문화수준의 총체적 표현으로 해석되어야 한다.

식사예절을 포함한 현대의 글로벌 에티켓의 많은 부분이 고대 전통적 제례의식 내지는 종교의식에서 유래된 것으로 이해된다. 현대종교 이전의 원시종교, 즉 태양숭배 당시에도 제정관 등 지휘 아래 엄격한 의식, 예식에 따라 행하여졌다고 보면 현대적 또는 서구적 의미의 의전, 의례, 예의범절의 효시를 찾을 수 있다. 특히 식사예절의 많은 부분은 불교, 천주교 등 종교로부터 전래되었다 할 것이다.

1) 불교의 식사예절

불교에는 발우공양(鉢盂供養) 예법이 있다. 발우공양이란 사찰에서 행해지는 스님들의 식사(공양)방법을 말하며 발우(鉢盂)란 범어로 알맞은 양의 그릇을 의미한다는 것이다. 사찰에서 식사(공양) 할 때 스님들이 가져야 할 마음가짐 7가지가 있는데 그 중에 일반 대중이 배워야 할 4가지를 들면 다음과 같다.16)

① 그릇 소리나 음식 먹는 소리가 나지 않도록 한다.
② 이리저리 둘러보거나 일체 잡담을 금한다.
③ 수저 소리가 나지 않게 조용히 하여야 한다.
④ 음식을 남기지 않는다.

또한 사찰에서는 발우공양의 정신으로 다음의 4가지를 강조한다.
① 모든 사람이 똑같이 나누어 갖는 "평등공양".
② 철저히 위생적인 "청결공양".
③ 조금도 낭비가 없는 "절약공양"(찌꺼기를 남기지 않음).
④ 공동체의 단결과 화합을 고양시키는 "공동공양".

공양 담당, 즉 급식 당번의 밥이나 찬 배식 태도와 관련, 배식자의 자세, 즉 스님들은 주로 바닥에 앉아 있기 때문에 엉덩이를 남의 얼굴 쪽에 대지 않고 피한다. 식사하면서 두리번거리며 남을 쳐다보지 않는다든가, 음식을 먹을 만큼의 양을 받아서 밥알 하나 남김없이 깨끗이 그릇을 비운다든가 하는 공양의 기본 정신은 물자 절약, 환경 친화 정신, 남을 의식, 배려하는 숭고한 예의범절인 것이다. 불가에서는 발우공양을 인류 최고의 식사 예법이라 한다. 이러한 스님들의 식사 예법도 스님들의 수행과정의 일환이다. 최근 내국인은 물론 외국인들이 템플 스테이(Temple Stay)를 통해 전통 불교의식, 선(禪)(명상)을 배우는데 많은 관심을 갖게 되어 한국 관광 상품으로 개발한다는 계획을 추진하고 있는 것은 좋은 착상이라 생각된다.

뷔페 식사에서는 접시에 가득 담아서 다 먹지도 못하고 습관적으로 남기는 사람들이 있다. 뷔페식은 조금씩 여러 번 가져다 먹는 것이 좋은 습관이다. 음식을 여러 번에 나누어 가져가는 것을 부끄럽게 생각할 필요가 없다. 한국의 음식 쓰레기 생산량이 연간 14조 원에 이른다 하니 불교의 식사법을 배울만하며 전세계 인류사회에 널리 알릴 가치가 있을 것이다.

불교식 식사 예법은 2,500여 년 전부터 불교가 생긴 이래 전수되어온 예절을 총망라한 석문의범(釋門儀範; 안진호 저)에 상세히 소개되어 있으며 내용은 12세기에 시작되어 17세기 궁중 예법으로 확립된 서양식 의전(Protocol)에 나오는 식사 예법보다 훨씬 앞선 것으로 이해된다. 식사하기 전에 합장, 감사하되 부처님께 감사하는 것이 아니라 이 음식이 내 앞에 오는데 까지 많은 삶의 손(노력)을 거쳐 온데 대해 모든 사람에게 감사하는 마음을 간직한다는 것이다.

2) 기독교의 식사예절

기독교에서는 음식을 먹기 전에 식사기도를 올리는데 이는 음식을 주신 하느님께 감사하다는 뜻이다. 이러한 관습은 성찬식에 대한 온갖 정성과 겸손을 다하여 자기 자신과 온 백성을 위하여 기도하는 전통적 성례이다.[17)]

마태복음 6장 및 26장의 주기도문으로 감사기도 방법이 있다. 모든 음식은 하나님이 주신 것으로 믿기 때문에 항상 신에게 감사의 표시를 하는 것이다.

3) 이슬람교의 식사예절

이슬람교에서는 술과 돼지고기를 먹지 않는 것으로 되어있다. 특히 라마단(Ramadhan) 기간(이슬람 달력으로 9번째 달) 동안에는 낮에는 금식을 하며 밤에만 식사를 한다. 라마단 기간 단식을 통하여 자신을 정화하고 하느님께 감사한다. 라마단 기간 중 부자는 가난한 사람들에게 식사를 제공한다.

① 식사를 할 때에는 신의 이름으로 감사기도를 한다.

② 식사는 오른손으로 먹는다.

③ 이것저것 건드리지 않고 가까운 음식부터 먹는다.

④ 돼지고기는 신이 역겨워 한다고 믿는다.

위의 여러 종교의 식사예절에서 본 것과 같이 구체적 세부 사항을 규정하고 있는 종교는 불교이다. 불교의 식사 예법의 특징은 물자 절약과 자연보호에 기여하는 환경 친화적인 식사법이라고 할 수 있다. 종교인들이 식사에 대하여 누구에게 감사를 하든 간에 진심으로 감사하는 의미를 안다면 음식을 홍청망청 먹고 남기거나 낭비하는 습관은 지양되어야 할 것이다.

식탁예절의 기본은 형식도 중요하지만 내용으로서의 서비스 정신과 친절, 배려와 감사의 마음이다. 또 대화 당사자 간에는 겸손, 정중, 호감, 존경의 마음이 상호 교차되어야 한다. 즐겁고 만족한 사교의 기회가 되어야 한다. 초대 주인(또는 식당주인)으로서 손님에게 맛있는 음식을 최대의 서비스로 대접하는 자세가 중요하며 대접 받는 손님으로서는 서비스에 대해 항상 감사하는 마음의 자세를 보여 주는 것이 좋은 매너이다. 정성껏 손님을 맞이할 때 손님이 좋아할 것이며 식당의 경우 많은 손님이 찾을 것이다.

6. 음주예절

중국의 한 사서(史書)에 한국인의 음주 습관을 희음주가무(喜飮酒歌舞), 즉 음주와 가무를 좋아하는 민족이고, 중국인이 예의를 배울 곳이 한국(所謂中國失禮 求之者也)이라고 소개한다는 것이다. 그만큼 한국인은 흥을 좋아하면서도 예의를 지킨다고 했다.

음주문화는 일종의 파티 문화에 속하며 크게는 식탁예절과도 관련된다. 서양에서의 음주문화는 사교와 대화문화의 일환으로 간주된다. 음주를 하는데 있어 어느 나라나 그 나라의 독특한 음주 관습과 주도가 있는 것이다. 음주문화는 그 나라의 주도와 관련되는 것이다. 예를 들면 우리나라에서는 술을 마실 때는 어른 앞에서 마셔야 주도를 배우고 과음이나 술주정을 하지 않는 것으로 인식되어 왔다. 그러나 주도를 배웠다고 해서 반드시 음주 후 태도가 좋은 것은 아니다.

바스프 코리아 폰 한스타인 사장은 한국인의 폭음 기질은 술 안 먹으면 얌전하다가 술만 취하면 무슨 소리라도 다 하고 또 술이 깨면 용서를 받는다고 했다. 자기 나라에서는 술 마시고 자신을 주체 못하는 사람은 사회생활에서 실패자로 취급 받는다는 것이다.

음주를 통하여 표현되는 사람의 표정은 천태만상이다. 음주를 하면 떠들어 대는 사람, 자기주장만 하는 사람, 아무 말 없이 앉아 있는 사람, 심각한 표정의 사람, 노래를 하는 사람, 많이 취하면 우는 사람, 시비하고 술주정하는 사람, 고성방가, 싸우는 사람 등 천차만별이다. 미국 등 선진국에서도 문제는 있다. 미국의 한 TV에서는 뉴욕의 주점에서 음주 후 술값을 계산하지 않고 도주하는 사람이 있다는 뉴스를 방영하기도 했다.

음주로 인한 여러 가지 문제의 발생 원인은 일반적으로 음주량의 문제와 관련된다. 한국인의 주류 소비량은 세계적이며 매년 증가 추세이다. 대중주인 소주의 소비량은 말할 것도 없고 최근에는 위스키 소비가 급격히 증가되고 있어 외국의 위스키 업체는 "한국이 세계 위스키 업계의 희망"으로 떠오르고 있다는 것이다. 최근 한국의 영자지 타임은 세계적 불황에도 불구하고 2003년 10월 말 한국인의 위스키 소비량은 293만 상자에 달하며 발렌타인 17년 등 고급주 수입량이 90 %나 증가되었다는 것이다.

이러한 주류의 대량 소비 현상은 근본적으로 음주문화의 문제이다. 서양 문화에서 음주는 대화와 사교를 위한 음주, 맛과 향기를 음미하기 위한 음료인 것이다. 동 · 서양 간의 음주 습관과 음주예절 문화를 이해하는 것이 중요하다. 식사 도중에 나오는 와인은 와인 컵(컵 아래 가느다란 받침이 달린 잔)에 따르는데 이때 와인을 $\frac{1}{3}$ 정도 따르는 것도 아니고 $\frac{2}{3}$ 정도 따르는 것이다.(the correct level to feel a guest's wine glass – two – thirds full, with contents never falling to less than one – third).[18] 우리는 잔을 채워야 맛이기 때문에 가득 채우는 것이 보통이다. 적극적으로 권하는 것이 지금까지의 관습이다. 적게 주면 아까워서 적게 주는 것으로 오해할 수 있다.

서양인들은 자연스럽게 술을 권한다. 좀 더 드시지요 정도로 가볍게 권하지 우리식으로 강제로 따라주지는 않는다. 서양인들이라 해서 폭주를 안 하는 것은 아니다. 미국 서부 영화에서 카우보이나 무법자들은 화가 나거나 싸우기 직전에 폭주를 하는 장면을 본다.

불경에는 음주 습관에 관하여 다음과 같은 내용을 경고한다.

"재산의 소비, 병의 원인이 되고, 잘 다투고, 나쁜 사람으로 인식되고 분노가 폭발하여 결국 지혜를 상실하게 되니 술을 마시지 말아야 한다."(육방예경)

공자는 "술의 양은 정하지 않았으나 난잡할 정도로 마시지 않았고" 또 "모든 음식은 지나치게 먹지 않았다"는 것이다. 즉, 과음, 과식하지 마라는 의미이다.

그러나 2007년 8월 영국의 한 연구소는 매일 와인을 마시면 위암, 장암에 걸릴 가능성이 있다고 주의를 환기했는데, 결국 어떤 종류의 술이든 계속적인 과음은 인체에 유해하다는 것이다.

서양인들은 부부간에도 화가 나서 서로 다투다가 바(bar)로 가서 위스키를 한 잔 하면서 진정하는 장면을 본다. 적당한 음주량은 흥분된 마음(심장)을 진정시키는데 도움이 되나 과음은 신체 건강에 나쁜 영향을 미친다. 적당한 음주는 심장과 혈액순환에 좋으며 정신건강에 좋은 것은 세상이 다 아는 사실이나 중요한 문제는 주량의 컨트롤이다.

음주문화와 사람의 지위에 관한 최근 덴마크 전염병학 센터의 에릭 모르텐센 박사 조사에 의하면 덴마크에서는 맥주 애호가보다 포도주 애호가들의 건강, 경제, 지능이 더 우수하다는 것이다. 포도주 애호가가 경제적, 사회적으로 높은 지위를 차지하고 있으며 지능지수도 높았고 그들의 부모의 학력도 높았다고 한다. 반면 맥주 애호가들은 과음으로 불면 신경증에 시달리고 있었다고 한다.(시니어 저널 2001.9.1)

2002년 1월 미국에서 발표된 10가지 건강식은 대부분 채소이며 연어기름, 적포도주 4잔(1주일에)이 심장병 예방과 노화방지에 탁월하다고 소개했다.

제6장 인사예절과 표정 이론

인사예절은 상대방에 대한 좋은 인상, 호감의 표시이므로 표정이론, 형식을 익히고 몸에 배도록 하는 것이 중요하다. 이와 같은 품행은 사회생활에서 인간관계의 기본이다. 인사예절에는 어떤 형식이 있으며 방법은 어떤 것들이 있는가. 얼굴 표정, 몸짓 등 표정관리 이론에 대해 살펴보자.

1. 인사예절

1) 인사의 형식

인사예절은 나라와 민족, 문화에 따라 다양하다. 그러나 인사의 공통적 기본 정신은 같다고 할 것이다. 즉, 인사는 마음의 표시이다. 마음에 있는 인사를 할 때는 인사행위나 표정이 자연스럽고 편안하게 나타나며 마음에 없을 때는 어색하고 부자연스럽고 귀찮고 불편하게 보일 수밖에 없다. 인사는 자신을 낮추는 겸손의 표시이며 결코 손해 보는 행위가 아니다. 오히려 상대방으로부터 존경과 호감을 받는 겸양지덕의 표현이다. 대인관계에 있어 성공의 지름길이다.

인사 예법과 표정은 인간을 변화시키고, 진화시키고, 인간을 특징 짓는 정체성이 부여하는 인간의 문화, 즉 인간의 모든 의사소통 체제(communication framework)의 수단이다. 이것은 바로 모든 인간의 언어, 행위, 자세, 몸짓, 억양, 얼굴 표정, 시간과 공간을 다루는 방식, 일하고 놀고, 사랑하고 자신을 지키는 방식이다.[19]

인사는 서로 만나서 기쁨과 예의를 표하는 행위를 말하며 인사의 형식과 방법은 나라와 인종에 따라 다르다. 또 사회계급에 따라 다르거나 연령에 따라 다를 수도 있다.

인사의 형식과 방법에는 말(언어)로 표현하는 방법, 행동 또는 표정(gesture)으로 표현하는 방법이 있다. 행동으로 표현하는 방법에는 눈으로 표시하는 윙크를 비롯하여 친지, 친구 간의 인사나 목례, 손짓 같은 가벼운 인사 등 정식인사가 아닌 가벼운 약식 인사방법도 있다. 정식 인사는 주로 말로 표현하는 인사를 의미하나 때에 따라서 여러 가지 표현을 사용하는 경우이다. 즉, 안녕하십니까('good morning'; 아침인사) 등 말로 표현하는 인사가 있고, 제스처, 키스, 목례, 허리 굽혀 인사하기 등 표정으로 하는 인사방법이 있다. 물론 악수도 정식 인사의 한 형식이다.

인사방법이 동·서양 간에 다르고 민족, 종족 간에도 다른 경우가 많다. 서양에서는 주로 인사말로 표현하면서 악수를 겸하는 것이 일반적 관례이며 그 영향으로 악수 자체가 동양에서도 관례적 인사가 되었다. 동양의 인사 예법은 원칙적으로 허리를 굽혀 절을 하는 인사가 보통이며 특히 명절(정초)에는 실내에서 인사할 때 상관이나 연장자, 손위의 친인척에게는 큰절을 하는 것이 보통 관습이었다. 그러나 현대에는 극히 드물게 시행되고 있다. 절에서 부처님께 하는 절은 부처님과 부처님의 진리에 대한 최대의 경배의 의미가 있다. 가톨릭교에서 가슴에 십자를 긋는 행위도 예수나, 성모에 대한 경배의 뜻이며 기도이다.

한국에서는 허리 굽혀 인사할 때 15~30° 정도 굽히는 것이 보통이나 일본에서는 다소 다양하게 굽힌다. 일본 사람들의 절은 각도에 따라 다른 의미가 부여된다는 것이다. 예를 들면 15°를 굽혀 절하는 경우에는 보통 인사, 30°는 정중하고 공손한 인사, 45°는 잘못한 행위에 대해 용서를 구하는 인사의 의미를 함축한다는 것이다.

중남미 등 스페인어 사용 국가에서는 손님이 집에 방문하면 "당신의 집입니다(esta en su casa)" 즉, "당신의 집으로 생각하고 편하게 하십시오"라는 의미의 인사를 한다. 또 웃어른을 소개 받을 때에는 당신의 종 입니다(servidor, lat. servus 어원). 오스트리아와 독일의 일부 지방에서도 마찬가지로 저브스(servus)라는 인사를 한다는 것이다. 이러한 인사말은 본래 아랍적 관습에서 온 인사 표현 방법이다.

인도에서는 악수 인사도 하지만 특히 이성 간에는 두 손으로 합장하고, 목례(namaste)하는 인사를 더 선호한다. 태국 사람들도 보통 합장 인사를 한다. 우리나라에서는 사찰에서 스님들 간 또는 스님과 불자들 간에 합장으로 인사를 하는데 이는 마치 모든 중생이 부처라고 생각하고 부처님께 경배하는 마음으로 인사를 하는 것이다.

이슬람 인사 예법 및 예의범절에 좋은 점이 많다. 손님은 3일 간 정중히 접대한다. 가까운 이웃부터 베푼다(선물 등). 타인 앞에서는 귓속말을 금하며 지나가다 보는 사람이 먼저 인사하며, 젊은이가 연장자에게 먼저 인사한다. 낯선 사람에게도 인사를 하며, 거만한 행동을 하지 않고, 화를 내지 않는다.

서양 사람들은 아침에 아파트에서 이웃 사람과 승강기에 탑승할 때, 공원에서 산책할 때 등 여러 경우에 서로 마주치면 가벼운 인사를 하는 것이 보통이다. 중남미 사람들은 치과병원 등에서 진료 차례를 기다리는 중에 환자들이 들어오고 나갈 때 손님(환자)끼리 인사를 하는 것이 예의로 되어있다.

식당을 출입할 때에도 마찬가지이다. 식당에 들어갈 때는 모르는 사람이라도 먼저 들어와서 앉아있는 사람에게 인사를 하면서 들어가는 것이 보통이다. 빤히 쳐다보고 인사를 안 하거나 모르는척하면 교양이 없는 사람으로 오해될 수 있다.[20]

서양에서 이런 경우 인사를 할 줄 모르거나 또는 낯선 행동이나 어색한 행동을 하여 그들의 눈에 벗어나게 될 때 그들은 동양인을 중국인(chinese, chino; 서반아어, 떼놈, 더러운 사람)이라고 손가락질을 하는 경우가 있다. 서양 사람이 동양 사람을 이렇게 부르는 이유는 첫째, 동양인을 무시하는 의미, 둘째, 동양인에 대한 시기, 질투, 놀림, 셋째, 자기 나라에서 활동하는 것을 싫어하는 인종차별 의식 등에 기인한다고 할 수 있다.

영국인들이 "세익스피어를 인도하고도 바꾸지 않겠다"라고 한 말은 바로 동양을 경멸하는 서양 제국주의적 이데올로기의 한 형태라고 할 수 있으며, 서양인들은 인종적, 민족적 우월감에서 동양인이나 동양 문화에 대해 항상 고정적 선입견을 가지고 평가하는 경향이 있다. 서양 사람들의 이러한 동양인 무시 현상을 제3세계 문화 이론가인 에드워드 사이드는 오리엔탈리즘(Orientalism)이라 표현한다.[21] 또한 이 표현은 현대 세계문명 발달에 결정적 영향을 미친 서양 문화를 배척하려는 의미의 동양적 사고라고 해석할 수 있다.

물론 서양 사람이라고 해서 모두가 항상 인사를 잘 하고 지내는 것은 아니다. 에드워드 홀(E. Hall)은 뉴멕시코 거주 미국인이 이웃에 이사해 온 뉴잉글랜드 출신 과부가 잉글랜드 관습에 따라 터줏대감이 먼저 인사하지 않는 경우 이사 온 사람이 먼저 인사를 하지 않는다는 관습을 알고 고의로 그녀에게 인사를 하지 않아 결국 평생을 모르고 지냈다는 예를 든다. 즉, 서양인들도 반드시 먼저 인사를 하는 것은 아니다.

매릴린 핀커스(M. Pincus)는 프란시스 베이컨(F. Bacon)의 명언을 이렇게 소개했다. "낯선 이를 품위 있고 정중하게 대하는 사람은 세계의 시민이다. 그의 마음은 육지에서 떨어진 섬이 아니라 다른 육지를 거느리는 대륙이다."라고 했다.[22] 이는 바로 글로벌 생활교양인의 한 모습을 정의한 것이다.

인사 관습으로 말하면 과거 우리 조상들이 인사예절을 제일 잘 지켜온 민족이었는지도 모른다. 그러나 요즘 도시에서 아파트에 사는 사람들 간에 또는 이웃 사람 간에 인사를 하려는 경향이 늘고 있어 다행스럽다. 승강기를 타고 내릴 때에 상하 구별도 없이 먼저 타고 먼저 나가려는 행위보다는 서로 양보하는 마음이 교양이다.

키스 관습

볼에 대는 키스 또한 인사법의 하나이다. 수필가 가드너는 동양인의 눈에는 낯설게 보일지 모르는 키스 인사는 본래 서양인의 습관이 아니라 러시아 같은 대륙의 관습이라고 설명한다. 키스 방법도 다양하다. 러시아, 그리스 등에서는 남자끼리 만나서 인사할 때에도 턱수염 난 양 볼에 키스를 교대로 한다. 중남미 등에서는 여성끼리 또는 여성과 남성 간에 간단한 키스를 하는데 양 볼에 입을 서로 대는 것 같은 시늉을 하며 쪽 하는 소리를 내는 경우도 있다. 중세 인본주의자 에라스무스에 의하면 영국에서는 튜터 왕조시대에 키스 관습이 절정에 달하였다고 한다. 현대에는 과거보다 키스 관습이 덜 유행되고 있다는 의미이다.

이란에서는 여성들끼리는 왼쪽 볼, 오른쪽 볼 순으로 볼을 맞추는 인사를 하며 이성 간에는 남성은 자신의 오른손을 가슴에 대고 목례를 한다는 것이다.

우리는 서양의 특정 국가에서 거주하지 않는 이상 모든 나라의 서양예절을 그대로 답습할 필요는 없다. 그러나 우리는 국내외 거주 또는 체류를 불문하고 사람들을 대할 때 낯선 행동으로 흉을 잡히지 않도록 해야 하며 상냥하고 친절한 태도와 언행으로 상대방에게 인사를 하고 웃는 얼굴로 대하면 기본적으로 별 문제는 없다고 본다.

인사는 자신을 낮추는 행위, 즉 하심(下心)으로부터 나오는 겸양지덕인 동시에 상대에 대한 존중의 표현 행위이다.

비즈니스 에티켓에서 말하는 예절의 기본 요소는 우아함(elegance), 스타일(style), 세련됨(refinement)이다. 상대방을 편하게 하고 좋게(nice)하는 긍정적 행동이다. 에티켓, 예의는 점잖음, 겸손함, 고상함, 적극성으로부터 나오는 좋은 매너, 몸에 밴 예절이다.

⁋ 동·서양의 예의, 예절 비교

동양 사상에서의 예의범절은 사회 계약적 생활규범이며 자율적 규범이다. 이조시대의 김집(金集)은 "예(禮)는 욕심을 억제하고 천리(天理)에 따르는 것이다"라고 했다. 마음을 낮추고 겸손하게 대하고 양보하라는 의미이다. 맹자는 "예의가 없으면 상하(上下)가 문란해진다"고 했다. 즉, 예의가 상하 관계에서는 특히 중요함을 강조한다. 춘추 좌씨 전에는 "예는 나라의 근간이다"라고 정의하고 있는데, 예의는 군신 간에 또는 상하 간에 지켜져야 할 중요한 기본이라는 의미이다.

서양사상에서의 예의는, 앙리 베르그송(Henri Bergson: 프랑스 철학자)은 예의의 본질은 상대방에게 강요를 하는 것이 아니라 상대방을 위해 자신의 뜻을 바꾸는 행위, 즉 상대를 배려하는 것이라 했다. 앙리 브로드쇼(Henri Broadshaw)는 "바른 예절과 지식이 인간을 만든다"고 했고, 베이컨은 "낯선 사람에 대한 품위 있고 예의 바른 행동은 세계 시민임을 보여 주는 것"이라 하였다.

프랑스의 공민 교과서에는 예의를 "사회생활에 있어 타인에게 손해를 끼치지 않을 뿐 아니라 타인의 마음에 들도록 최선을 다하는 언행이라"고 하고 있다.

대인 관계에 있어 인사 및 예의범절을 잘 지키는 사람이 예의 바른 사람이며, 존경 받는 교양인으로 간주된다.

2) 악수예절

영국의 수필가 가드너의 "악수론"이란 수필에서는 일본인은 고개 숙여 절하기, 인도인은 이마에 손대기, 중국인은 손을 읍(揖; 일종의 합장)하는 인사, 태국, 캄보디아 등 불교 국가의 합장(合掌) 인사하기, 아라비아인은 작별할 때 친구 가슴에 손가락 대기 등의 다른 관습이 있다고 소개하고 있다. 그리고 서양 인사 예법으로 "악수"야 말로 동양인에게 처음에는 촌스럽게 여겨졌을지도 모르나 가장 좋은 인사 예법이라고 찬양한다. 악수는 본래 서양에서 상대방에게 빈손을 보여줌으로써 손에 칼 등 무기나 연장이 없다는 증표로서 상대를 해칠 의사가 없는, 즉 우호의 표시로 시작되었다고 한다.

사실상 악수야 말로 동·서양의 인사 예법 중에서 가장 보편타당한 현대적 인사방법이라 할 수 있을 것이다.

아는 사람을 만나거나 모르는 사람을 만나 소개를 받을 때 흔히 악수를 하게 된다. 악수를 하면서 한두 마디 간단한 인사를 하게 되는데 이때 어떤 사람은 상대방의 손을 너무 꼭 잡거나 오래 잡고 놓지를 않는 사람도 있다. 악수는 꼭 잡는 것도 아니고 상대에게 손을 맡기는 정도로 느슨하게 해서도 안 된다. 보통 약간 잡고 한두 번 흔들 정도가 적당하다. 보통은 하급자나 연하자가 손을 내밀면 안 되며 상급자, 연장자가 먼저 손을 내미는 것이 보통이다. 악수를 할 때 상대방 얼굴을 보지 않고 딴 사람을 보는 것은 형식적 인사로 생각될 수 있으므로 호감을 살 수 없다.

여성과 인사하는 경우에는 여성이 먼저 손을 내미는 것이 보통이며 이때 악수를 하면 된다. 여성이 말로만 인사하고 가만히 있는데 남성이 손을 내밀면서 악수를 청하는 경우도 있는데 이 경우는 남성이 고위직으로 상관이나 연배의 경우라고 할 수 있다. 악수를 할 때에는 상대방을 보고 미소를 지으며 인사를 하는 것이 인상적이며 경우에 따라 고개를 끄떡이는 수도 있다. 남자가 앉아 있는데 들어오는 여성을 맞기 위해서는 반드시 일어나서 인사를 하나, 의자에 앉아 있는 여인은 남성과 인사하기 위해서 일어날 필요는 없다. 이 경우는 보통 지위가 비슷한 경우에 해당되나 상관인 남성인 경우에는 여성도 일어나 인사하지 않으면 건방지게 인식될 것이다. 손에 땀이 나는 사람은 손수건을 우측 주머니에 넣고 수시로 손바닥을 닦는 것이 필요하다. 손을 너무 꽉 잡거나 오래 잡고 있는 것도 실례이다.

여성 상관 또는 고위층 인사의 부인이 손등을 보이면서 손을 가볍게 내미는 경우에는 약간 허리와 머리를 숙이고 오른 손으로 부인의 손을 가볍게 받아서 입쪽에 대는 척 하는 인사 예법도 있다. 주로 서양, 유럽 또는 중남미에서 흔히 있는 인사 예법인데 이를 손에 입맞추기(kissing hand)라고 한다. 과거 서양의 고관대작 부인들이 부하 직원들에게서 인사를 받을 때 한 것으로 이러한 장면은 서양 고전 영화나 서양 오페라 등에서도 볼 수 있는 장면이다.

1970년대 초 일본에 상주하던 주한 콜롬비아 겸임 대사가 부인과 함께 방한하여 경주에 관광 시찰 여행 중 안내차 필자가 호텔에서 아침 인사를 하는데 바로 부인이 kissing hand를 내밀었는데 인사 예법을 몰라 응하지를 못했을 때 그 부인은 약간 겸연쩍은 표정을 지었던 기억이 난다. 결례를 한 셈이다.

미얀마 같은 나라에서는 특히 지방에서는 악수를 잘 하지 않고 말로만 인사를 하는 경향이 있는데 중남미에서는 어디를 가든 인디오 원주민들까지도 남녀 구별 없이 악수를 즐긴다. 그만큼 악수는 서양 인사예법으로 세계적 인사예법이 되었다 할 것이다.

3) 소개(紹介)예절

사회생활에서 모르는 사람을 소개해 주거나 소개받는 행위는 통과 의례로서 일상적인 현상이다. 모르는 사람을 서로 소개하지 않고 대화를 하는 경우는 입장이 난처하게 되는 경우가 흔히 있다. 그러므로 서로 모르는 A와 B를 중간에서 소개하여 서로 편하게 해주는 것이 소개예절이며 에티켓이다. 해외에서 외국 사람을 소개 받는 경우도 예외는 아니다. 어떤 파티나 회의 등 모임에 참석하면 소개를 받게 되거나 또는 인사를 교환하게 되는 경우가 흔히 있다. 소개는 서로 모르는 사람 또는 간접적으로 아는 사람을 제3자인 소개자가 중개자의 입장에서 양자를 서로 알게 하는 인사행위이다. 소개는 사교(社交)의 시작을 의미한다. 소개의 종류는 다음과 같은 것이 있다.

개별적 소개와 집단적 소개, 제3자를 상대에 소개, 여자를 남자에 소개, 자신을 상대에 소개, 기타 자기 가족에게 소개 등이다. 이런 경우 소개 요령을 아는 것이 중요하다. 소개 순서와 요령은 다음과 같다.

① 연장자(older)에게 먼저 소개. 예를 들어 친구를 부모에게 또는 연장자에게 소개한다.

② 선임자, 상위자(elder)에게 먼저 소개. 후배나 연하자를 선배나 연배에게 소개한다.

③ 부하를 상관에게 소개한다(elder나 older에게 소개).

④ 남자를 여자에게 소개한다. 단, 남성이 대통령, 국왕, 성직자, 대사 등 고위층 인사인 경우에는 여자를 그들에게 소개한다.
 * 주빈인 경우에는 여자를 안내해서 소개한다.

⑤ 여성을 소개 받을 때 남성은 의자에 앉아 있을 경우 의자에서 일어나서 인사에 응한다.

⑥ 의자에 앉아 있는 여성이 남성을 소개 받을 때는 보통 상관이나 고위 인사가 아닌 경우 일어나지 않고 그대로 앉아서 받아도 된다.

⑦ 여자 앞에서 모자를 쓰고 있는 것은 실례가 될 수 있다. 엘리베이터 안에서도 모자를 쓰고 여성 앞에 서 있는 것은 무례한 행위로 간주 될 수 있다(몽골인은 인사할 때 모자를 벗지 않으며, 중남미 고산지대 원주민 인디오(특히 여성)들도 항상 모자를 쓰고 있는데 추운 기후와 바람으로부터 몸을 보호해야 하기 때문이라고 생각된다).

⑧ Sir의 사용 : 본래 영국에서 후작, 남작 등 벼슬 내지 기사(Knight)에 대한 경칭으로 사용되었으며 요즈음에는 상점 점원이 고객을 부를 때 또는 질문에 답할 때 흔히 사용되나 일반적으로 많이 사용되지 않는다. 식당 등에서 손님이 종업원을 부를 경우 종업원이 손님에게 대답할 때 사용한다. 군대의 경우 사병이 장교에게 대답하거나 질문을 할 때 사용한다.

⑨ Madame의 사용 : 보통 기혼여성에게 사용하는 경칭. 대사 부인의 경우 Madame Ambassador로 호칭하며 보통은 Mrs.를 사용한다.

⑩ Excellency(경칭)의 사용 : 이 경칭은 자국민이 아닌 외국의 대통령, 장관, 대사에 한하여 사용한다. 과거에는 유럽 등 여러 나라에서 자국의 대통령에 대한 경칭으로 흔히 사용하였으나 수십 년 전부터 대통령에게도 Mr. President라고 호칭하는 것이 관례이다. 다만 외국의 대통령, 장관, 대사 등에게는 각하(Excellency) 호칭을 사용하는 것이 의전관례로 되었다.

우리나라에서는 과거 군부에서 장군에게 "각하"라는 경칭을 사용했고, 그 후 군사 정부 등 권위주의 정부의 상징으로서 대통령에게 "각하" 경칭을 사용해서 그런지는 모르지만 대통령에 대하여도 공식 석상에서는 "님"자를 붙이지 않는데 이는 잘못된 관례이다. 대통령의 기자 회견, 검사와의 대화에서도 "대통령님"하고 호칭하는 사람은 드물다. 그런데 그들은 사무실에서 자기 상관에게는 과장, 부장만 되도 깍듯하게 "님'자를 붙인다는 사실을 부인하는 사람은 없을 것이다. 선생님, 선배님, 목사님, 사장님 등 흔한 경칭을 국가와 국민을 대표하는 대통령에 대해 "님"이란 경칭을 사용하지 않는다는 사고방식은 부당한 생각이다.[23)]

텔레비전 방송 사회자가 장관, 교수 등과 대담할 때도 "장관, 말씀하시지요, 교수는 어떻게 생각하십니까, 이 의원 차례인데요"라는 식으로 대화를 이끌어 간다. 물론 권위주의적, 계급적 경칭을 사용하지 않으려는 취지로 이해하나 결국 이러한 사고방식이 상호 존중, 친절의식, 예의범절 함양에 역행하는 결과를 초래하고 있는 것이 사실이다. 사회자나 아나운서도 자기보다 더 아랫사람, 하급자라 해도 존칭을 붙여주는 것이 정도라는 생각을 해야 한다. 이 기자님, 박 기사님, 경비원님, 이용사님, 미용사님 등 경칭을 붙여주는 것이 어린이를 비롯하여 모든 사람에게 상호 존중, 상대방 배려의 마음가짐이 되는 것이다.

4) 절 관습

큰절은 동양, 특히 우리나라의 대표적 전통적 인사 예법의 하나이다. 이슬람교 신도들도 사원에서 메카를 향하여 기도할 때 절을 한다.

우리나라의 큰절 관습의 효시에 관하여는 잘 알려지지 않으나 고대부터 있던 관습으로 추정된다. 태국 등 불교 국가에서 절 관습이 행해지고 있는 사실로 보아 늦어도 신라 때 불교의 전래를 전후하여 우리나라에 들어 왔을 것으로 추정된다. 절은 우리의 전통적 관습이며 미풍양속이다.

서양에서는 절하는 관습이 없으므로 간혹 절하는 예절을 둘러싸고 서양인과 동양인 간에 의견 대립 등 전통문화와 관습 차이에서 오는 문화 충돌 현상을 볼 수 있다.

1860년대를 배경으로 한 영화 왕과 나(Ena & King)에서 조디 페스터라는 영국의 미망인이 태국 왕의 아들 30여 명의 교육을 위한 가정교사로 초청되어 왕궁에서 왕을 알현할 때 의전상 땅에 엎드려 인사(절)를 하게 되어 있는데, 영국에는 절하는 관습이 없어 모른다고 이를 거부함으로써 문제를 야기한 바 있다.[24)]

문명의 충돌로서의 절 관습의 예를 하나 더 든다면, 대표적인 우리나라의 절 관습을 들 수 있다. 우리나라에서는 손위 어른 등 친 인척간에 절하는 관습이 있다. 절은 최대의 존경의 표시로서 중요한 예의범절이며 조상제사를 모실 때도 예외가 아니다. 이러한 한국적 전통인 미풍양속을 인정하지 않고 미신 또는 우상으로 낮설게 본 것이 1~2백여 년 전에 들어 온 서양 전도사들이었다. 그들이 한국적 특수문화를 인정하고 마리아나 예수 상에도 절로 경배할 수 있게 허용했다면 더 많은 교세 발전이 가능했을 것이다.

과거 중남미를 지배한 스페인 가톨릭 선교사들은 중남미 원주민의 전통(멕시코의 혼혈 원주민 형의 과다루페Guadalupe; 마리아상 등)을 인정해서 선교에 대한 저항을 감소시킨 점은 현명한 방법이라 생각된다.

불상이나 마리아상을 모셔 놓고 절이나 기도를 하는 행위는 신도들의 신앙심과 친밀감을 돈독히 하려는 최고 최대의 시청각 교육 효과를 높이는 현대적 방법이라 할 것이다.

절 관습이란 미풍양속을 우리는 결코 버릴 필요는 없다. 서양인들의 동양문화와 철학에 대한 점증적 가치 인정 추세에 비추어 다원적 문화를 인정하고 존중하는 시대가 올 수 있다는 관점에서 볼 때 세계화시대에는 우리의 좋은 문화를 널리 홍보하고 보급하려는 노력이 필요하다.

한국에 와서 유학중인 한 불가리아 여성은 자기 나라에서 악수로 인사하는 관습만 알았는데 한국에 처음 와서 인사를 교환할 때 한국인의 허리 굽혀 하는 인사(반절)를 재미있게 보게 되고 차츰 한국인의 관습을 알게 되면서 한국식 인사가 좋게 생각된다고 했다. 한국식 인사가 서양인에게도 호감을 줄 수 있다면 한국식 인사문화를 세계의 보편타당한 문화로 정착시킬 수 있는 가능성도 있다 할 것이다.

불교에서 절을 오체투지(五體投地)라고 하는데 이는 최상의 존경, 경의 표현 행위로 겸양지덕의 하심(下心), 인내심, 참회심 증진 방법 외에 건강증진의 방법으로 가장 좋은 인사방법으로 이해된다.

2. 표정 이론(Gesture theory)

표정이라 하면 주로 얼굴 표정을 중심으로 손짓, 몸짓(body language), 걸음거리까지 포함하는 제스처(gesture)로써 비언어적 의사소통 체계를 의미한다. 얼굴 표정을 보면 그 사람의 마음을 읽을 수 있다는 말이 있듯이 인간관계에서 중요한 역할을 하는 것이다. 따라서 겸손, 거만의 뜻도 얼굴에 나타난다.

개인정보 체계에 관한 것을 표정 이론과 관계 지어 알아보자. 일반적으로 사람들은 자신의 정보나 메시지를 세 가지 채널을 통해서 전달한다. 직접 말로 하는 전달, 즉 언어 커뮤니케이션(verbal communication)과, 언어를 사용하지 않는 비언어 커뮤니케이션(non verbal communication)으로 이는 안면 표정, 제스처, 자세 및 외모와 같은 표정, 행동을 포함하는 직접 눈으로 볼 수 있는 가시 채널(visible channel)을 통해 전해지는 것이다. 녹음테이프 같은 말의 내용이 직접 전달됨이 없이 언어신호로 남아서 음성의 고저, 크기, 속도, 음성의 질, 억양 같은 부언어 채널(paralinguistic channel)을 통해서 우리에게 전달된다는 것이다. 가시적 채널의 주요 비언어 단서들의 몇 가지는 대화자 간의 거리, 제스처 및 눈 접촉을 통해서 표현되고 있다는 것이다.(홍대식, 사회심리학, 청암미디어.p.86)

진화론의 창시자인 찰스 다윈(C. Darwin)은 인류 탄생 초기에는 얼굴 등 표정행위는 감정 표현의 기초적 형태로서 모든 인간에게 동일형식으로 나타났으나 그 후 인류사회가 문명화되면서 진화, 발전, 변화되어 왔다는 것이다. 진화의 예를 들어 머리를 끄떡이면 긍정도 될 수 있고 부정의 답변이 될 수 도 있다. 사람을 부를 때 하는 손짓도 오라는 손짓과 가라는 손짓으로 다른 신호가 될 수 있다. 이러한 차이는 지역, 나라, 인종에 따라 그리고 동·서양 등 문화에 따라 다르다. 또 직업에 따라 시대에 따라 다를 수도 있다. 노련한 외교관은 불쾌할 때 오히려 반대로 편안한 표정을 지을 수 있다.

미국의 윤리학자 고프만(Goffman)은 사람이 접촉, 대화할 때 눈이나 얼굴, 시선의 초점을 어떻게 맞추느냐의 문제, 즉 마주 보는 행위(encounter)에 따라 초점 없는 상호작용과 초점 있는 상호작용으로 구분하여 설명한다. 일반적 사회 상황에서 신체적 외양, 동작, 몸가짐, 얼굴 표정 등 비언어적 의사소통 현상은 대화자 간에 초점 없는 상호작용(unfocused interaction)이라 하며, 서로 마주 보고 하는 짧은 대화, 공식적 토론, 경기, 일상적 대면 접촉, 밀접한 접촉을 초점 맞춘 상호작용(focused interaction)이라 한다. 전자는 일반적인 불특정인과의 대화를 의미하며 후자의 경우 매표원, 안내원, 점원 등 특정인과의 대화할 때 이루어지는 상황이다.[25)]

대화중에 상대방의 눈을 마주보지 않고 딴 곳을 보면서 하는 것은 마치 악수할 때와 마찬가지로 상대방에 대한 무관심한 태도 나아가서는 무시하는 태도로 오해될 수도 있다. 대화할 때 상대방과 눈을 마주보며 경청하는 것은 상대의 호감을 사는 효과적 방법이다.

고프만은 표현 행위가 이루어지는 장소에 따라 표현 영역을 두 가지로 분류한다. 사람들 앞에서 공식적, 양성적으로 이루어지는 경우의 표현 영력을 표면영력(front regions)이라 하고 누가 보지 않게 뒤에서 하는 경우를 이면영역(back regions)이라 한다. 즉, 전자는 공개적으로 표현하는 행위로서 정정당당한 행위를 의미하며, 후자는 무대 뒤, 즉 다른 사람이 없는 곳에서 남을 흉보거나 욕하기 등 비겁한 행위를 하는 영역을 의미한다. 따라서 남이 보지 않는 영역에서의 비방적 표현행위는 바람직하지 않다.

표정이론 중에서 아침식사 준비, 친구 만나기, 물건사기 그리고 악수하기 등 일상 생활행위는 복잡한 행동연쇄(action chain) 현상이다. 동물의 먹이 사냥행위도 행동연쇄에 속한다. 악수가 간단한 인사 행위라고 일반적으로 생각될 수 있으나 순서를 보면 일련의 연속 동작에 의해 이루어지는 행동이라는 것이다. 즉, 손을 내밀고, 적당히 잡고, 흔들고, 순간적 시간을 끌고, 떼는 행위로 눈을 맞추고, 반응을 느끼며, 기분, 감정을 느끼는 것이다.[26)]

다음은 표정 이론에 속하는 얼굴 표정, 웃음, 손짓 등 비언어적 행위에 대하여 알아보자. 악수, 키스, 절 등 비언어적 표현 행위도 광의의 표정(gesture) 이론에 속한다.

1) 웃음, 미소

인사를 교환할 때 무뚝뚝한 표정으로 하는 것은 동·서양을 막론하고 바람직한 태도는 아니다. 외국에서는 악수, 목례, 서로 지나가면서 마주쳐 가벼운 인사를 교환할 때는 미소를 짓는 것이 보통이나.

그러나 우리나라 사람들은 아는 사람과의 인사 외에는 대부분의 경우 미소를 짓지 않는다. 실없이 웃는 것도 좋은 것은 아니지만 인사할 때 미소를 짓는 것은 좋은 인상으로 호감을 주는 매력적 행위이다.

에라스무스(Erasmus)는 웃음에 관하여 "실없이 웃는 것은 실성한 것 같이 좋지 않고 남이 웃을 때 웃지 않는 것은 멍청한 짓"이라고 했다. 우리나라 사람들은 인사를 교환할 때 별로 웃지 않기 때문에 외국인들은 한국인에 대하여 흔히 너무 신중(serious)하다는 인상을 받는다고 한다.

데시데리우스 에라스무스(Desiderius Erasmus: 1466~1536)

네덜란드 출신 사생아, 가톨릭 성직자로 휴머니즘의 상징으로 알려져 있으며 어린이 예절교본(Decivilitate norium puerilium) 등 교양서가 있다.

서양 사람들이 미소를 잘 짓고 친절하다 해서 진심으로 우러나오는 미소인지, 습관적 형식적 미소인지, 여기서 따질 필요는 없다. 보봐르의 "미국 여행기"에는 미국인의 웃음에 대하여 "미국은 웃음을 전하는 사회이며 미국에서 웃지 않는 것은 죄악이라는 말이 슬로건이 될 정도"라 한다. 그러나 보봐르는 미국인이 쾌활하고 친절하다는 것은 인정하나 대부분 위선이라고 비판한다.[27)]

어떻게 보면 서양 사람들이 미소를 짓는 행위는 관습적으로 행해지는 몸에 밴 하나의 제스처 형식이라고 할 수도 있다. 예를 들어 백인들의 흑인이나 유색인종에 대한 차별의식을 감안할 때 그들에게 백인이 웃는 행위는 위선으로 생각될 수도 있다.

우리나라의 백화점 안내원들의 경우 백화점 정문 안 현관에서 방문하는 고객을 맞이할 때 웃으면서 허리를 굽혀 "어서 오십시오"라고 틀에 박힌 정형적 인사를 할 때의 미소는 과연 진정한 의미의 미소일까? 아마도 마음속에서 우러나오는 진정한 인사는 아닐 것이다. 그들의 인사는 상업적 형식적 인사라고 봐야 한다.

지금까지 매너, 에티켓, 의전, 인사예절의 표현 방법을 형식, 절차 그리고 마음의 세 가지로 분류하여 알아보았다. 예의범절을 지킨다는 것은 형식과 절차를 지키는 태도이며 상대를 생각하고 배려하는 진정한 마음의 표현이다.

가수가 노래를 부를 때 가사 내용에 맞는 표정을 지으면 감동을 준다. 진심에서 우러나오는 감정표현과 형식적 표정과 차이가 있다.

우리가 과거 서양 식사법을 배울 때, 테이블 위에 놓은 포크, 나이프를 밖으로부터 안쪽으로 집어 사용하면 되고 빵은 손으로 찢어 먹는다는 정도로 배웠기 때문에 많은 사람들은 이와 같은 생각을 아직도 가지고 있다. 어떤 예절 연구가는 예절 형식에 중요성을 둔다. 물론 형식도 중요한 경우가 있으나 그것은 단순히 매너나 예절을 윤리, 도덕이 결여된 형식 중심으로만 파악하려는 의도, 즉 기술적 관점에서 보기 때문이다.

버드 위스텔은 "동작학(kinesics)"에서 동작의 정의를 사람들이 자신의 몸을 움직이고 다루는 방식"이라고 말하고 중고차 등 세일스 맨의 미소동작은 가면적이며 의도적 속임수의 정체를 노출하는 것이라 한다.[28] 웃음 행위의 종류를 다음과 같이 생각할 수 있다.

① 교양인들이 상호 인사를 할 때는 진정한 마음의 인사가 되어야 한다.

② 웃음은 손짓, 몸짓 등과 함께 비언어적 표정이론에 속하며 형태도 여러 가지로 나타난다.

③ 슬그머니 웃는 미소는 기쁨의 표시일 수 있다.

④ 크게 웃는 폭소는 재미있고 즐거울 때의 웃음이다.

⑤ 비웃음은 상대의 언행이 불만스러울 때가 될 것이다.

⑥ 즐겁거나 기가 찰 때 웃는 웃음도 있다.

⑦ 격의 없는 웃음은 활짝 반갑게 웃는 것이다.

불교에서는 남에게 베푸는 행위를 보시(布施)라고 한다. 금전 등 재물이 아닌 표정, 몸, 마음 등으로 베푸는 보시 중에 화안열색시(和顔悅色施)라는 말이 있는데, 이 의미가 바로 상대방을 부드럽고 미소를 띤 얼굴로 대하라는 의미이다.

우리 속담에 소문만복래(笑門萬福來)라는 말이 있고 웃는 얼굴에 침 못 뱉는다는 말도 있다. 그러나 너무 헤프게 웃어도 흉을 잡히게 된다.

그런가 하면 외국 사람과 대화할 때 알아듣는지 못 알아듣는지 웃음으로 답하는 사람들을 많이 보게 된다. 잘못 알아들으면 다시 질문하면 되는데 분명한 답을 주지 못하고 대화도 제대로 이루어지지 못하는 경우도 많아 불필요한 오해를 야기할 수도 있다. 우리는 세상을 살면서 가능한 한 명랑한 생활을 하도록 노력해야 되지만 웃음이 필요할 때 웃고, 필요 없을 때 웃지 않는 분별 의식을 갖는 것도 중요하다.

미국 정신 연구학자 코르돈(Cordon)은 인간동작의 동시성은 범인류적 현상으로 동작 시에는 인체 내의 동조장치(synchronized)에 의해 통제되고 있다고 했다. 좋은 동작과 행위를 할 수 있도록 평소에 습관을 들이는 노력이 중요하다. 상대에게 항상 좋은 인상을 줄 수 있는 교양을 쌓는 길은 제스처(gesture) 이론 등과 관련, 에티켓, 매너 등 예절과 윤리교육을 받아 교양을 몸에 익히는 일이다.

한국 코미디언 구봉서는 웃음과 슬픔과의 관계를 "슬픔을 모르는 사람은 웃을 자격이 없고 웃음을 모르는 사람은 슬픔도 모른다"며 이제 웃음을 찾아야 할 때"라고 했다.(시니어저널, 2001.3.26) 현대 사람들이 슬픔을 알아야 한다는 뜻의 역설적 표현이다. 웃을 때 웃고 슬플 때 눈물을 흘릴 줄 아는 흐뭇한 인정이 필요하다.

2) 몸짓 언어(body language)

비언어적 표현 행위로서의 표정에는 손짓, 몸짓, 눈짓, 어깨 움직임 등이 있다. 우리는 주로 접촉, 만남(encounter), 대화를 나누는 도중에 대화 주최나 상대가 의식적 또는 무의식적으로 이러한 표현 행위를 하는 것을 보고 느끼게 된다. 윙크(wink)나 눈 접촉 또는 눈맞춤(eye contact)도 흔히 보는 현상으로 상황에 따라 여러 가지 다른 감정의 메시지를 받게 된다.

이러한 몸짓 언어의 표현과 설명이 서양에서 많이 발달되어 소개되고 있으나 사실 앞에서 소개한 것과 같이 우리의 전통 종교인 불교의 보시(베푸는 방식) 중에 안시(眼施)라는 용어가 있는데 이것이 바로 부드러운 눈으로 상대방을 기분 좋게 대하는 태도로 "눈 맞춤" 행위에 속한다고 할 것이다.

서양 사람은 주로 눈을 마주보고 이야기를 하며 잘 모르거나 공감이 잘 가지 않을 때에는 어깨를 으쓱하는 표정을 흔히 짓는다. 이 경우의 눈 접촉은 대화 내용에 대한 무관심이나 관심의 결여를 나타내는 것이다. 네팔에서는 긍정적 답변을 할 때 머리를 끄떡이는 대신 옆으로 젓는다.

눈을 "마음의 창"이라고 한다. 얼굴 표정과 마찬가지로 눈 안에 표정이 나타나기 때문이다. 화가 날 때 또는 원한을 품고 공격적 태도를 표시할 때는 눈을 날카롭게 뜨거나 흘겨보며, 놀랄 때나 기쁠 때에도 눈동자가 커지는 것은 어느 문화나 인종과 관계없이 공통적으로 나타나는 현상이다.[29]

대화할 때 상대방 눈동자의 시선 변화는 바로 그 사람의 정서 판단에 기준을 제공하는 표정이 되는 것이다. 눈 접촉은 친밀성, 사랑의 표현이 보통이지만 공포, 협박의 표시도 될 수도 있다. "사랑은 아무나 하나 눈이라도 마주쳐야지"라는 가요의 가사도 바로 전자의 뜻으로 쓰인 예이다.

몸동작, 특히 손놀림과 관련, 미국의 문명학자 홀은 미국 흑인들의 대화 태도를 다음과 같이 말하였다.

미국의 흑인들 중에서 변형된 문화를 소유하고 있는 중산층 이상의 흑인을 제외한 많은 흑인들은 대화중에 손발을 톡톡 두드리거나, 이상한 소리를 내거나, 큰소리로 말하거나, 탄성을 지르거나 허튼 소리를 자주하는 등 많은 다른 동작의 특징을 가지고 있다. 그런데 이는 흑인 자신들의 전통적 고유문화를 버리지 않고 계속 고수하기 때문이다.[30]

홀(Hall)은 몸짓 언어의 하나인 비언어적 체계인 "걸음걸이" 자체가 사람들의 지위, 기분, 성별, 연령, 건강 상태, 민족적 배경을 표현하는 것이라고 한다.[31] 길을 걸을 때 뒷짐을 쥐고 걷는 사람, 공항 대합실 등에서 뒷짐을 지고 두리번거리며 서성대는 사람들 대부분이 한국인이다. 땅을 내려다보고 걷는 사람은 사색에 잠기거나 심각한 사람이다. 우리나라에서는 어깨를 펴고 목에 힘을 주고 팔자걸음으로 제면서 씩씩하게 걷는 사람은 고관대작이나 부유층 사람으로 보인다. 우리나라 사람들의 걸음걸이를 비롯한 몸짓 언어는 외국인에 비해 더 특징적으로 생각된다. 그만큼 외국인에게는 낯설게 보일 수 있기 때문에 유의할 필요가 있다.

외국에서 공항에 도착하는 동양인들의 외모에도 나라마다 특징이 있다. 일본인들은 산뜻한 양복을 입고 인사를 잘한다. 일본 사람으로 보이거나 또는 자신들이 선진 국민이란 자만심 때문으로 보인다. 점퍼 등 노 타이로 실용적 옷을 입고, 촌사람 같이 보이는 사람은 주로 중국 사람이고, 흑·감색 정장을 하고 어깨에 힘을 주고 가는 사람은 거의 한국인이다.

3) 복장예절

복장은 사람의 품위의 상징이다. 멋과 품위는 에티켓의 바탕이다. 복장은 평상시 착용하는 복장으로 근무복장, 일요일 등 휴일에 입는 캐주얼 복장, 파티 또는 고위층 간의 접촉, 교섭을 위한 예방, 방문시 복장 등이 있다. 복장의 품위와 관련해서는 색 감각도 중요하다. 보통 파티나, 예방 등 행사에 참석할 때에는 흑곤색의 정장(dark suit) 착용이 권장된다. 이 경우 양말의 색에도 신경을 써야 한다. 옷색과 전혀 맞지 않게 낯설게 보이는 것은 곤란하다.[32] 이 경우 하얀색 양말은 어울리지 않는다는 뜻이다.

에티켓 이론가인 메리린 핀커스는 한국에서 협상에 임할 때는 흑곤색 착용을 권장하고 있을 정도로 한국인들이 즐겨 입는다는 것이다. 흑곤색 등 어두운 색의 복장을 입을 때는 특히 남성의 경우에는 옷에 이 물질이 묻지 않도록 주의해야 한다. 복장은 착용자의 신장, 체중, 신체적 특징을 고려한 복장 선택도 중요하다. 키가 작은 사람이 두 줄 단추 양복을 입으면 더 작게 보인다.

우리나라에서 복장은 일반 직장인의 경우 필요할 때 흑감색 복장을 착용하면 무난하다. 그러나 외교관 또는 고위층 등 특정인인 경우에는 공식행사의 종류(occasion)에 따라 다른 복장을 착용한다는데 유의해야 한다.

외교관 의전 편람에 의하면 예복으로서의 남성정장, 여성정장을 다음과 같이 예시하고 있다.

⁋남성 정장

- morning coat (예복): 낮에 입는 정장으로 정식 오찬, 준공식, 경축식, 결혼식, 음악 지휘 등에 착용.
- tail coat(white tie): 연미복이라 하며 무도회 등 특수한 경우.
- tuxedo(black tie): 나비 넥타이의 디너 재킷이라고도 하며 만찬, 음악회 참석 시 착용. 옷 색은 검정이 보통이며 카리브 지역국 등 열대지방에서는 흰색 턱시도를 입는 경우도 있다(식당의 종업원도 착용).
- business suit(신사복)

일상 업무용으로 입는 옷으로 상의, 바지, 조끼의 한 벌로 된 정장을 의미한다. 조끼를 입는 정장은 일종의 고전적 풍속으로 인식되며 요즈음 같이 조끼 없이 파는 기성복 생산이 많은 때에는 맞춤복이라는 인식도 줄 수 있다. 조끼를 입을 때는 맨 아래 단추는 끼지 않는 것이 보통이며 조끼 겉에 입은 상의의 단추는 채우지 않아도 실례가 되지 않는다.

최근에는 싱글 상의이든 더블이든 간에 조끼 없이 입는 것이 보통이며, 상의 단추를 끼우는 것이 예의이다.

신사복 정장은 본래 업무용 정장이었으나 최근에는 공식행사로 정식 복장 착용을 지정하지 않는 경우라도 방문, 오찬, 다과회, 만찬, 결혼식 등 일반적 행사에는 정장을 착용하는 것이 관례이다.

⁋여성 정장

- cocktail dress(만찬, 저녁 파티 등 부부 동반 시)
- evening dress(만찬, 행사 등)
- hostess gown(여성용 긴 실내복)

여성의 정장으로는 양질의 모직, 면, 실크 종류의 양장으로 착용하는 것이 좋으며 국경일 파티를 주최하는 입장에서는 전통의상(national dress)으로 한복을 착용하는 것이 좋다. 또한 여성의 경우 너무 요란한 귀걸이 착용 대신에 고급스럽고 아담하고도 우아한 장신구로 치장하는 것이 좋다. 중요한 것은 자신의 체격이나 스타일에 맞는 장신구를 착용하는 것이다.

세익스피어의 "햄릿"에 나오는 이야기 중에 폴로니우스가 길을 떠날 때 복장에 관한 조언을 한다. "사람의 말은 잘 들어주되 너는 말을 아끼고 섣부른 판단을 삼가라. 의복은 주머니 사정이 허락하는 한 좋은 것을 선택하되 눈에 거슬려서는 안 된다. 고급스럽게 보이되 화려해서는 안 된다. 의복은 보통 인품을 나타내는 것으로 지위나 신분이 높은 프랑스 사람은 의복 선택에 있어서 탁월하다."(서양 고전에서 배우는 리더십, 존 클레멘스 외, 이은정 옮김. p.113)

물론 의상도 중요하지만 외모도 중요하다. 깔끔하고 깨끗한 머리와 단정한 복장은 품위의 상징이다. 요즈음 학생 등 젊은 층에서는 남녀 구별 없이 머리를 빨간 머리, 금발 등 염색을 하거나 머리형을 탤런트나 가수처럼 하고 다니는 경우도 많다. 강의 시간에 조차 학생들의 머리 염색과 복장도 제 멋대로다. 다만 자기가 나아갈 방향에 따라 처신하는 것이 필요하다. 그러나 자기 신분에 맞으며 남을 배려하는 몸가짐을 가져야 한다고 설명한 적이 있다.

방학 전 어느 날 한 학생이 나에게 다가와서 "교수님, 저 달라졌지요"라고 하는 것이다. "글쎄"하고 답하니 "머리를 원상회복했습니다. 고향에 내려가야 하고 교수님 말씀 듣고 공부하겠습니다."라는 것이다. 이럴 때 교수로서의 보람을 느낀다.

제7장 대화예절(대화 및 교섭)

대화예절을 잘 아는 것은 성공의 지름길이다. 남의 말을 잘 듣는 태도도 예절이다. 대화시의 언행, 마음의 자세, 형식 등을 갖추는 것은 사회생활을 하는데 필수적 요건이기 때문이다. 인격과 교양 그리고 인간성의 표현이다. 대화나 교섭, 설득에서 글로벌 마인드(global mind)는 세계로 통하는 마음의 통로이다.

1. 대화에는 어떤 것들이 있나?

대화나 교섭은 이해 당사자가 서로 접촉하여 담화하거나 의견을 교환하는 형식을 말하며 대담, 전화(통화), 인터뷰, 회의, 회담, 교섭 등의 여러 가지 형식이 있으며 일종의 언어적 행위이다. 대화는 발화자와 수화자 간에 상호적으로 평등하게 이루어지는 메시지의 전달 과정(communication)이다.

대화의 형식에는 이상과 같이 직접 서로 보면서 하는 직접대화와 편지, 통신(e-mail) 같은 문자를 통한 간접대화가 있으며 또 언어적 대화와 비언어적 대화가 있다. 언어적 대화는 전화, 대담 등을 의미하며 비언어적 대화는 몸짓 등 표정 이론을 의미한다.

우리나라 속담에 "말 한 마디로 천 냥 빚을 갚는다"는 말이 있다. 그만큼 상대방과의 대화가 중요하다는 의미이다. 대화를 잘못하다 보면 서로 오해를 야기하거나 시비의 대상이 될 수 있다. 비록 시비까지는 가지 않더라도 교양 없는 좋지 못한 인상을 상대방에게 줄 수도 있다.

스티븐 코비(Stephen Covey)가 지적하듯, 대화는 상대방을 이해하고 자신을 이해시키는 언어행위로 승-승(win-win)의 해결에 이르는데 중요하다고 했다. 그리스인들이 사용한 에토스(ethos; 개인적 신용, 신뢰감), 파토스(pathos; 공감, 인간 감정의 공유) 그리고 로고스(logos; 논리적 측면으로 설득할 때의 이성적 부분)의 3가지 성품은 인간관계, 설득력의 논리성을 의미하는 것으로 대화술에 있어 하나의 중요한 패러다임의 전환을 의미한다는 것이다.[33)]

서양의 지도자들은 교양 있는 표현을 많이 쓴다. 즉, 상대방을 부담 없고 즐겁고 편하게 대해 준다.

필자가 1997년 9월 볼리비아 근무를 마치고 귀국하게 되자 반제르(H.Banzer) 대통령을 이임 인사차 예방하고 환담했는데 좋은 나라에서 근무를 잘하고 떠나게 되어 섭섭하게 생각한다고 말을 하니 그 분은 여러 가지 칭찬을 하면서 "당신 같은 훌륭한 대사가 서울 주재 자국 대사로 근무한다면 얼마나 좋을까 하는 생각을 한다고" 화답을 했다. 마치 원하면 임명해 주겠다는 듯 진지한 표정으로 얘기해 준 것을 잊을 수 없다. 그분에 대한 존경심을 계속 간직하고 있다. 이것이 교양 있는 대화술의 효과이다.

우리는 일반적으로 외국인에 비해 표현력이 부족할 뿐만 아니라 대화 능력이 약하다고 생각된다. 조리 있는 표현, 논리적 표현, 설득력 있는 표현 능력이 부족한 것 같다. 이러한 표현 능력의 부족은 언어학적인 구조상의 문제도 관계가 된다고 하겠으나, 개인의 독서부족, 논리적 합리적 사고방식의 부족, 훈련부족, 예의부족, 자만심 때문이라 할 수 있으며 근본적으로는 학교 교육문제에 기인한다고 할 수 있다.

2. 대화예절이 왜 중요한가?

대화예절이 중요한 이유는 사교와 직결되기 때문이다. 따라서 대인 매력을 생산하는 방향으로 대화예절을 지키는 것이다. 대인 매력은 친해지고 친구 관계를 확립하는 역할을 한다. 대인 매력의 기본원리는 첫째, 연합(association)으로 좋은 경험 또는 나쁜 경험 등으로 서로 호감을 느끼게 되는 현상이다. 둘째는 강화(reinfocement)인데 이는 보수를 주거나, 선물을 주거나 호감을 받을 수 있는 행동이다. 셋째는 사교적 교환(social exchange)으로 서로 유익하다는 인식을 나누는 행위이다.(사회심리학, 홍대식. p.346)

특히 낯선 사람과 만나서 대화를 할 때는 근접성, 친숙성과 정서상태 등에 유의하는 것이 효과적이다. 상대편과 거주하는 곳이 가까우면 더 친근감을 갖게 되는 것이다. 아는 사람의 친구나 친척이라든가 하는 경우 친숙성은 커질 수 있다. 취미가 같다든가 공감하는 부분이 많은 경우 정서적으로 잘 통할 수도 있기 때문이다.

대화는 송·수화자 간의 커뮤니케이션이다. 대화의 종류는 일상대화(환담), 오·만찬할 때 대화, 회담, 교섭할 때 대화 등이 있다

우리는 협상이나 교섭을 할 때 글로벌 마인드(global mind)를 가지고 임하는 것이 중요하다. 즉, 마음의 여유, 자신감, 논리, 사고력 등 풍부한 실력을 바탕으로 임할 수 있도록 노력해야 한다. 그렇지 못할 경우 우리는 대화할 때 실속 없이 비굴할 수 있고 감정적으로 불손한 태도를 보일 수도 있고 또 흥분된 나머지 상대방을 무시하는 표정이 튀어 나올 수도 있다. 대화할 때에는 논리적으로 침착하고 상냥한 태도로 임하되 평소 상대방을 배려하는 태도와 자신의 감정을 절제하는 습관, 인내심을 기르는 자세를 갖추어야 한다.

보조국사의 대중과의 생활예절에서는 "나쁜 말로서 사람의 마음

을 상하게 하지 말고 말할 때 소리를 높여 희롱하거나 웃지 말라"고 했다.

1980년 초 필자가 스페인에 근무할 당시 그 나라 수산청 부국장에게 매주 한 번씩 호출을 당해서 라스 팔마스 군도에서 조업 중인 우리나라 어선단의 철수를 요구 받으며 모욕적인 말을 여러 번 들었으나 침착하게 본부에 청훈하여 답변을 주겠으니 기다려 달라는 말로 흥분을 모면하곤 했다. 개인적으로는 화를 내고 싸우고 싶은 심정이 굴뚝같았다. 인내하지 않고 시비를 해서 불상사가 일어났다면 아마도 본국에 소환을 당했을 지도 모른다.

대화술과 관련, 스티븐손(Stevenson)의 이론을 간략히 소개하면 대화 할 때의 윤리적 언어에는 ① 서술적 의미(cognitive meaning) ② 정의적 의미(emotive meaning) ③ 기술적 용법(descriptive use) ④ 역동적 의미(dynamic use)가 있다. 그리고 상대의 변화를 촉구하기 위해 설득하는 방법에는 ① 합리적 방법(rational method) ② 설득적 방법(persuasive method) 등이 있다.[34)]

위의 사례에서 필자에게 격하게 화를 낸 위의 부국장은 상대방 설득을 위해 역동적, 즉 감정적 표현 방법을 사용한 것이며 필자가 대응한 방법은 인내심을 가진 합리적 방법이라고 평가할 수 있을 것이다. 섹스피어는 유명한 "햄릿" 속에서 "모든 이의 말에 귀를 기울이고 말을 삼가라. 모든 비난을 귀담아 듣되 판단은 다음으로 미루어라"라는 신중성에 관한 명언을 남겼다.

고위층 인사라 해서 외빈 접견예절을 잘 아는 것도 아니다. 과거 우리나라 고위층 인사가 외국의 고위층 인사와 대담하는 중에 상대편이 시가를 피울 때 "귀국에서는 금연운동 안 합니까"라고 질문한 일이 있는데 이 얼마나 기분 상하는 일인가. 일종의 역행적 방법이다. 많은 국고를 부담해가면서 외빈을 대접해 봐야 효과는 없을 것이다.

잘못된 언어표현, 부족한 대화예절로 큰 손실을 초래할 수도 있기 때문이다. 바로 대화예절의 중요성을 의미한다.

6세기 그리스 도시국가에서는 가장 훌륭한 웅변가, 말재주 있는 대변가(orator)를 대사로 임명하였다. 안서니 기든스는 훌륭한 외교관은 얼굴 표정관리의 탁월한 전문가여야 한다며 입장차이, 불쾌한 경우에도 태연한 표정으로 상대와 대화할 수 있어야 한다고 했다.

서양 사람들은 성공적 대화술을 영어 단어 SOFTEN(부드러운, 친근한)을 이용하여 설명하였는데 볼프강 에티켓에서도 다음과 같이 그 내용을 소개하고 있다.[35)]

S　Smile : 미소로 호감을 표시한다.

O　Open mind : 너그러운 태도, 마음으로 대한다.

F　Forward lean : 몸을 약간 앞으로 기울임(뒤로 기대면 거만한 인상을 줌).

T　Tone : 억양의 조절.

E　Eye contact : 눈 마주치기(관심의 표시).

N　Nod : 가끔 고개를 끄떡임(긍정의 표시).

대화의 형식을 이해하고 이행하는데 있어 예절과 교양이 필요하다. 언어표현 자체의 예절과 표정상의 예절, 즉 언행에 따른 예절이 필요한 것이다. 대화의 상대는 세계인이라는 인식이 필요하다. 위에서 T는 언어 표현, F와 N은 행동, O와 E는 마음의 표현이라 할 수 있다.

여러 가지 다양한 대화 형식에 일반적으로 적용될 수 있는 유의사항은 다음과 같다.

① 상대적이므로 친절하고, 교양 있고 품위 있는 언어 사용(좋은 인상을 준다).

② 몸짓, 제스처, 표정에 조심(하품, 팔장, 먼 시선 등).

③ 해학적, 빈정대기 등 회피.

④ 격앙된 언어 표정의 삼가(감정 억제; 인내심).

⑤ 대화할 때 상대방의 얼굴을 쳐다 본다. 시선 맞추기(eye - contact)

⑥ 공식적이고 정중한 회담에서는 자세를 바르게 한다.
(책상다리는 바람직하지 않다-일반 대화 환담할 때 가능)

⑦ 대화 당사자 간에 적당한 거리를 유지한다.
(너무 떨어져 있거나 가까운 것도 좋지 않다-개인 영역 존중 personal space or zone - distance 90cm 거리 유지)

⑧ 대화할 때 상대방의 나이나 가족 관계 등을 질문하지 않는다.

⑨ 자연스럽게 대화한다. 듣고 맞장구 등 타협적 반응을 보인다.

⑩ 상대방의 얘기를 경청한다.

⑪ 상대방의 약점을 건드리지 않는다(이 더운 나라에서 어떻게 사나 등).

⑫ 금전, 정치, 종교 등 상대 자극 지양.

⑬ 상대방에 불편한 질문 삼가, 특정인 지칭, 화제로 하는 얘기 등.

⑭ 질문 태도는 겸손하게 한다.

⑮ 상하 구별 없이 평등한 대화(한국식은 상관체면 지켜줌).

⑯ 외국인과의 대화중에 자기 상관이 온다고 갑자기 중단하는 행위는 곤란.

⑰ 소극적 대화 참가자도 배려한다.

대화할 때의 거리 유지 이론으로서의 개인 영역 유지는 문화권에 따라 차이가 있으나 에드워드 홀(Edward T. Hall)은 다음과 같이 대화자 간의 4가지 개인영역(zone)을 설명한다.[36]

① 친근 거리(Intimate distance) : 45cm(부모 자식 간 대화)

② 개인 거리(Personal distance) : 45~120cm(친지 간)

③ 사회생활 거리(Social distance) : 120~130cm(사회인사 간)

④ 공공 거리(Public distance) : 먼 거리 가능(무대, 공연)

이와 유사한 이론으로 데스몬드 모리스(Desmond Morris)는 대화 거리를 친밀감 정도에 따라 "팔꿈치 지대, 손목 지대, 손가락 끝 지대"의 3가지로 나눈다.

미국의 CNN 방송의 명사회자 래리 킹(Larry King)은 대화의 소재에 있어서 과거와 같이 말해서는 안 되는 터부(금기)는 없으나 대화 상대와의 친밀관계 정도에 따라 적절히 대처할 것을 권하고 있다. 즉, 친구 사이에서나 솔직한 대화가 가능한 낙태 얘기, 상대방의 수입 등에 관한 것처럼 금기로 생각하는 민감한 주제에 대하여 일방적으로 상대방이 편하게 생각하리라고 함부로 속단하지 말라는 것이다.[37)]

이러한 래리 킹의 얘기는 대화에 있어서 아무리 친한 사이라도 적절한 예의는 지키는 것이 중요하다는 의미이다.

"비폭력 대화(NVC; non violent commucation)"의 저자이며 대화 교육자로 유명한 마셜 로젠버그(Marshall B.Rosenberg)는 개인, 가정, 집단, 국가 간에 의견충돌, 언쟁, 분쟁 등 야기로 인한 대화 당사자 간의 의견 대립, 충돌, 분열을 예방하는 방법은 폭력적 언어사용이 아니라 마음에서 우러나오는 연민, 자비의 언어(compassionate communication)를 구사하는 것이라고 했다. 처음부터 상대방의 약점을 공격적으로 지적하는 것이 아니라 상황 설명, 느낌 감지(즐거움, 기쁨, 짜증 등) 상태 표현, 느낌과 연결된 욕구 필요성 표현 그리고 마지막으로 부탁할 구체적 사항의 표현 순서로 완곡한 표현 방법을 사용함으로써 상대방에 대한 자극을 최소화하는 대화 방법이 효과적이라는 이론이다.

3. 유머(Humor)의 활용

적절한 유머의 사용은 대인 관계나 대화 분위기를 부드럽게 만든다. 유머는 재미있고 익살스러운 표현으로 일종의 해학이라 할 수 있다. 유머는 일종의 문학 장르의 한 형식에 속하는데 한 민족의 생활, 관습, 전통, 사고방식, 예의범절 등 문화와 관련된다. 일반적으로 서양 지도자들은 연설 전에 유머 또는 조크(joke; 일종의 농, 농담, 익살)를 먼저 해서 즐거운 분위기를 조성하는데 익숙하다. 유머나 조크를 사용할 때는 각별한 주의가 요망된다. 유머나 조크를 잘 사용하면 윗트(wit) 넘치는 좋은 효과를 가져오나 잘못 사용하면 손해를 보는 수가 있다.

부르스 버튼은 인간끼리 대화를 나눌 때 말하는 사람이 무엇인가 재미있는 이야기를 하고, 듣는 사람이 웃으면 그들 사이가 돈독해지는 효과가 있다고 했다. 사케리는 "멋진 유머란 화려하고 좋은 옷보다 훨씬 더 멋진 장식"이라고 표현했다.

영국의 윈스턴 처칠 경의 유머는 유명하다. 회의에 30분 넘게 지각을 했는데, 야당에서 게으름뱅이라고 공격하자, "예쁜 부인과 살다 보니 아침 일찍 일어나기가 힘들어서 늦었는데 앞으로는 각방을 쓰겠습니다".라고 대답하여 유머러스한 점에서도 존경을 받았다고 한다.

한승헌(변호사)은 "유머는 단순한 웃음이 아니라 세상과 화합하는 방법이다. 유머는 넓은 식견과 인생 관조의 자세이므로 체험적 유머가 훨씬 파괴력을 갖는다며 이는 마치 얼음을 깨고 나가는 쇄빙선(ice breaker)과 같다고 했다.

유머를 사용할 때에는 시기, 종류, 억양, 표정, 사용 횟수, 청중(대상) 등을 고려한다. 유치하고 저속, 졸렬한 인상을 주는 유머(black humor)를 사용하지 않으며, 좋은 유머라도 너무 자주 사용하는 것은 경솔하다는 인상을 줄 수 있다. 유머는 품격의 언어로 사용하는 사람의 신분과 교양 수준의 다른 표현이다.

4. 경청

상대방의 말을 경청(Active Listening)하는 태도도 예의이다. 스티븐 코비는 대화할 때 공감적으로 듣는 적극적 경청 태도가 중요함을 강조한다. 그는 사람들이 타인의 말(communication)을 듣는 경청원칙으로 5가지 형식(level)을 지적한다.[38]

① 남의 말을 듣지 않고 무시하는 태도.

② 응응하고 맞장구치며 건성 듣는 태도.

③ 듣다 말다 선택적으로 중요한 것만 듣는 태도.

④ 신중하게 총력을 기우려 경청하는 태도.

⑤ 공감적 경청 태도(고차원적 경청 태도).

위의 ⑤항의 고차원적 경청 태도를 보이는 사람은 소수라고 지적한다.

경청은 커뮤니케이션을 성공적으로 이끌어 가는 최고의 기술이며 성공적 인간관계를 구축하는 기본이다.

로빈스(S.P.Robbins)은 눈 맞춤(eye contact), 긍정 반응(맞장구-nod; 고개 끄덕이기), 대화 중 끼어들지 않기(no inerrupt), 질문하되 너무 많이 말하지 않기(not too much talk) 등을 예로 든다.

여기서는 듀브린(A.J.Dubrin)의 경청 이론을 소개한다.

① 의미 집중, 전체적 요점 파악 노력.

② 정신 집중, 말 내용에 몰입.

③ 끝까지 듣고 결론 내리기.

④ 듣기와 말하기를 반반씩(50:50)의 비율로 하기.

⑤ 경청 내용 요약.

우리의 전통 예절서인 주희의 소학(小學; 외편77장 - 공부 태도)에서도 "바른 자세로 남의 말을 신중하게 경청하여야 한다"고 가르치고 있다.

경청은 화자의 발언, 의사소통의 내용에 대한 반응, 즉 피드백 정보를 확보하거나 보증하는데 있어서 주요한 기준이 된다. 진정한 커뮤니케이션은 서로 상대의 말을 경청하고 마음을 터놓고 대화하는 자세에서 이루어지는 것이다.

5. 교섭, 설득, 협상

교섭(Negotiation)이란 일종의 "예술"이다. 탤런트와 마찬가지로 자신의 독자적인 연기 스타일이 있어야 한다. 교섭에 임하는 방법으로 인사하는 법, 농담하는 법, 기획서 내는 법 등을 포함해서 나름대로의 화술을 익히는 것이 중요하다.[39)]

상대방과 대화를 나눌 때 의견이 상충되는 경우가 있다. 상대가 반대 의견을 제시하거나, 상대에게 반대 의견을 설득할 때에 방법은 침착하게 상대방의 주장을 경청하면서 자기의 주장을 설득시키는 기술이다. 상대방을 내가 원하는 방향으로 유도하는 기술이다.

테일러(Taylor)는 비인식주의적 관점(non cognitivism)에서 언어의 3가지 기능을 설명한다. 첫째, 일기 예보 등 보도적(단정적) 기능, 둘째, 자세, 얼굴 표정, 몸짓(body language), 셋째, 제안, 충고, 요청, 권장, 연설(정치, 계몽) 등으로 분류한다. 설득 행위는 세 번째에 해

당된다 할 것이다.[40)]

여기서 클린턴 전 미국 대통령이 부인 힐러리 여사의 상원의원 출마를 반대했는데 출마에 제동을 걸기 위해 힐러리를 조용히 만나 설득한 내용을 열거하면 다음과 같다.

"만약 당신이 상원의원에 당선된다면 대단한 업적을 남길 것은 틀림없다."(전제)

"상원과 대통령 선거가 겹치므로 몹시 힘든 행군이 될 것이다."

"현직 대통령 부인으로 상원의원에 당선된 퍼스트 레이디는 없다."

"당신은 아직 출마 경험이 없다."

"신경을 써야 할 것이 많을 것이다."[41)]

클린턴의 설득 내용은 부부가 동시에 공직을 맡는데 대한 부담과 복잡성을 친절히 설명, 설득한 것이다.

CNN 방송의 저명한 래리 킹은 그의 저서에서 방송 대담을 통하여 느낀 최고 화자들이 가지고 있는 8가지 공통점을 다음과 같이 제시한다.(대화의 법칙, p.82~83)

① 익숙한 주제라도 새로운 시각에서 바라본다.

② 폭 넓은 시야, 다양한 논점과 경험을 생각한다.

③ 열정적으로 자신의 일을 설명한다.

④ 너무 자신에 대해서만 얘기하지 않는다.

⑤ 오기심이 있어 알고 싶으면 왜? 라고 질문한다.

⑥ 상대에 공감을 느끼고 상대의 입장에서 얘기한다.

⑦ 유머 감각을 가지고 자신에 대한 농담도 꺼려하지 않는다.

⑧ 말하는데 자신만의 스타일이 있다.

허브 코엔(Herb Cohen)은 “협상의 법칙”에서 구 소련 공산당의 무리한 협상 스타일 6단계 이론을 다음과 같이 설명했다. 일종의 안하무인식의 일방적 협상 책략이라고 할 수 있다.

① 극단적 초기입장(지나친 요구부터 시작; 상대편 동의 불가능 정도).

② 대표의 제한된 권한 표시(협상 도중 상대 요구에 답변 불가 입장; 본국 고위층 허가 필요 핑계).

③ 감정전술(분노 표시, 회의 중도포기 용의 표명).

④ 상대방 양보에 무반응(별로 대수롭지 않은 표정; 당연한 표정).

⑤ 양보에 인색(자국 입장 양보에 인색한 태도).

⑥ 최종기한 무시(협상 시간 준수 불필요).

교섭, 설득에서 글로벌 마인드는 중요한 주장의 당위적 근거가 될 수 있다. 미국이 2008년 7월 7일 독도를 분쟁지역으로 표기했던 것을 7월 30일 원상회복하여 다시 한국영토로 인정한 결정은 한국 국민의 여론을 의식한 결과도 되겠지만 글로벌 마인드가 세계로 통하는 당위성이기 때문이라 생각된다.

6. 면접(면담)

우리가 취업하기 전에 면접시험을 치는 것이 보통이다. 성적도 중요하지만 직접 당사자를 접견하고 인상, 태도, 표현 능력, 기타 본인 신상에 대한 직접적 파악이 필요하기 때문이다. 따라서 면접은 상당히 중요한 의미를 갖는다. 면접에 응하는 응시자의 바람직한 태도 및 예절을 예시한다(단, 면접관은 선입견에 의한 귀인오류(歸因誤謬)에 유의 필요).

① 첫 인상의 중요성 인식.
② 기본 예의 관찰.
③ 성품 타진(대인 관계 가능성).
④ 집단 면접할 때 지나친 경쟁의식 삼갈 것.
⑤ 의견 발표 요령(자신의 의견 명확, 논리적, 설득력).
⑥ 침착성.
⑦ 실무능력, 순발력.
⑧ 복장 단정(시선 끄는 복장 지양).

우리는 면접하기 전에 이력서와 자기 소개서를 제출하는 것이 보통이다. 자기 소개서를 작성할 때는 다음 사항에 유의하는 것이 좋다.

① 고용주의 이해 증진을 고려 적극적 표현을 사용한다.
② 장황한 글보다는 가능한 한 요약적으로 기술한다.
③ 관련 업무에 대한 경험을 설명한다.
④ 과거에 자신이 성취한 업적 설명.
⑤ 구직 동기, 그 회사 지원 이유를 밝힌다.
⑥ 자기 인생관, 직업관, 경력 등을 적극적으로 표현한다.

면접은 인성 중심으로 변하고 있다.

최근 기업의 직원채용 경향을 보면 과거 서류전형, 필기시험 위주의 채용에서 면접을 통한 인성, 인품평가 위주의 채용방식으로 전환되는 양상을 보인다. 이러한 경향은 시험성적 우수자가 반드시 기업에 도움이 되는 것은 아니라는 판단에 근거한다. 인크루트 등 취업정보 조사기관에 의하면 과거 10년 전 서류전형, 필기시험의 중요도가 82 %에서 최근에는 39 %로 낮아진 반면, 면접, 인성시험 비중이 92 %로 높아졌다고 한다. 신입사원보다 경력직 사원의 채용비중이 71 %에 이르는데 이는 기업이 신입사원 채용으로 드는 훈련비용을 절감하려는 의도이다.

중요한 사항은 회사 근무 중인 직장인 중 97%가 회사를 그만두고 싶은 충동을 느끼는데 그 이유가 인간관계의 문제에 기인한다는 것이다. 기업의 생산성 제고를 고려한 우수한 인적 자원, 원만한 인성 소유자의 확보가 중요한데 이는 회사원 간의 인화, 협동을 통한 팀워크가 중요시되기 때문이다. 인성, 태도가 능력보다 더 우선하는 사회가 되고 있음을 의미한다.

기업은 다음 내용을 기준으로 신입사원을 선발한다.(조선 2007.6)
① 인성, 예절 중시; 원만한 성격의 소유자.
② 화합, 협동정신 중시; 더불어 사는 공동체 정신 소유자.
③ 대인관계 중시(업무추진을 우선하는).
④ 합리적 성격 소유.
⑤ 선의의 투철한 경쟁의식 소유자.
⑥ 같이 하는 주인의식 소유자.

구직 지원자로서 주의할 점은 앞에서 제시한 대로 면접할 때 잘못된 인상을 주어 면접 담당관이 대상자의 첫 인상을 경솔하게 판단하여 불이익을 받을 수 있는 소위 귀인오류를 당하는 일이 없도록 태도와 예절에 각별히 주의해야 한다.

7. 전화예절

전화 통화는 우리의 일상생활에 있어 항상 이루어지는 의사소통 행위이다. 그런데 전화통화 예절뿐만 아니라 이동전화 사용에 있어서도 문제가 있다.

전화 통화를 할 때 유의할 사항은 다음과 같다.

① 입과 수화기의 거리는 약 3cm (1인치 정도)를 유지한다.

② 대화는 친절하게, 목소리는 크지 않고 상대방이 들을 정도로

한다.

③ 대화가 끝난 후 전화기를 쾅 놓지 않는다(일반 전화 시).

④ 잘못 걸었을 때는 정중히 사과한다.

⑤ 전철, 버스 등 차내 이동전화를 사용할 때 옆 사람에게 방해가 되지 않도록 각별이 유의한다(우리는 큰 소리로 통화한다. 일본인은 조용히 나중에 전화한다고 말하고 끊는다).

그 밖에 통화와 수화할 때 요령은 다음과 같다.

① 상대방의 번호, 회사명, 통화자명 등 확인.

② 중요한 얘기를 할 때는 내용을 사전 준비(자료 또는 서류 등).

③ 자기 소속, 이름 소개.

④ 상대방이 나오면 먼저 인사, 용건 설명.

⑤ 끝나면 조용히 끊는다.

⑥ 상대가 윗분, 숙녀인 경우 상대보다 나중에 전화를 놓는다.

⑦ 전화를 받을 때는 누구라고 답한다.(예: Kim's residence 등).

⑧ 인사.

⑨ 용건 메모.

⑩ 정중한 인사, 끝냄.

오늘도 낯선 전화 한 통화가 걸려 왔다. "여보세요"라고 대답하니 사무실이냐고 묻는다. "아니에요. 잘못 거셨어요"하니, 말도 없이 뚝 끊는다. 이것이 한국식 통화의 잘못된 전형이다. 잘못 걸었으면, '잘못 걸었습니다', '미안합니다'하면 되는데 한 마디 말도 없다. 교양의 문제이다.

전화 걸고 받을 때 유용한 영어 표현 예문 일부

1) 전화할 때 요령.

· Hello, this is Hong gil - dong. ABC Company, Seoul.

· Is this Dr. Carter's Office(Residence)? or May I speak to Mr…?

· I'am sorry. I must have reached the wrong number.

2) 통화가능 확인

· Are you busy now? or Is this a good time to talk to you?

· Can you (I) talk right now?

· I will call you back again.

· Can I leave a message, please?

3) 전화 받는 방법

· Who's calling, please? or May I know who's calling, please?

· Who am I speaking to?

4) 전화 종료 요령

· Is there anything else I can do for you?

· Will there be anything else?

· It's been nice talking to you.

· Thank you. Have a nice day.

8. 서신작성의 요령

서두 경어, 본문, 결어, 경어 등 순서대로 격식에 따르는 것이 원칙이다(경어, 명칭은 정확히 한다. 어느 전직 고관이 지방 방송국으로부터 편지를 받았는데 이름자가 하나 틀렸다. 편지를 보낸 사람의 중요한 실수이다. 상대방 성명, 직위, 경칭 등을 정확히 해서 실례되는 일이 없도록 각별 유의한다).

정보 통신에 있어 네티즌 간의 정보 통신이 증가하면서 네티즌 간의 예의 도덕, 윤리의 준수가 그 이느 때 보다 중요하게 되자 네티

즌 10개 윤리강령이 제정, 선포되었다.(한국일보 2000.6.15)

그 내용은 "사이버 공간의 주체는 인간이며, 공간은 공동체로 평등하게 열린 공간이므로 건전하게 가꾸어 나간다는 기본 정신 아래서 ① 인권, 사생활 존중 ② 불건전 정보배척 ③ 타인 정보 및 지적 재산 보호 ④ 욕설 자제 ⑤ 실명 활동, 지적 재산보호 등 건전 문화 조성에 중점을 두었다.

메릴린 핀커스의 "성공하는 사람의 비즈니스 예절"에서 설명하는 서신작성 요령을 보면 다음과 같은 내용이 있다.

① 상대에 적합한 경칭, 호칭의 사용(Dear, Mr., Dr., Excellency 등).

② 서두 인사인 머리말의 좋은 표현(It is my pleasure··· 등).

③ 결어 인사 문구(Sincerely, Sincerely yours, Yours truly 등 사용.

④ 정확한 문장, 구두법의 사용.

⑤ 너무 길고 지루하지 않은 적당한 길이의 메시지 전달.

⑥ 상대방의 바른 직함 확인(직함 변경 가능성 유의).

⑦ 편지의 종이, 봉투 등이 적합한 용도의 것인가를 확인.

⑧ 서명란을 포함하여 편지용지에 알맞게 문장 작성.

저자는 외국에서 근무할 때 그 나라 정부나 특정 인사 앞으로 나가는 외국어 공문, 서신을 작성함에 있어서 형식, 경칭, 성명, 서두 경어, 본문 내용, 경어 인사, 문장, 용어 등에서 철저한 통제와 교정을 하였으며, 문서는 보내는 사람의 얼굴이요 나라의 얼굴임을 항상 강조했다.

어떤 형식의 서신이든 간에 정중한 형식을 지키는 것이 문화인의 교양이다.

커뮤니케이션 이론(P. Drucker)

1. 커뮤니케이션의 4가지 종류
   ① 자아커뮤니케이션 ② 대인관계커뮤니케이션
   ③ 집단커뮤니케이션 ④ 매스커뮤니케이션

2. 커뮤니케이션의 4가지 원리
   ① 지각(perception) ② 기대(expectation)
   ③ 요구(demand) ④ 상호의존(dependence)

〈프로페셔널의 조건. 청림출판. 2000〉

동조이론(William Condon)과 카멜레온효과(Lakin)

언어학자 콘던은 인간의 언어행위를 촬영, $\frac{1}{24}$초 단위의 프레임으로한 미시적 분석을 통하여 말과 행동의 동조현상을 분석, 동조행위를 자기동조와 상호동조의 두 가지로 나누어 설명한다. ① 자기동조 행위는 내가 말을 할 때 내 몸 스스로가 말의 내용에 따라 자연스럽게 움직이는 현상이다. ② 상호동조 행위는 남의 말을 들으면 말하는 사람의 내용에 따라 듣는 사람의 몸이 자연스럽게 동조현상을 일으킨다는 것이다.

한편 라킨은 이러한 경청을 통한 흉내, 동조행위를 본능에 따라 하는 "카멜레온 효과"라 했다. 따라서 어린이가 엄마로부터 받는 영향은 중요하다는 것이다.

제8장 국제회의 예절

세계화시대에 국내외 활동에 있어 국제회의 절차, 준비요령, 내용 등 모든 것을 알고 행하는 사람은 모르는 사람보다 앞서가는 사람이다. 경쟁사회에서 남보다 더 빨리 승진하고 출세할 수 있다. 현대에는 국가 간, 기업, 개인 간에도 외국인과의 회의, 교섭, 대화의 기회가 나날이 증가하고 있다.(이하 회의진행법-조량제 저 등 참조)

1. 준비 사항

회의의 목적과 특징은 다음과 같이 설명할 수 있다.

① 상호 간에 의견교환 목적의 모임이다.

② 일종의 토론의 장이다.

③ 참여 인원에 따라 집단참여(group participation), 개인참여 등 구별.

④ 참여 인원에 따라 집단적 사고(group thinking)의 교환, 발표가 가능하다.

⑤ 집단적 토의(discussion) 형식이다.

⑥ 일반 회의에서는 정보 전달 및 교환 가능.

⑦ 회사나 공동사업 추진의 경우 일의 추진 진도에 대한 점검 행위.

⑧ 문제가 있을 때 해결 방법 도출.

⑨ 새로운 일, 프로젝트 발굴 등 새로운 아이디어 창출에 기여.

⑩ 나아가 인간관계의 원만한 성립 및 육성에 기여한다.

국제회의 개최의 성패는 얼마나 회의를 잘 준비하느냐에 달려 있다. 성공적 회의 준비를 위해 다음과 같은 것들을 준비한다.

① 초청자 확인, 초청장 발송, 좌석 배치, 진행, 광고, 홍보, 기타.

② 명찰, 좌석표, 회의자료, 칵테일 준비, 음료, 필기도구 등.

③ 장소 선정, 마이크 준비(음향 점검), 국기, 책상 배치, 실내 온도 조절, 통역 계약 등.

④ 회의 대표용 자료준비 철저(오자, 탈자, 내용 점검, proof reading은 몇 사람이 교대로 한다(왜냐하면 같은 사람이 반복해도 발견하지 못하는 경우가 있다).

⑤ 회의 전날에 음주는 삼가는 것이 좋다.

⑥ 문서, 편지, 통역 준비.

⑦ 발언자의 인격존중 등 예절을 지키는 것이 중요하다.[42)]

국제회의에 참가할 때 대표단의 일거수일투족은 바로 나라의 이미지를 나타내는 것이다. 특히 회의에서 발언하게 될 경우 발언 내용의 사전 준비가 필요하며 발언할 적절한 기회의 포착 등에도 많은 신경을 써야 한다. 국제회의에 임하는 바람직한 태도는 다음과 같다.

① 발표할 문안 준비(영어 외에 필요할 때 프랑스어, 스페인어 등 참가국 언어 중 사용국 대표가 많은 언어로 하면 지지 획득에 유리).

② 발언 중 필요할 때 유머 사용은 자신의 긴장 해소 및 이목 집중에 기여.

③ 발언은 명료, 간결(발언 시간은 2~3분 길어야 5분 정도로 낭독식보다는 연설식으로).

④ 기조연설 등 사전에 연설 텍스트 사본을 사무국에 제출.

⑤ 미리 발언 신청(사무국에 희망 전달).

⑥ 자신의 성명, 소속 소개(기록용).

⑦ 발언 중 무례한 언동, 개인 공격은 금물 또 회의 참석 시 발언 준비에 대비해야 할 태도는 다음과 같다.

i) 용기를 갖는다, 너무 긴장해서 망설이다가 기회를 놓치는 수가 있다.

ii) 공식 회의에서 상대방의 이름을 지칭하는 것은 실례이다(특히 반대 입장에 있을 때).

iii) 냉정하고 차분해야 한다. 흥분은 금물이다. 국제회의에서 흥분하는 사람은 소외되기 쉽다.

iv) 국제기구 본부직원과 타국 외교관과 친해지는 노력이다(성을 생략하고 이름을 부를 정도의 관계).[43)]

회의, 토론의 종류에는 다음과 같은 것들이 있다.

① 일반회의(meeting): 모든 회의의 총칭.

② 총회, 집회(conference, convention): 컨벤션은 다수의 주제 취급.

③ 워크숍(work shop): 주로 훈련, 교육목적 회의.

④ 패널 토의(panel discussion): 특정 의제 선정, 발표자 토론자 등으로 구성.

⑤ 심포지움(symposium): 패널 토의와 유사하나 공개 토론 형식이 특징.

⑥ 세미나(seminar).

⑦ 포럼(forum): 전문가의 강연 회식, 연사 소개, 찬·반 토론 가능.

2. 프레젠테이션(Presentation)

서양 사람들은 남녀노소, 지위고하를 막론하고 즉석 마이크로 인터뷰를 하면 보통 청산유수로 의견을 발표(presentation)한다. 우리나라 사람들은 한두 마디 더듬더듬 하다가 화면이 지나가 버린다. 제대로 발표를 못하는 것이다.

언어학적으로 보면 서양 언어인 영어, 스페인어, 라틴어계 언어 등은 발음이 속도감 있게 직선적으로 표현하기에 용이한 언어라 할 수 있으나 우리의 언어는 직선적이기보다는 단절적이다. 그러나 언어의 음성학적 또는 음운학적 문제가 결정적으로 중요한 것은 아니다. 중요한 문제는 발표력, 사고력, 논리적 표현 등 언어 구사 능력의 계발, 연습이다. 북한 사람들은 초등학교나 중학교 졸업 정도의 사람들도 정치선전을 더듬지 않고 잘한다. 판에 박은 교육, 훈련을 받았기 때문이다. 말 잘하면 목사라는 말이 있다. 언어 표현 능력은 공부와 연습, 훈련과 관련되는 것이다. 학식, 재주, 기술의 복합적 능력이다.

경영론의 권위자인 마틴 에이트는 "경영자 지침"에서 최근 대학 졸업자들은 사회 진출 전에 학교에서 업무기술을 배우는데 그 외에 언어 구사능력, 독창성, 열정, 문제분석 사고 등을 가르쳐야 한다고 했다.[44]

바로 이런 교육이 언어 및 의사 표현 능력을 양성하는 중요한 기초가 되는 것이다.

인생은 각종 시험(test)과 함께하는 삶이라고 해도 과언이 아니다. 사람이 살아가는 동안 몇 가지 시험을 치게 되기 때문이다. 첫째가 중·고등학교 시험, 대입시험, 취직시험(필기, 면접, 구술) 등 둘째, 사회생활에서의 인간관계 시험(시련 극복), 인성 테스트 셋째, 결혼을 위한 소개팅, 넷째, 삶의 고통, 인내, 선악 행위 등 신에 의한 시험을 들 수 있다.

학교에서 실시하는 중간시험은 대부분 주관식 문제인데 그 목적은 다음과 같다.

① 객관적 판단 기준으로서의 성적의 평가.

② 학생에 대한 교육, 공부 자극 수단(복습 기회 부여).

③ 표현 및 서술 능력 배양, 논리적 사고력 증진(IQ+EQ), 대화 능력 배양.

시험지 한 장으로 한 학생의 능력을 정확히 평가한다는 것은 불가능하나, 시험도 글로 표현하는 프레젠테이션의 한 가지 방법이므로 성적 평가 자료가 될 수 있는 것이다. 또 다른 이유는 학생들이 평소에 배운 것을 복습하도록 함으로써 다시 한 번 이해를 통하여 활용하도록 하는데 의의가 있다.

끝으로 더 중요한 것은 학생들이 주로 객관식 문제로만 시험을 처 봤고 주관식 시험 경험이 부족하기 때문에 표현력, 논리적 사고를 배양토록 하기 위해 주관식 문제를 출제하는 것이다. 외국에서는 토론식, 세미나식 수업을 통하여 개인적으로 발표할 기회가 주어지는 경우가 많다.

주관식 시험과 발표식 교육은 졸업 후 직장에서 회의, 대화, 또는 상담, 교섭, 연설 그리고 면접할 때 등 긴요하게 활용될 수 있는 훈련 과정이다.

회의에서 프레젠테이션 또는 스피치에 이어 토론을 성공적으로 이끌어 내기 위해 고려될 수 있는 예를 들면 아래와 같다.

① 토의 주제에서 벗어나지 않도록 유의한다.

② 토론 중에 감정이나 약점, 자극은 삼가며 상대의 자극에 유연

하게 대처한다.

③ 편파적 태도를 지양하고 공정한 태도로 임한다.

④ 상황판단은 정확히 한다.

⑤ 질문은 겸손한 태도로, 답변도 겸손하고 진지하게 한다.

⑥ 소극적이거나, 수줍어하는 사람에게도 발언 배려를 한다.

회의에 참석하는 대표가 갖추어야 할 자질로는 다음과 같은 것들이 있다.

① 회의 대표는 적극적이고 호감을 주며 교양이 풍기는 인상의 소유자.

② 자국을 대표하는 마음으로 충성심과 성실성 있는 태도 필요.

③ 침착하고 겸손한 태도 소유자가 된다.

④ 인내와 용기로 대처한다(경솔한 태도 금물).

⑤ 언어능력과 적응성 필요.

⑥ 전문지식의 소유.

⑦ 정확한 자료 활용.

⑧ 육체적, 정신적 지구력이 필요하다(중간에 졸음 등 금물).

⑨ 사명감, 시간관념, 유머 감각, 매너, 에티켓 소유자.

회담의 양측 대표가 공동 기자회견에서 발표를 할 경우 사전 합의나 조율이 있는 경우를 제외하고는 상대편을 의식하지 않고 일방적으로 너무 장황하게 이야기하는 것도 실례가 될 수 있다. 균형을 맞추는 태도가 필요하다. 자연스럽게 화기애애한 분위기에서 이루어지는 것이 바람직하다.

3. 토의와 토론

토의(discussion)는 공통적 문제에 대한 의견 교환, 협동적 의사 결정 과정이다.

토론(debate)은 찬·반 주장으로 상대를 설득하는 경쟁적 의사소통 과정이다. 2인 이상의 토론자(패널리스트)가 참석하여 주제를 놓고 서로 의견을 교환, 토론하는 대화형식이며 세미나, 포럼, 연찬회, 국제회의 등 여러 가지 형식이 있다. 어느 형식이든 토론에 참가하는 토론자의 지식은 물론 성격과 매너, 말투에 따라 표현 방법 및 태도가 다양하게 나타난다고 할 수 있다.

크리거의 스피치(speech) 이론에 의하면 토론 참가자의 유형은 다음과 같이 8가지로 분류된다.

① 허풍쟁이　　② 건방진 사람
③ 통제자　　④ 비판자
⑤ 꼼꼼한 사람　　⑥ 수다쟁이
⑦ 회의론자　　⑧ 분쟁(논쟁) 도발자

등이다.[45)]

어떤 토론자는 흥분해서 말꼬리를 잡아 상대방을 공격하거나 비난조로 얘기하는 다혈질 성격의 사람, 상대방을 치켜세우면서 자기 이론이 더 정확하다고 주장하는 사람, 자기 주관도 명확함이 없이 구름 잡는 식으로 적당히 얼버무리는 사람 등 다양하다. 상대방의 이야기를 잘 듣고 상대방의 의견을 비난하거나 공격하지 않고 자기의 이론을 정연하고 차분히 설득력 있게 설명하는 것이 토론자의 매너이다.

토론에 참가하다 보면 자만심을 갖게 되는 경우가 있는데 이 경우에는 ①, ④, ⑧항에 해당 한다고 할 것이다. 따라서 토의 참석 시에는 상대방을 존경하고 예의 바른 태도로 임하면서 자신의 토의 참가 능력을 충분히 발휘하는 것이 중요하다. 좋은 토론자가 되기 위해서는 사전에 착실한 준비(mind up)를 잘 하는 것이 필요하다.

또 토론 주제자 역할을 할 때는 연사 소개도 해야 하는데 이때 소개 순서로 TIS(topic, importance, speaker) 등의 순서로 준비하면 좋다.[46)]

업무보고, 회의, 세미나 등 행사에서의 프레젠테이션의 효과적인 의사소통 능력을 증진시킬 수 있는 방법에 관하여 금호인력개발원 원장은 다음과 같이 예시했다.

① 도입부(시작)에서부터 관심 집중 필요.

② 발언은 쉽고, 짧고 명확하게.

③ 지나친 겸손 불요(관심 상실).

④ 상대방 예의 관찰(반응 감지 후 핵심 논리 전환 필요).

⑤ 경청(feedback 필요).

⑥ 상대방의 가치관 존중.

참고로 데일 카네기가 소개하는 유태인의 현인이 되는 길은 다음과 같다.[47)]

① 자기보다 현명한 사람 앞에서는 침묵한다.

② 남의 말을 중단시키는 것은 금물이다.

③ 남의 질문에는 신중하게 대답한다.

④ 질문할 때에는 정곡을, 대답할 때에는 조리 있게 한다.

⑤ 급한 것부터 먼저 하고, 기타는 나중에 한다.

⑥ 모를 때 솔직하게 수긍하고 인정한다.

⑦ 진실한 점을 인정한다.

⑧ 흥분, 격앙된 목소리를 내지 않도록 조심한다.

4. 통역예절

학교를 졸업하고 외국 업무와 관련되는 직장생활을 하게 되면 외국어 통역을 하게 될 경우가 있다. 외국어 실력이 우수한 사람이라도 통역 요령이나 예절을 잘 모르면 당황하게 된다. 또한 통역을 하는 사람뿐 아니라 통역을 통하여 대화를 하는 사람도 통역을 활용하는 요령과 예의를 알아야 통역이 원만하게 이루어져서 의사소통도 잘 되고 소기의 성과를 거둘 수 있다.

통역을 할 때 사전에 통역을 해야 할 장소, 연단, 탁자, 연설 형식, 대화(면담) 등 확인이 필요하며 특히 필요한 통역방식을 사전에 생각해야 한다. 통역 대상에 따라 단독 대화통역과 다수 모임을 상대로 하는 집단 대상통역이 있다. 전자의 경우는 국가 원수를 비롯한 고위층, 기업체 회장 등의 방문 면담할 때 하는 경우로 일대일 대담을 통역하는 것이다. 후자의 경우는 여러 사람이 참석하는 회의 등에서 통역을 하는 경우다.

통역 방식에는 한 문장씩 듣고 나서 통역하는 패러그라프 식 통역 방식인 순차통역과 처음부터 끝까지 얘기 또는 연설을 들은 다음 전문을 통역하는 전연설 통역 방식이 있다. 단독으로 대화할 때에는 보통 양방 통역으로 일방 당사자가 한 문장으로(paragraph) 말을 하고 이를 통역하면 상대방 대화자가 받아서 하는 식으로 대화를 짧게 교대로 하는 형식이다. 즉, 우리말로 간단히 말하면 외국어로 전하고 외국어로 간단히 답변하면 우리말로 통역하는 식이다. 많은 사람의 모임에서 발표 또는 연설을 할 때도 그와 같은 요령으로 하는 경우도 있고 발표문이나 연설문의 전문을 다 읽고 나서 통역하는 방법도 있는데 이를 전 연설식 또는 전문장 통역식이라 한다. 다수 대표가 참석하는 큰 회의에서 이런 경우에는 보통 사전에 발표문 또는 연설문 사본(text)을 통역사에게 전달하는 것이 사용자로서의 예의이다. 국제회의에서 일하는 국제 통역관들도 사전에 연설문의 전문 사본을 얻어서 전문적 용어 등을 사전에 검토하고 준비하는 것이다.

통역을 사용하는 사람은 통역사가 잘 알아듣도록 조리 있고 간결하게 표현하는 것이 좋고, 너무 빨리 또 장문으로 한 번에 많은 얘기를 해서 정확한 통역이 어렵게 되지 않도록 함이 좋다. 30여 년 전 외국의 국회 의원단(IPU)이 한국을 방문, 우리 국회 주최로 만찬을 하는데 통역 지원을 한 적이 있다. 외국 대표가 일어나 만찬 답사를 하는데 처음부터 끝까지 20여 분 동안 일사천리로 유창한 연설을 하고 끝냈다. 양측 대표는 20여 명이 참석을 했는데 그분들도 통역이 가능할까 의아해 하는 표정이었다. 속으로 큰일 났구나 하면서 골자만 1. 2. 3. 식으로 메모를 해서 한 10여 가지를 간추려서 소개했다. 경험에 의해 요령껏 골자만을 요약하여 전달한 것이다. 약 5분쯤 소요되었다. 중요한 것은 남북 관계에서 한국 입장을 지지해 주겠다는 내용이 마지막 문장이었다. 일행으로부터 우레와 같은 박수갈채를 받았다. 연설 내용도 좋고 통역도 잘 되었다는 의미였다. 통역 사용자가 통역이 알아서 잘 할 줄 알고 통역 방법에 관해 사전 조율이 없었기 때문이다.

통역은 메모지를 준비해서 요점, 주요 단어 등을 기록하면서 하는 것이 편리한 방법이며 예의라고 할 수 있다. 물론 간단한 대화 시에는 메모지 없이 하는 것이 편리하다는 사람도 있다. 통역자 자신의 습관과도 관계된다.

통역하는 사람은 외국어 능력은 물론 훌륭한 표현 능력을 갖추어야 하며 특히 센스가 있어야 한다. 통역은 원칙적으로 양측의 표현을 정확히 전달하는 것이 중요하다. 그러나 더 중요한 것은 특별히 항의를 해야 하는 경우를 제외하고는 대화자의 순간적, 감정적 표현을 그대로 전함으로써 곤란한 경우가 야기되는 일은 피해야 한다.

예를 들면 20여 년 전 유럽 어느 나라에 우리 의원 사절단이 방문해서 문교부 장관을 면담하게 되었다. 그런데 면접 당일 호텔 출발 직전에 장관의 지방 여행으로 차관이 영접하게 되었다는 연락이 왔다. 이 소식을 전하자 단장은 문교부 방문을 취소하겠다고 하였다. 한 여성 의원이 단장을 달래서 겨우 방문을 했는데, 앉자마자 차관에게 "나 오늘 장관이 없다 해서 오지 않으려 했는데 장관에게 얘기해 주시오"라면서 통역할 것을 명령하는 것이다. 필자는 이렇게 통역을 했다. 요즘 장·차관께서 바쁘시다고 들었는데 장관 대신 영접을 해 주셔서 감사하고 장관 오시면 인사를 전해 주시면 고맙겠습니다. 차관은 장관 부재를 정중히 사과하고 장관께 보고하겠다고 답변했다. 분위기가 누그러진 덕분에 대화는 화기애애하게 시작되었고 면담도 소기의 목적을 달성하고 잘 끝났다.

어느 고위층이 한 외국 지도자의 방문을 받고 대담을 하는데 외국 인사가 한국에 자국의 언어를 보급하기 위해 우리나라 대학 등에 연구 지원 계획을 가지고 있었기 때문에 외국어 교육 실태에 관심을 표했는데 우리 측 고위 인사가 우리나라에서는 외국어 교육이 잘 되고 있어서 염려할 필요가 없다는 식으로 단정적으로 답변했다. 마치 그쪽의 말을 일언지하에 거절하는 의미가 된 것이다. 결국 상대방 인사가 기분 나쁜 표정으로 나왔다는 것이다. 고위층이 갖추어야 할 대화 자세(교양)는 대단히 중요(국익과 직결)하다.

이런 경우는 첫째, 영접인사의 대화술 내지는 대화예절에 관한 지식부족, 둘째는 언어 표현상 매너의 문제라고 할 수 있다. 셋째는, 통역자의 센스 부족, 경험 부족이 문제였다고 분석할 수 있다. 통역은 대담자가 서로 화기애애한 분위기 속에서 자연스러운 대화가 진행되도록 잘 연결해 주는 역할을 할 수 있어야 되는 것이다. 너무 고지식하게 정확성을 유지해야 한다는 생각에서 경직되게 통역을 한다면 아무리 어학 실력이 있다 하더라도 결코 유능한 통역사라고 할 수 없다.

통역사가 지켜야 할 예절과 통역사 사용자가 지켜야 할 예절을 정리하면 다음과 같다.

1) 단정한 용모

· 앵무새 같이 정확히 전달(단어의 정확성).
· 주빈, 대화자 위주의 표현(필요 이상의 군말 불필요).
· 화자를 제3자로 지칭하는 표현 불필요(이분이; 장관께서 이렇게 말합니다 등 표현 지양, 직접 1인칭으로 받아 표현).
· 센스와 판단력있는 표현(대화중에 엉뚱한 언어에 대비).
· 경직적 표정 지양(화자의 표정에 따라 유연성 유지).
· 항상 겸손하고 상냥한 태도 유지.
· 대화를 자연스럽게 이끌도록 노력.

2) 통역 전 준비

· 장소 확인(연설방법, 연단, 탁자, 대변형식 등).
· 연설형식 확인(전 연설식, 패러그래프 식; 순차 통역 등).
· 마이크 사용 여부.
· 통역자의 자리(대화자 사이, 통역박스 내 등).

3) 통역사 사용자(대화의 주최)의 예절

· 발언 속도 조절 (천천히 명확히 함).
· 불필요한 상황의 장황한 설명 지양.
· 통역사를 배려, 문단이 끝나면 충분한 휴지 유지.
· 통역사가 더듬더듬 하더라도 불만스러운 표정 삼가.
· 말할 때는 통역사를 보지 않고 청중을 본다.
· 통역사를 배려하는 자상한 마음(텍스트가 있으면 통역사에게 사본을 미리 준다).
· 통역사에 대한 감사(감사의 표명 또는 수고비 등 사례).

성공적 통역의 중요한 요건은 통역 환경, 시설도 있겠으나 무엇보다도 교양 있고 훌륭한 대화자(통역 사용자)와 훌륭한 능력과 매너를 갖춘 통역사이다.

매릴린 핀커스는 고위층 인사가 통역사를 사용하는데 사교적 성격이 강한 모임에서 통역사를 무생물같이 취급하는 것은 몰상식한 일이라고 지적한다.[48] 상대방을 배려하는 마음, 평등사상, 인간존중 사상이 상생사상으로 발전하는 길이다.

제9장 공동생활예절

세계화시대에는 일상생활 자체가 공동체 생활이라는 인식이 중요하다. 국내에서의 생활이나 외국에서의 생활이나 차이가 없다고 생각하는 것이다. 공동 생활예절을 지키는 것은 남을 배려하고 자신의 마음을 열어 주는 행위로 즐겁고, 행복하고, 건강하게 사는 바람직한 생활방식이다.

1. 아파트 생활예절과 공동체 의식

1) 지켜야 할 사항

우리나라 사람들의 아파트 생활은 1970년대에 개발붐이 일어나면서 시작되어 40여 년의 역사를 가지고 있으며 어느 정도 아파트 공동생활예절이 자리 잡혀가고 있는 것 같으나 아직도 아파트 공동생활에 익숙하지 않은 점이 많아 잡음이 발생하고 있는 것이 사실이다. 공동생활에 익숙하지 않다는 의미는 주민이 이기심에서 자기중심적 사고에 입각하여 타인의 불편을 배려함이 없이 개인위주의 행태를 보이는 경우가 많다는 것을 의미한다.

해외에 이민 간 한국인이나 해외 지사에 근무하기 위해 나간 한국인들은 같은 아파트의 주민으로부터 주의를 받거나 비난의 대상이 되는 경우가 종종 있다고 한다. 건설업체가 최근에 분양을 시작하는 아파트의 소음을 최소화하려는 이유도 여기에 있다.

최근 신문 보도에 의하면 우리나라의 어느 구청 주민들은 아파트 생활에서 지켜야 할 사항을 다음과 같이 정했다고 한다.

① 밤늦도록 피아노 등 악기를 연주하지 않기.

② 저녁 이후에 벽에 못을 박지 않기.

③ 통로나 베란다에 잠옷 차림으로 나서지 않기.

④ 주차 구획선 안에 주차하기, 벽 쪽으로 전면 주차 요구에도 후면 주차하지 않기.

⑤ 화단, 녹지대를 깨끗이 하기.

⑥ 아파트 현관에서 담배 피지 않기 등.

이와 같은 주민운동은 너무나 당연한 일로 사실상 운동을 전개하지 않고도 자연적으로 이루어져야 하는 것이다. 선진국의 대부분은 그렇기 때문이다.

파티가 많은 외국에서는 평일에 밤 10시 이후까지 생일 파티 등으로 잡음을 내서는 안 되며, 반대로 주말인 토요일에는 밤늦게까지 음악을 틀어도 항의를 할 수 없도록 양해되어 있는 것이 보통이다.

그 밖에 빨래 등 세탁물은 베란다 안쪽이나 옥상에서 말리는 것이 보통이다. 독일에서는 특히 토요일 오후에 베란다에 빨래 너는 행위를 금지한다고 한다. 베란다 새시에 널어놓는 행위와는 다른 것이다. 또한 밤 9시 이후 샤워 등 목욕도 금지되어 있으며 동네 불법주차도 이웃 간에 신고를 한다고 한다.

미국에서는 정원의 잔디가 길어도 깍지 않을 경우, 이웃 간에 신고를 한다. 아파트마다 공동생활 규약이 있고 규약을 두 번 어기면 경고, 세 번 어기면 경찰 출동, 벌금 1천~5천 달러 등 각주에 따라 벌칙이 다르나 엄격한 법률이 적용된다. 미국식 제도에 이해가 잘 되지 않을 수도 있으나 그들 나름대로 지켜야 할 규범이 있기 때문이다.

외국에서는 어린이들이 아파트 내에서 뛰어 놀지 않도록 교육을 시킨다. 우리나라에서는 베란다에 나와 담배를 피면서 꽁초를 밖으로 내 던지는 경우도 있다.

아파트에서 애완용 개를 기르면서 오물 처리를 제대로 하지 않는 경우도 마찬가지이다. 서양에서는 개를 동반하고 길을 걸을 때는 항상 비닐주머니와 휴지를 준비해 가지고 다니다가 개가 용변을 보면 집어넣고 가져가 쓰레기통에 넣는다. 그러나 서양이라도 프랑스, 스페인 일부에서는 길거리나 뒷골목에서 잘 지켜지지 않은 것을 본 기억이 난다. 2008년에는 우리나라에서도 강력한 벌금형 등 법으로 제재규정이 마련된다고 하니 규제 이전에 기본 질서를 준수하는 마음가짐이 필요하다.

우리나라의 주차 질서를 알아보자. 아파트 단지 내에 주차 장소가 있는데도 주차장 앞에 가로로 새워 놓는 사람, 두 대 주차할 자리에 경계선을 침범하여 한 대만 주차하고 도망가는 사람, 벽이나 나무 조경 보호를 위해 전면 주차를 하라고 했는데도 후면 주차를 해서 나무나 주차장 내부 벽에 매연 피해를 주는 행위는 물론 소방도로를 막고 아무 곳에나 주차하는 무질서 행위 등 이루 헤아릴 수가 없다.

독일 베르린에서의 아파트 임대 계약서 내용을 소개하면 다음과 같다.(조선일보. 기본을 세우자. 2001.1.3)

① 오후 7시부터 오전 7시까지 조용히 한다.

② 어린이는 어린이 놀이터에서 보호자 감시 하에 논다.

③ 6세 이하 어린이는 엘리베이터를 혼자 사용 불가.

④ 아파트 환기 철저.

⑤ 녹지보호 의무.

⑥ 비, 서리 내릴 때 창문 단속 철저.

⑦ 소음금지(기계사용, TV, 전축).

⑧ 창문, 발코니에 카펫, 옷 널기 금지.

⑨ 유화물질, 악취생산 금지.

⑩ 쓰레기관리 철저.

특히 독일에서는 공공질서 위반, 공동생활 저해 활동, 이웃 피해 등 불필요한 소음이나 불편 행위 조성은 벌금 또는 처벌의 대상이 된다. 그리고 우리나라에서는 대부분 아파트에 쓰레기 운반용 승강기가 별도로 설치되어 있지 않기 때문에 악취가 나는 쓰레기봉투 때문에 승강기에서 하루 종일 냄새를 풍기는 경우도 있다(최근 건설한 고급 아파트에 전용 승강기가 있지만, 외국에는 서민용 아파트가 아닌 경우 가정부, 이삿짐, 쓰레기 운반 등을 위한 전용 승강기가 별도로 있는 것이 보통임).

필자가 30여 년 전 아르헨티나에 부임해서 근무할 때 부엌에서 김치찌개를 끓이다가 이웃으로부터 시비를 당해 곤욕을 치른 적이 있다. 그 후 대사 재직 시에도 김치찌개를 하는데 갑자기 우리나라에서 보지 못한 누런 "왕파리" 떼가 집안으로 몰려들어와 파리약을 뿌리는 곤욕을 치렀다. 다행히도 그때는 단독주택이라 이웃의 시비를 당하지는 않았다. 그만큼 우리 음식의 냄새가 유난히 강하기 때문에 특히 외국생활에서는 주의가 요망된다.

2) 주민 간의 인사예절

인사예절에서 언급하였지만 한 아파트 내에서는 이웃 간에 가능하면 인사를 하고 지내는 것이 교양 있는 삶이다. 필자는 20여 년 전 해외에서 귀국하여 시내 한 아파트에 거주하게 되었는데 아침 출근을 위해 엘리베이터를 타면서 같은 동 사람들에게 인사를 했더니 인사를 받지 않고 이상한 눈으로 쳐다보는 것이었다. 우리가 후진국이라고 생각하는 중남미 여러 나라에서도 이웃 간에 항상 즐거운 인사를 교환하면서 살아간다.

인사 관습이 서양과 다른 이유도 있지만 또 다른 이유는 사람들 사이에 보이지 않는 불신과 경계심이 마음속에 내재해 있기 때문이다. 또한 자신을 가능하면 노출시키지 않으려는 의도도 잠재하고 있다 할 것이다. 최근에는 퇴직자 또는 실업자가 많아서 그런지 서로 잘 쳐다보지도 않으려는 경향도 있다. 특히 30~40대 젊은 층이 인사를 안 하는 경우가 많다. 마음을 열어 놓지 못하고 닫고 사는 까닭이다.

최근 캐나다에 거주하는 분의 얘기는 한국에 와서 아파트 승강기를 타고 내려가고 있는데 한 고등학생이 중간에 타고 있다가 1층에 도착하였는데 어른이 있는 것을 알면서도 먼저 내리더라는 것이다. 캐나다에서는 일단 먼저 내리라고 양보 의사를 표시하며 상대방에 예의를 표한다는 것이다. 일본 사람들도 항상 남을 의식해서 항상 남에게 피해가 가지 않도록 조심을 한다. 목욕탕에서도 자기가 사용한 물건은 항상 제 자리에 가져다 놓고 깨끗하게 사용한다. 남을 의식하지 않는 사고, 자기 위주의 생활의식은 바로 국제적 교양 마인드의 부족 현상이라 할 수 있다. 마음의 변화가 필요하다.

2. 스포츠 매너

스포츠는 건강 증진의 기본이다. 운동을 함께하는 사람들이 서로 매너를 잘 지킬 때, 기분 좋은 운동이 되며 엔돌핀이 많이 생산되어 건강에 도움이 되는 것이다. 반대로 매너나 에티켓이 마음에 안 들어 기분이 상하면 운동의 효과는 반감될 것이다.

지금부터 몇 가지 운동매너를 알아보자.

1) 골프 매너

스포츠 매너라는 것이 있다. 운동을 하는데 있어서 상대방을 의식하고 지켜야 할 매너이다. 스포츠 매너 중에서 지키기 어려우면서도 반드시 잘 지켜야 할 매너가 바로 골프 매너이다. 골프장은 단순한 운동시설이라기보다는 일종의 고급 사교장이다.

골프는 사람이 많이 모여 하는 경기이므로 특히 룰과 매너와 에티켓을 지켜야 한다. 그러나 골프를 배우는 사람치고 매너를 먼저 배우는 것이 아니라 공치는 방법부터 연습을 하고 나중에 골프를 치면서 서서히 매너라는 것을 알게 되는 것이 한국 골프의 현주소이다.

외국의 명문 골프장에서는 회원 자격부터 까다롭고 엄격하게 관리를 하지만 우리는 돈만 있으면 누구나 가입이 가능하다. 서양에서는 회원가입 후보자의 매너, 에티켓 등 교양에 대한 검증기간을 거치는데, 후보자의 성명을 게시판에 2~3주 이상 게시를 하여 회원 전체의 동의를 얻게 되어 있으며, 회원 중 누군가가 그 사람의 인품에 대한 이의를 제기하면 가입할 수가 없다. 예를 들어 부채를 상환하지 않는 사람이라던가, 언행이 나쁘다던가 누구하고 시비를 했다던가 등 전력이 나쁘거나 문제가 있는 사람(persona non grata)은 가입이 불가능하다. 골프에 관한 많은 룰과 에티켓 중에서 기본적인 몇 가지를 열거하면 다음과 같다.

① 상대방이나 타인에게 방해가 되어서는 안 된다.
② 다른 사람이 티샷을 할 때에는 잡음을 내어서는 안 되며, 평소 골프장 내에서 고성방가는 금물이다.
③ 샷을 하는 순간 시야 내에서 움직이거나 이상한 몸짓을 하지 않는다.
④ 함께 치는 일행이 즐겁게 느끼도록 하고, 불쾌한 일이 없도록 배려한다.
⑤ 선·후배를 불문하고 비록 하이 핸디의 골퍼라도 공손한 예우를 한다.

⑥ 상대가 잘 치면 "굿 샷"이라는 칭찬을 한다.
⑦ 시간을 엄수해야 한다.
⑧ 골프장 내 캐디 등 종업원에게 친절하게 대한다. 무시하는 언행을 삼간다.
⑨ 골프장 직원인지 확인도 안하고 남의 기사 등에게 명령조로 심부름을 시키는 회원들도 있다. 예를 들면 가방이나 골프채를 실어 달라는 등 주문을 하는 경우이다.
⑩ 돈 있는 체하고 거들먹거리는 행위, 티업(tee up; 타구 시작) 시간에 지각하는 것을 삼간다.

세계에서 제일 높은 해발 3,318 m 지점에 위치한 볼리비아 수도 라파스의 말라시야 골프장의 10번 홀 계곡을 건너는 다리 위에는 다음과 같은 명언을 써 놓은 푯말이 붙어 있다.

"당신도 골퍼가 될 수 있다. 그러나 신사가 되지 않고는 결코 훌륭한 골퍼는 될 수 없다".

골프 매너와 예절은 모든 운동 예절과 매너 중에서 가장 까다롭고 복잡하다. 하루아침에 다 알 수는 없으나 열심히 노력하면 교양을 갖춘 골퍼가 될 수 있다.

2) 댄스 매너

댄스 스포츠의 예절을 아는 것도 필요하다. 필자가 해외에서 외교관으로 근무하면서 20여 번 외국인들과 댄스 파티에 함께 참석한 경험이 있다. 그들은 결혼식 후에도 댄스 파티를 갖는데 20년 전에 일이지만 파티에서 외국인들은 자연스럽게 춤을 추는데 우리가 가만히 보고만 있으니 같이 추자고 권했다. 한참 구경을 하다가 댄스를 하니 그들은 깜작 놀라면서 한국에서도 서양 춤, 댄스를 하느냐며 의아해

하는 표정이었다. 요즘에는 다르게 보겠지만 그때만 해도 한국인이 서양 춤을 추리라고는 생각하지 못한 것 같았다. 댄스는 주로 자기 파트너(부인)하고 하면 되나 가끔 친구 부인, 아는 부인과 하는 것도 서양식 예의에 속한다. 이때는 상대편 파트너에게 양해를 구해야 하며 한 곡 내지 두 곡 정도를 추는 것이 예의이다. 계속 추는 경우에는 오해를 야기할 수 있다.

댄스 예절은 다음과 같다.

① 복장은 정장으로 단정하게 입는 것이 원칙임.

② 구취 조심(입에서 냄새가 나는 것).

③ 파트너의 교체(두 곡 정도 계속하는 경우는 예외적임).

④ 남자가 여자에게 권함(단, 지인 사이에는 여자가 청할 수 있음).

⑤ 상대의 파트너가 있을 경우에는 그 파트너에게 사전 양해를 구함.

⑥ 댄스 도중 파트너가 서투르더라도 중단하거나 기분 나쁜 표정은 삼가야 함.

⑦ 춤은 시계 반대방향으로 진행함이 원칙.

⑧ 춤 제의에 응하지 않을 때는 상대의 기분을 상하지 않도록 정중한 태도로 사절함.(박경환, 한국일보 2001.4.27)

우리는 전통적으로 춤과 흥을 좋아하는 민족이면서도 유교 등 전통적 관습의 영향으로 남녀가 함께 어울리는 춤은 발달되지 못하였다. 따라서 댄스 예절은 서양예절에 기초한 것이므로 우리에게는 다소 낯선 문화이나 댄스를 배우면서 예절을 배워야 한다. 서양에서는 초등학교부터 자연스럽게 배우게 되고 가정에서도 모두가 함께 어울려 추면서 자연스럽게 익숙해지는 것이다.

3. 외국 직장생활예절

1) 영국식 매너

해외에서 외국인과 근무를 하게 될 때 외국인의 사고방식과 한국식 사고와 관습상의 차이를 아는 것이 중요하다. 과거 해외에 근무할 때 한 직원이 새로 부임해 왔는데 아침에 출근할 때 여비서인 리셉셔니스트가 자기에게 먼저 인사를 하지 않는다 해서 불만이었다. 외국에서는 직위가 높은 사람이 직위가 낮은 사람의 인사를 먼저 받아야 한다는 원칙은 없다. 먼저 보는 사람이 먼저 인사를 하는 상냥함과 친절함이 예의이다. 비서가 먼저 일어나서 출근하는 상관에게 인사를 하는 것이 좋으나 상관이 출근하면서 비서에게 인사를 하는 것도 예의이다.

앤서니 기든스는 남성과 여성의 권한을 비유하여 역사적으로 남성이 여성보다 권력이 세다는 증거는 없다고 했다. 다만 정치나, 군대는 남성 영역이며 남성 영역은 주로 가부장제에 해당한다는 것이다. 프랑스 비평가인 시몽 드 보바르(Simmone de Beauvoir)는 "공권 영역에서 남성이 우세한 이유는 육체적 힘도 아니고, 특별한 지적능력도 아니고, 전적으로 여성의 생물학적 변수에 기인한다"는 것이다. 즉, 피임이 발달하기 이전에 여성들의 생리현상과 임신, 어린이 양육 문제 등에 기인한다는 것이다.

그러나 현대에는 사회제도의 변화로 여성의 권한 확대, 사회 진출 확대 등 여권이 현저히 신장되고 있는 것이 현실이다.

영국의 BBC 방송은 2001년 12월에 "직장에서의 신체 언어"라는 책을 소개하면서 직장생활에서의 몸가짐, 자세에 있어 유의해야 할 사항을 다음과 같이 정리하였다.[49)]

① 신체, 몸짓 언어(body language)를 잘 이해하고 적절히 구사하면 좋은 결과를 가져 온다.
② 걸을 때는 가슴을 바로 펴고 걸으며 등을 구부리고 걷는 자세는 좋지 않다(교활한 느낌을 준다).
③ 책상에 구부리고 앉아 있는 태도는 좋지 않다.
④ 간간히 커피를 마시면 긍정적인 느낌을 준다.
⑤ 상사와 얘기할 때 발을 벌리거나 팔짱을 끼고 서 있는 행위는 부정적이다.
⑥ 반대로 다리를 발목 정도에서 꼬고 두 손을 앞 쪽에 모아 쥐고 있으면 불안과 연약한 느낌을 갖게 한다.
⑦ 다리를 꼬고 앉아서 손을 가볍게 앞 쪽에 모아 쥐면 조용하고 자신감 있는 느낌을 준다.

우리가 서양식 직장예절이라 해서 무조건 따라 할 필요는 없다. 예를 들어 ④항의 커피 마시는 행위는 서양인들에게는 보통으로 여겨지나 한국에서는 자주 마시는 것은 곤란하다. 그리고 상사와 대화할 때 다리를 꼬는 행위도 좋은 태도가 아니며 팔짱 끼기, 발 벌리기 등도 한국에서는 환영 받지 못한다.

따라서 위의 내용을 참고하여 외국에서 근무를 할 때 특히 해외 지사장 등 상관으로 근무를 할 때 원주민 비서나 직원들의 태도를 이해해야 한다. 한국식 관점에서 볼 때 다소 마음에 들지 않는 경우가 있더라도 그 나라 또는 서양의 관습을 이해하여야 하며 너무 한국식으로 간섭하여 마찰이 생기지 않도록 하는 것이 중요하다. 외국인이 한국인 사무실에서 근무를 하다 보면 자연스럽게 한국식 습관을 익히게 되는 것이다.

2) 미국식 매너

미국 Investors Business Daily 조사에 의하면 미국 회사 간부들이 부하 직원에 요구하는 바람직한 태도의 12가지 유형은 다음과 같다.[50)]

① 성실, 정직

② 행동 지향적

③ 목표 지향적

④ 끈기(인내심)

⑤ 미래에 대한 비전

⑥ 지속적 자기 개발

⑦ 사람 다루는 기술

⑧ 창의성

⑨ 세심한 주의성

⑩ 긍정적 사고

⑪ 금전 관리(효율적)

⑫ 시간 관리(절약)

여기서 사람을 다루는 기술은 원만한 대인관계를 의미하며 사내 직원 간의 관계를 포함하여 고객 등 대외적 인간관계를 의미한다. 회사와 자신을 위해서 얼마나 적극적이고 긍정적이며 정직한 태도로 근무를 하느냐가 중요하다. 이러한 관점은 동서양 어디에서나 요구되는 공통적 사항일 것이다.

다임러 크라이슬러 코리아 회사의 웨인 첨리 사장은 한국인의 근무 태도와 관련, 다음과 같은 의견을 제시한다.

① 한국인은 열심히 부지런히 근무하는 것이 아니라 느긋하게 놀면서 쉬면서 일한다(시간 채우는 일이 많다).

② 자유와 권한을 주면서 업무량을 많이 주는 것이 필요하다.
③ 여행은 주말을 이용해야 하며 상급자일수록 일을 더 많이 해야 한다.
④ 개인 능력에 따라 평가 받고 보상 받는 서구식 시스템의 채택이 중요하다.

3) 한국식 매너

한국경제신문(2002.12.23.자)이 회사직원의 업무태도와 관련하여 조사한 좋고 나쁜 점을 평가한 대기업 인사팀장 3명의 의견은 다음과 같다.

장 점	단 점
· 회사가 뭘 원하는지 아는 사람 · 스스로 능력을 키우는 사람 · 긍정적이고 도전적인 사람 · 창의적 사고를 가진 사람	· 주어진 업무 처리에 미숙 · 결정된 일에 불만 가득한 사람 · 자기 개발에 게으른 사람

유니레버 코리아 회장(이재희)은 기업 승리를 위한 15개 행동 방침을 사원에게 당부했다.(한국일보2001.3.13) 다소 방만한 감은 있으나 다음과 같다.

① 안 되는 이유보다 될 수 있는 이유 찾기.
② 일할 준비 없는 출근 불필요.
③ 변화 순응보다 꾸준한 자기 개발 중요.
④ 소비자, 시장 지식 중요.
⑤ 정보화 지식 없이 미래 언급 부당.
⑥ 고객을 위한 새로운 가치창조 노력.
⑦ 도전 없는 성공 없다.

⑧ 행동으로 자기 혁신, 실행으로 성과 창출.

⑨ 상호 신뢰, 팀워크 존중.

⑩ 정직, 성실.

⑪ 업무 아니라도 일의 성공에 최선.

⑫ 매일 해고당할 각오로 출근.

⑬ 목표에 충실, 목표 달성 현실 방안 강구.

⑭ 신중한 결정, 민첩한 행동.

⑮ 일에 끌리지 말고 일을 끌어라.

그 밖에 직장에서 지켜야 할 에티켓으로 다음과 같은 것을 들 수 있다.

① 능력 있는 사람으로서 열심히 근무한다(비록 임시직이라도).

② 항상 즐거운 태도로 임한다(불편한 태도 지양).

③ 전 근무지 험담 금지, 그리고 현 근무지 험담, 불평 금지.

④ 전임 상사에 대한 험담, 불평불만 금지.

⑤ 집으로부터 불필요한 전화가 많은 경우 조심.

⑥ 잦은 지각.

⑦ 잦은 조퇴.

⑧ 불필요한 일로 자리 자주 비우기.

⑨ 소극적 업무 처리 태도.

포스트 엘리자베스의 예절론에 나오는 부하에 대한 상관의 바람직한 태도는 다음과 같다.

① 부하의 의견 경청, 수렴.

② 사기를 돋아줄 것(칭찬 등).

③ 능력을 충분히 발휘하도록 해줄 것.

④ 축하를 받을 때는 진심으로 감사할 것.

⑤ 필요할 때 축하해 줄 것.

⑥ 부하를 존중할 것(좀 무례하더라도 잘 대해줌).

⑦ 감사 표시를 아끼지 않음.

⑧ 좋은 리더십 발휘 노력.

백화점이나 상점의 점원 또는 판매원으로 근무할 경우에는 특히 고객에 대한 예의(etiquette)와 매너(manners)에 유의해야 한다. 엘리자베스의 예절론에 나오는 근무태도는 다음과 같다.

① 판매고 증진에 노력.

② 손님의 고객화에 노력(계속 유치에 노력).

③ 상점 수익에 도움이 되도록 노력함.

④ 고객을 판단할 수 있는 현명한 판단력 소유 노력.

⑤ 기타 자질 보유(patient, polite, good temper, good manners).

좋은 자질을 겸비한 태도는 다음과 같다.

① 다정한 인사.

② 친절한 안내.

③ 손님을 편하게(부담을 주지 않음).

④ 손님이 찾는 물건에 대한 과소평가 금물(그건 유행이 지났어요 등 언동; 요즘에는 이런 것이 더 잘 팔립니다 식이 좋음).

⑤ 고객의 기분 나쁜 태도나 불합리한 언행에 관대한 마음 갖기.

공자의 논어(자로 편)에 나오는 기업인이 사원을 채용할 때 좋은 판단 기준으로 첫째, 강직하고 굳은 의지, 둘째, 과단성 있는 결심, 셋째, 온순, 넷째, 입이 무거움 등을 들었다.51)

4. 관광 예절 (박물관, 미술관, 음악회)

한국의 경제가 성장하여 세계 11위 권이 되면서 한국인의 국외관광 추세는 세계적이라 할 수 있다. 남녀노소 구별 없이 많은 사람이 너도나도 외국 여행을 해 보지 않은 사람이 없을 정도로 여행을 많이 한다. 패키지(package tour) 여행으로 외국의 관광지를 방문하면 서양 사람들은 여행 가이드북을 보면서 열심히 적는 사람도 있고 안내원의 설명에 질문을 하는 사람도 있다. 자못 진지한 태도이다.

우리는 어느 나라를 가던 박물관을 관람하는 사람은 많지 않다. 시간도 문제이다. 우리는 놀이 문화의 일환으로 그리고 생활 여유의 과시용으로 관광을 즐기다 보니 관광명소 방문 사실 자체에 의미를 둔다. 서양에서 어린이들의 박물관 관람은 학습 관람이 목적이다. 역사유물에 대한 감상, 소감을 적어 숙제로 학교에 제출하기 때문이다. 그렇게 습관이 되면 성인이 되어서 여행 중 유적 관람을 할 때도 진지한 태도로 질문도 하고 메모도 하게 된다. 또 방문 전에 여행안내책자를 자세히 읽고 사전에 예비지식을 갖는 자세를 취할 줄 알게 된다.

물론 사진기를 다 휴대한다. 그러나 모든 박물관에서 사진 촬영이 허용되는 것은 아니다. 많은 경우에는 사진 촬영이 금지되어 있는 것이 보통이다. 박물관에 따라 사진촬영 요금을 별도로 받는 곳도 있고 입장할 때 사진기를 맡겨 놓고 입장을 허용하는 경우도 있다. 또 플래시를 사용하지 않는 조건으로 사진 촬영을 허용하는 곳도 있는데 이 경우 고화 등 작품의 색깔이 변할 수 있기 때문이다. 또 입구와 출구 표시가 되어 있는 경우가 보통이므로 표시대로 따라서 조용히 질서 정연하게 관람하면 된다. 외부의 사진 촬영이 금지되는 지역은 주로 군사 기지, 군 공항 등 보안 지역이 대부분으로 되어 있다.

영화관이나 음악회 관람한 때 어린이를 대동하는 사람은 특히 한국인들이다. 어린이와 같이 관람할 경우 잡음이 나기 쉽다. 우리나라에서 음악회 등 초대권의 뒷면을 보면 "감상 분위기를 지킵시다"라는 제목으로 주의 사항이 있는데 이때 주의 사항은 다음과 같다.

① 미취학 아동(만 7세 이하)은 입장 할 수 없음.
② 공연장 내 사진 촬영 금지.
③ 공연장 내 음식물 반입 금지.
④ 화환 증정 삼가기(끝난 다음 무대 위 또는 뒤에서 전달).
⑤ 공연 중 자리이동 금지.
⑥ 공연장 내 휴대폰작동 정지.
⑦ 극장에 들어가 앉거나 설 때 남자는 안내, 여성 우선 착석.
⑧ 시작 시간에 지각한 사람의 경우, 연극은 1막 또는 1장이 끝난 후, 음악회는 한 곡이 끝난 후 박수치는 동안에 빨리 들어가 앉는다.
⑨ 통로를 나올 때는 미안하다는 의미의 표현이나 감사를 한다(excuse me, sorry, thank you 등).
⑩ 복장도 서양에서는 그때그때에 맞는 복장을 착용한다(오케스트라의 경우, dinner jacket(dark suite) 여성은 long-skirt 등).

우리나라에서도 그렇지만 외국에서는 연주가 시작되기 직전에는 1~2분간 죽은 듯이 정적이 흐른다. 필자가 몇 년 전 해외에 근무할 당시 어느 연주회에 초청되어 갔는데 연주 시작 전에 갑자기 한 어린이가 소리를 질러 떠들었다. 모든 관객의 시선이 그에게 집중되었는데 알고 보니 한국 동포의 자녀였다. 외국인들은 보통 연회, 연주회 등 성인을 위한 모임에는 어린이를 동반하지 않는 것이 상식으로 되어 있고, 비록 어린이를 동반할 경우에도 교육이 잘 되어 있어 말썽

을 부리지 않는다.[52)]

세종문화회관 초대권 뒷면에는 어린이 동반에 관하여 이렇게 규정하고 있다. “어린이 대상 공연을 제외하고 미취학 어린이는 입장할 수 없습니다. 세종문화회관에서 운영하는 어린이 보호시설 ’아이들세상’을 이용하여 주십시오”

이상의 가상적 외국 여행을 통하여 글로벌 생활교양을 공부하고 귀국했다고 생각하자. 우리는 오랜 외국생활 경험에 비추어 느껴보지 못한 많은 기이한 현상을 느끼게 될 것이다. 우리 모두가 부족한 점, 개선해야 할 점을 느끼게 될 것이다. 이것이 선량한 인간으로서 자아실현을 이룩할 수 있는 수단으로서의 글로벌 마인드(국제 감각; 선진국민의식)이다. 모두가 글로벌 마인드를 가지고 바른 삶을 위한 노력을 한다면 높은 교양, 바른 교양을 두루 갖추게 될 것이며 그것은 선진 복지사회로 가는 변화의 길이다.

* “낯선 사람을 품위 있고 정중하게 대하는 사람은 세계 시민이다. 그의 마음은 육지에서 떨어진 섬이 아니라 다른 육지를 시배하는 대륙이다” - 프란시스 베이컨 -

註 (I부)

1) 심성보, 교육윤리학 입문, p.85.
2) 성공하는 사람들의 비즈니스 예절, 장희경 옮김, p.20.
3) 탁영진, 교육학, p.90 .
4) 서울국제문학포럼. 2000.9.18. 한국일보.
5) 에드워드 홀, 문화를 넘어서, p.193.
6) 라인홀드 니버, Moral man and immoral society, p.138.
7) Geert Hofstede, 세계의 문화와 조직, p.295.
8) Dictionary of Contemporary English. Longman 출판, 1978.
9) 폴 테일러,Paul Taylor, 윤리학의 기본 원리(Principle of Ethics), 김영진 옮김, p.237.
10) 폴 테일러,Paul Taylor, 같은 책, p.173.
11) 강영안, 칸트의 도덕철학. p.79.
12) 리처드 노만, 윤리학 강의. p.100.
13) 한국외교 50년, 1948~1998, 외교통상부. p.286.
14) 종합적 식사 예법중 시대별 행동 준칙은 Robert Elias의 문명의 과정, p.151. 참조
15) 노베르트 엘리아스, 문명화과정 I, pp.221~276.
16) 보조국사의 계초심학입문(誡初心學入文)
17) 토마스 아켐피스, 그리스도를 본 받아, 조항래 옮김. 예찬사. p.273
18) 김상철, "고지 위의 꼬레아노" p.137. 참조
19) 에드워드 홀, 문화를 넘어서, p.76.
20) 김상철, 고지 위의 꼬레아노. P.196.
21) 이동연, 문화연구의 새로운 토픽들, p.49)
22) 성공하는 사람들의 비즈니스예절, p.143.
23) 상세는 필자의 "우리말 경칭의 아이러니" 참조, 고지 위의 꼬레아노, p.155.
24) Gardiner 수필, 악수론
25) 앤서니 기든스, 현대사회학, p.121~122.
26) Edward Hall, 문화를 넘어서, p.212.
27) 보바르의 미국 여행기, 열림원
28) 에드워드 홀, 문화를 넘어서, p.120~121.
29) 유재봉, 최승희, 심리학개론. p.115.
30) Edward Hall, 문화를 넘어서 p.328
31) 홀, 같은 책. p.239.
32) 흰 양말 착용에 관하여는 필자의 저서 고지 위의 꼬레아노 p.93.
33) 성공하는 7가지 습관, 김경섭, 김영섭 옮김, 김영사. p.357.
34) Stevenson, 1953, 심보성 역, p.47.
35) 비즈니스 에티켓, 김영사. p.203.
36) 앤서니 기든스, 현대사회학, p.127~128.
37) 래리 킹, 대화의 법칙, 강서일 옮김. p.49.
38) S. Covey, p.332.
39) 나카다니 아키히로, 교섭테크, p.38~39.

40) Paul Taylor, 윤리학의 기본원리, p.253.
41) 로이터발 기사, 99.2.21.조선일보
42) 조량제, 모범회의 진행, p.40.
43) 외통부 임홍재 심의관 글, 2000.4. 외교53호.
44) Martin John Eight, Hiring the best, a Manager's Guide 번역판.
45) Paul Krieger, Hans Jurgen 스피치 핸드북. p.70.
46) 데일 카네기, 효과적 대화의 62가지 법칙, p.256.
47) 데일 카네기, 파워 스피치, p.179.
48) 성공하는 사람들의 비즈니스예절, 장희경 옮김. p.113.
49) 참고: Body language 관련서적:Julius Past, Body language in workplace, N.Y. Penguin 91.
50) 케빈 호건 지음, 파워풀 커뮤니케이션; Powerful Communication. p.143.
51) 공건, 공자의 지혜. p.158.
52) 김상철, 고지 위의 꼬레아노, p.61.

Global Mind

제 II 부

지도자와 글로벌 인재교양

세계화는 무한경쟁과 다자협력의 파도를 몰고 오는 불가피한 현상이다. 거친 파도를 슬기롭게 극복하기 위해서는 선진 국민의식의 창조가 중요하다. 국민의식의 문제는 다 잘 알고 있다. 옛 속담에 "병은 자랑하라"는 말이 있다. 그런 의미에서 우리 국민의식의 문제점을 밝혀내어 정확하게 진단하고 치료해야 한다. 글로벌 교양을 배워 동·서양의 장 · 단점을 선별하고 정체성을 살려, 글로벌 마인드를 갖춘 많은 미래의 인재를 양성하여야 한다. 글로벌 생활교양학의 확립과 거국적 교육이 필요하다. 다양한 교양, 배려의 열린 마음과 화합의 선진시민정신 그리고 창의력을 갖춘 바른 교양인, 높은 수준의 교양인, 각계각층의 바른 지도자와 인재(人材)의 양성을 통하여 선진한국, 글로벌 코리아를 실현할 수 있다.

제1장 각계 지도층과 글로벌 생활교양

글로벌 생활교양은 각계각층의 모두가 알아야 할 기본이다. 특히 경제, 종교, 여성계의 지도층이 알아야 하는 이유가 무엇인가? 경제는 과학기술 첨단산업 육성 등 정부의 노력으로 성장이 가능하다. 경제만 성장한다고 일류 선진국이 되는 것은 결코 아니다. 일류 선진국은 부정부패 비리가 없는 투명하고 정직한 사회를 바탕으로 달성될 수 있는 것이다. 정계 지도자는 말할 것도 없지만, 모든 지도층이 사회를 이끌어 가는 중심 세력이므로 글로벌 마인드를 갖춘 "바른 교양인(well educated person)"이 되어야 한다. 이것이 바로 일류선진국으로 가는 경쟁력이다.

1. 경제와 글로벌 생활교양

1) 경제와 윤리, 교양의 기본은 무엇인가?

현대사회를 지배하는 정치적 구호에 "경제 제일주의"란 용어가 있다. 자나 깨나 경제를 살려야 한다, 경제 없이는 다 죽는다는 식의 경제문제 해결만이 만사같이 인식되어 있다. 가히 황금만능시대에 걸맞은 구호라 아니할 수 없다. 인간 생존의 선결적 기본 조건이 의식주(衣食住) 문제의 해결이기 때문이다. 현대 문명사회에서의 의식주 문제는 아프리카, 아시아 그리고 중남미 일부 후진국의 농촌 거주 주민(약 12억)을 제외하고는 대부분의 개도국 주민의 경우는 빈부의 격차는 있으나 심각한 의식주 문제는 어느 정도 극복한 상황이다. 따라서 개발도상국에서 빈부 격차의 해결 외에도 정치, 경제, 사회 각 분야의 여러 문제를 해결하는 것이 급선무이다. 현대사회에서 부정부패 비리, 사기, 살인강도, 각종 사건 사고가 빈발하고 있는 현상은 자본주의 경제 성장의 부작용이다. 건전한 경제 성장이 없는 사회에서는 빈부 격차가 증가할 수밖에 없을 것이며, 아울러 반사회적 부정적 요인이 많이 발생할 수밖에 없을 것이다.

몇 년 전 서울에서 개최된 파이낸셜 포럼에서는 한국이 동북아 금융 허브가 될 수 있는 9가지 강점을 평가했는데 한국은, 세계 13위 경제국, 전략적 요충지, 국내 금융자산 풀(금융자산 규모 1조 6천억 달러), 역동적 금융시장(아시아 1백대 금융기관 안에 9개 기관 포함), 풍부한 인적자원, 첨단 IT 인프라, 금융 개혁 모멘텀, 사법부 독립, 민주주의 의지 등이라고 했다.

이러한 유리한 조건과 강점을 잘 살려야 소위 선진 경제 달성도 가능할 것이지만 국민의식의 선진화가 선행되지 않고서는 불가능할 것이다. 낮은 국민의식 수준 속에서는 노사(勞使), 노노(勞勞) 간에 갈등, 대립, 분쟁, 싸움만이 있을 뿐이기 때문이다.

따라서 국민의식의 선진화를 위한 효율적인 교육이 선행되지 않는 상태에서 경제 성장만을 추구하는 것은 마치 모래사장 위에 아파트를 건설하는 것과 다름이 없다. 모든 국민이 밤낮으로 피와 땀을 흘리면서 노력하고 있으나 일하는 사람 따로 있고 부정한 방법으로 돈 챙기는 사람 따로 있기 때문에 모든 국민이 고생해서 경제 성장을 이룩하면 다시 거품 경제로 환원되곤 하는 것이다. 이것이 바로 경제 성장의 사상누각 현상이다.

이러한 원인은 특히 윤리, 도덕, 인성 교육의 부재 내지 실패에 기인한다. 한국의 교과과정에 윤리, 도덕 과목이 있어 교육을 하고 있다는 주장을 하는 교육자도 있다. 2002년 3월 신학기부터 중 · 고등학교에서 반부패 교육을 본격적으로 실시했다는데 과연 실효성이 있는 교육이 되었는지 의문이다. 왜냐하면 우리는 지금까지 너무 형식적인 교육에 치중해 왔기 때문이다. 실질적이고 현실적인 교육을 해야 한다. 현실에 맞지 않는 공자나 맹자식의 교육, 지나치게 이상적인 서양의 고전철학, 그리고 전통예절이라 해서 어른들에 대한 틀에 박힌 어려운 인사예절, 학교 점수를 올리기 위한 형식적 봉사활동 등 적당주의식 교육의 실효성에 관하여 다시 한 번 생각해야 한다.

생산 능력의 원칙에 따르면 업주는 직원이 고객을 최고로 대우해 주기를 원하고 최고의 상품을 생산해 주기를 원한다면 조직은 직원을 대우해 주어야 한다. 우리는 사람의 노동력인 손은 살 수 있지만, 그의 마음까지 살 수는 없다. 바로 이 마음에서 열성과 충성이 나온다.[1] 이러한 마음이 노·사의 갈등을 막는 길이다. 기업주도 근로자도 극한적으로 대결할 것이 아니라 양보, 타협하고 합심하는 상생(相生)의 노력을 해야 할 것이다. 이것이 윈-윈이론이다.

2) 경제와 부패 지수론 (교양수준)

경제만 성장한다고 일류국가가 된다는 생각은 잘못된 생각이다. 일류국가, 선진국은 국민이 만들어 내는 것이다. 경제도 국민이 만들어 내는 것이다. 나라가 크고, 생활 여건이 좋고, 자원이 풍부하다고 인류 선진국이 되는 것은 아니다. 정치인을 포함하여 모든 국민의 의식, 높은 교양수준이 선진국을 만드는 것이다.

세이무어 마틴 리프셋(Seymour Martin Lipset)과 개브리얼 샐먼 렌즈(Gabriel Salman Lenz)는 「부패, 문화 그리고 시장」이라는 공동 글에서 "국제적으로 부패의 정도를 비교할 수 있는 가장 보편적인 변수로 1인 당 국민소득"을 들었다. 경제적 발전을 이룩한 부유 국가에서는 정치부패의 수준이 아주 낮게 나타난다는 것이다. 1998년도 국제 투명기구의 부패인식 지수가 측정한 상위 20개국은 1인당 국민소득이 17,000달러 이상의 구매력을 갖고 있으나 가장 부패한 20개국은 국민소득 4,000달러 미만이 대부분이라는 것이다.[2] 이는 우리나라가 1997년 9월 이전 1인 당 국민소득 1만 달러에서 IMF 후 6천 달러로 떨어진 원인을 단적으로 설명하고 있는 것이다.

최근 회복 단계에 있는 아르헨티나만 해도 나라를 생각하지 않고 개인의 영화와 이익만을 생각한 나머지 상류 권력층이 재정의 70% 의 외화를 자신들의 모국 등 해외에 도피시켜 한때 나라가 파산 지경에 이를 수밖에 없었던 것이다. 따라서 교양교육을 잘 시켜 교육을 잘 받은 국민이 많으면 많을수록 애국적 성향의 국민이 많을 것이며 그들의 노력으로 나라가 발전할 것이다.

국민의 글로벌 생활교양 수준과 경제발전 수준을 도표로 표시하면 대략 다음 [그림 2]와 같다.

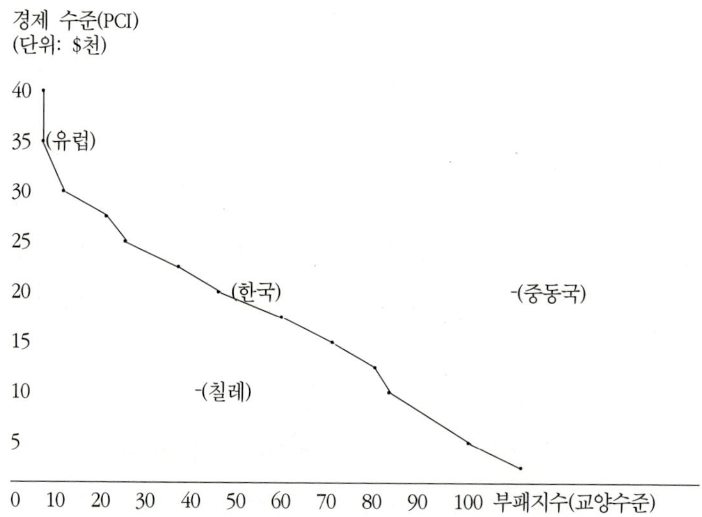

(Economy- corruption curve)(Culural level Indice) (S.Ch. Kim's Curve)
(세계 등수 : 예, 한국은 부패지수 40등으로 잡고 40에 위치[2만 달러])

[그림 2] 글로벌교양 수준과 경제발전 수준

[그림 2]에서 일반적으로 국민의 글로벌 교양수준이 낮고 부패 지수가 높은 국가일수록 경제수준은 낮다. 예를 들어 세계의 부패 순위 100등이라 가정할 때 개인 국민소득 3천 달러 미만의 나라가 된다. 한국의 경우 부패 순위 40등일 경우 1만9천 달러 수준이고 부패 순위가 10~20등 이내의 국가일 경우 3만 달러 선, 부패 순위가 0~10등 내의 선진국일 경우 3만 달러 이상으로 볼 수 있다. 부패지수가 높은 국가, 즉 국민의 교양수준이 낮은 국가(부패 국가)는 경제수준이 선진국 수준으로 올라갈 가능성이 희박하다.

도표에서 커브(곡선)선상에서 벗어난 나라는 일단 예외라고 할 수 있다. 예외로 중동의 일부 산유국은 부정 부패지수가 높은 나라도 있으나 높은 국민소득을 향유하는 경우도 있다. 소득이 높은 나라가 반드시 선진국, 일류 국가는 아니다.(주로 산유국에 해당되는데 원유자원이 고갈되면 파산으로 갈 가능성이 있는 나라이다). 반면에 부정 부패지수가 낮은데 반하여 국민소득이 낮은 경우도 있다.(예: 칠레는 부패지수가 20위이나 개인 국민소득은 8천 달러 선이다.) 칠레의 경우는 부정 부패지수를 유지하면 앞으로 계속 상승할 여지가 있는 좋은 전망을 보여주는 나라이다. 물론 국력의 요소인 면적, 자원, 인구, 교육수준 등에 따라 예외적 변수를 인정해야 한다.

한국의 경제발전 수준 향상, 즉 일류 선진국 수준으로의 향상(예, 4만 달러 수준)을 위하여 부패지수 등급을 10등 이내로 줄여야 한다. 부패지수가 감소하지 않는 이상 IMF가 다시 오지 않는다는 보장도 없다. 2003년 12월 한국은행은 한국경제는 생산성 향상 없이 규모만 확장하는 것은 선진국 진입의 불투명을 예고한다고 경고했다.

그 중 불투명한 회계기업구조 문제 등 경제문제를 지적했지만 결국 우리나라 사람들의 부정적 근성에 귀결한다고 보아야 한다.

토마스 모어는 일찍이 중세의 유토피아 공화국에서는 지배층들이 자기들의 이익만을 추구하고 노동력을 착취한다고 시장 조작의 문제점을 예언했다.

외화 도피 악덕 기업인, 부정부패 공직자, 벤처 기업 사기꾼, 수십억대 밀수꾼, 수천 명의 밀렵꾼, 고위 공직자, 정치인 등 상류 지도층 인사로부터 상인, 노동자에 이르기까지 많은 사람들이 할 수 있으면 남을 속이고 부정부패 비리, 사기행위를 다반사로 범하고 있는 부패 국가는 결코 일류 선진복지국가가 될 수 없는 것이다.

참다운 선진국이 되기 위하여 학교나 가정에서의 교육은 글로벌 생활교양 교육을 통한 윤리, 도덕, 인성 교육을 중심으로 높은 수준의 바른 교양인(well educated person) 양성에 중점을 두는 것이다. 남을 배려하고, 의식하고, 존경하고, 피해를 주지 않는 정신교육, 서비스, 봉사정신 함양, 위기예방 조치 등 교육이 중요하다.

인성교육은 문과, 이과 구별이 없다. 인문학 전공자에게만 해당되는 것이 아니라 이공계 전공자에게도 더 중요한 것이다. 예를 들면, 공원이나 기술자 엔지니어들이 작업을 할 때 자기 자신뿐만 아니라 인류를 위해 작업에 종사한다는 생각과 봉사정신, 책임감, 사명감, 정직성 등을 갖출 수 있도록 글로벌 교양교육을 실시할 때 대형사건이 일어나지 않는 것이다. 소위 안전 불감증의 예방이 가능하다. 교양교육과 더불어 그들이 일한 만큼 응분의 대우를 받는다는 대우 조건도 어느 정도 갖추도록 해야 한다. 자기 일에 자부심을 갖도록 해야 한다.

3) 근로자가 갖추어야 할 덕목

화장실 수리작업을 할 때에는 작업하기 전에 실내의 카펫, 또는 장판 등 건물 내의 바닥을 더럽히거나 흠이 가지 않도록 신문지 등을 깔고 작업을 해야 한다. 그러나 한국에서는 전혀 개의치 않고 물 묻은 신발로 밖으로 드나들면서 인을 히여 가펫을 너덥히는 경우를 보았다. 외국에서는 교육수준이 낮은 수리공들도 작업 전에 철저히 조심하고 작업이 끝난 후 청소까지 깨끗이 해 주고 간다. 일단 가격이 정해지면 정직하고 성실한 서비스 정신을 발휘하는 것이다.

이삿짐센터의 인부들도 선 · 후진국간에 차이가 있다. 몇 년 전 얘기이긴 하나 한국의 이삿짐회사 인부들은 작업 중에도 짐이 많다느니 무겁다느니 하면서 주인이 듣도록 상소리까지 하며 불평불만을 털어놓는 경우가 종종 있다. 나중에 알고 보니 인부들 중에 나이 먹은 고참 인부가 팁을 받기 위해 바람잡이 수법으로 사전 공작을 하는 것이라 한다. 서양 이삿짐센터 인부들은 화물이 많든 적든 불평불만 없이 열심히 일하고 끝난 다음에 소위 팁 지급도 기대하지 않는다. 팁을 지불하면 그저 감사하다는 인사를 하고 갈 뿐이다.

1994년 멕시코에서 귀국하기 위해 필자가 글로벌 운송회사와 컨테이너 계약을 체결했다. 짐을 싣는 멕시코인 팀장은 30대의 건장한 인부인데 그 무거운 짐을 운반하면서도 계속 노래를 하며 웃고 즐기는 것이었다. 말을 걸면 대답도 잘한다. 그의 체격은 마치 타잔의 그것 같았다. 지금까지 그렇게 훌륭한 인부는 본 기억이 없다.

2002년 8월 우리나라를 방한한 스페인의 유명한 살라만카 대학교 총장 이그나시오 베르두고는 국제화에 따른 인문학의 강화계획을 언급하면서 "엔지니어 교육도 단순한 기술 습득보다는 인문학적 소양을 갖춘 교양인을 배출하는데 역점을 두고 있다"고 했다.(조선일보 2001.8.9.) 중국같이 고위 공직자 중 이공계 출신의 등용을 배려하겠다는 정부정책도 중요하지만, 인문계, 이공계 출신을 불문하고 리더로서 갖추어야 할 글로벌 생활교양 교육이 선행되어야 한다.

미국, 일본에서 장기간 근무하다가 오랜만에 한국에 온 친지는 변기 고장으로 수리공을 부르니 다음날 와서 수리해 주더라고 한국인이 잘한다고 했다. 그러면서 일본에서는 3~4일, 미국에서는 1주일 정도

걸려야 와서 수리를 해 주는데 한국인들은 부지런하다고 했다. 치열한 경쟁에서 이겨야 하기 때문에 남보다 부지런해야 하며 우리가 살려야 할 장점이다.

4) 전문직이 갖추어야 할 덕목

의사, 변호사 등 고급 업종 근무 전문직의 경우도 예외는 아니다. 신장개업을 한 어느 치과에서 스케일링과 치료를 위해 진료를 받았는데 6~7개 이를 금니로 하고 일부 잇몸 치료를 해야 한다며 약 150만 원의 견적가격을 알려주고 일부 선불을 요구하면서 카드결재도 가능하다고 했다. 몇 군데 알아 본 후 전에 가족들이 치료를 받던 큰 병원으로 가서 치료를 받은 결과 총 40만 원으로 해결이 되었다. 물론 치료기술이나 경험 그리고 재료, 위치, 신규 장비설치 등 여건에 따라 가격의 차이가 있을 수는 있다.

전문직 종사자들은 고소득을 올리고 호화롭게 사는데 그 중에 소득세 신고를 축소해서 세금을 덜 내게 되자 세무 당국이 고소득 전문직에 대한 세무 관리를 철저히 하는 제도를 마련해서 철저히 단속하기로 했다고 한다. 바로 이런 경우를 "소 잃고 외양간 고치는 격이라" 하는 것이다. 만시지탄은 있으나 이제 우리나라도 선진국으로 가는 조짐이 보이는 것 같다.

이상에서 언급한 여러 가지 불미스러운 현상은 기본적인 인성 교육의 문제가 아닐 수 없다. 고등교육을 받은 사람, 지식인이 많은 사회라 해서 훌륭한 사회는 아니며 선진시민 사회도 아니다. 인성교육이 잘된 교양인의 사회가 훌륭한 사회이다.

페스탈로치는 어려운 여건을 극복하면서 어린이를 위해 교육에 헌신적 평생을 바쳤으며, 히포크라테스 또한 의료 전문가로 불쌍한 인간의 생명 구제를 위해 헌신한 것을 모르는 사람은 없을 것이다.

교육의 아버지요, 의료의 아버지이다. 가끔 일부 의사, 한의사들이 불쌍한 노인을 위한 무료 치료봉사를 한다는 아름다운 소식이 전해지고 있는 것은 환영할 일이다.

5) 기업윤리, 교양의 조건들

몇 년 전 어느 여론조사 기관에서 기업윤리와 관련하여 한국, 일본, 중국 3개국의 국민여론 조사를 실시했는데, 기업 성장에 호감이 안 간다는 생각을 가지고 있는 사람이 우리나라에 제일 많았다는 것이다. 대기업과 재벌에 대해 57.4%가 부정적이라는 것이다. 반(反)기업정서가 심각한 이유는 재벌의 경영권 상속, 전근대적 경영 형태에 대한 실망 등에 있으므로 재벌 스스로 투명성을 높여야 한다고 했다.

일본은 비교적 기업이 정직하므로 상품의 품질 향상 등에 믿음이 있으며 중국은 사회주의 국가로 부정부패 단속이 엄격하고 취업 증대에 기여를 하니 기업인을 존경한다. 우리나라는 국가 경제성장에 기여한 점은 다 인정하나 많은 이익을 비자금을 조성하여 정경유착으로 소비하고 가족, 지인끼리 나누어 갖기식 재미를 본다는 것이 일반적 경향이기 때문에 재벌기업에 부정적인 것이다.

미국에서 2002년 하반기 노출된 엔론, 월드컵, 임클론 등 기업의 연이은 회계부정 사건으로 미국 경제의 뿌리가 흔들린 데 대하여 미국의 교수들도 MBA과정에서 윤리, 도덕교육 내지 법률교육을 시켜야 한다고 주장했다. 조지 워싱턴대의 아미타이 에치오니(Etzioni) 교수는 기업이윤 중심의 교육을 시정하기 위해서는 최소한도 1학기의 윤리교육을 실시해야 한다고 주장했다.

한국 기업의 CEO들도 이제 기업의 윤리적 경영에 눈을 뜨고 있다. 몇 년 전 삼성의 이건희 회장은 "반윤리적 영업행위는 삼성은 물론 나라 경제 전체를 병들게 한다."라고 말하고 직원들의 뇌물 수수 등 비리에 엄격한 조치를 취한 것으로 알려졌으나 2007년 말 비자금 폭로 사건으로 문제가 되어 특검을 받았다. 구본무 LG회장도 정도(正道) 경영을 주장, 깨끗하고 투명한 기업, 사회적 책임을 다하는 기업을 목표로 사내 직원에 대한 윤리, 준법교육을 강화하고 있다는 것이다. 기업가 정신을 가진 건전한 기업이 많을수록 국가 경제발전에 기여할 것이다.

중국은 수년 전부터 공자 복고풍이 일고 있다. 공산주의 정부 수립 후 사라졌던 갱집단이 다시 생기고 도덕 혼란 사태가 나타나자 도덕성 회복운동이 전개되고 있다는 것이다. 중국 최초의 통일국가인 진나라는 법가로 일어섰다. 그러나 15년 영화 끝에 무너진 것은 바로 덕치(德治)의 부족 때문이었다고 한다. 중국이 필요로 하는 인재는 인문지식을 갖춘 과학도라는 주장이 설득력을 얻고 있다.[3] 단순한 기술자의 양성이 아니라 윤리, 도덕을 갖춘, 즉 인성을 갖춘 교양있는 기술자가 양성되어야 부실공사, 불량품 생산 등이 감소되어 건전한 경제성장을 이룰 수 있다는 의미이다.

칼뱅은 경제와 관련, 상업문명은 받아들이되 생존 필요성 이상의 과도한 이익에는 반대함으로써 자본주의 윤리를 존중하였다. 막스 베버의 "자본주의 윤리"는 바로 세속적인 일에 대한 신앙태도에 합리적 도구주의라는 행동주의를 도입한 칼뱅사상의 산물이다.[4]

자본주의로부터 물려받은 기본 윤리는 특정 기업인(CEO)이나 임원의 사리사욕을 충족시키는데 있는 것이 아니라 금욕적 합리주의에 근거한 공동체적 공리주의적 사고방식에 기초해야 할 것이다. 더불어 사는 이성적, 인간적, 도덕적 사회건설을 통해 풍족하고 행복한 삶을 영위할 수 있다는 것이다.

일국의 경제발전은 과학기술의 발달 없이는 불가능하다. 과학도의 양성은 장래 나라의 경제를 살리는 길이다. 그러나 아무리 유능한 과학자라 할지라도, 윤리, 도덕관념 등 교양이 결여된 과학자의 양성은 사상누각에 불과하다.

피터 드러커(Peter Drucker; 오스트리아, 뉴욕대 경영학) 등 미래학자나 지성들은 21세기 글로벌 시대, 지식정보화 시대에 대비하기 위하여 전문화, 특성화 교육 그리고 창의력 개발, 인성함양을 위한 다양성, 복합성 등 교양교육의 중요성을 강조한다. 그는 젊은 CEO들이 갖추어야 할 조건으로 글로벌 감각, 지속적 학습, 능력개발을 통하여 "새로운 교양인(new educated person)"이 될 것을 주문했다.

"새로운 교양인"이란 단순히 지식만 있는 인텔리나 구시대의 교양인과는 다른 부류다. 말을 잘하는 능력, 아이디어, 이해 능력이 결합된 지식 체계와 일과 활동을 통한 인간관계가 결합된 경영체계의 두 가지 능력이 균형을 이룬 사람이 소위 '새로운 교양인"이라고 박태일 교수는 설명한다.

필자는 "새로운 교양인" 양성의 필요성 이론에 전적으로 동감하면서 소득향상을 위한 경제우선 정책은 중요하다고 생각한다. 그러나 지식 정보화 시대에 무엇보다도 우선적으로 요구되는 교육은 인성교육이다. 인성교육 없는 경제중심 교육은 현재와 같은 황금만능 시대의 폐단으로부터 벗어나지 못 할 것이기 때문이다. 앞의 임금격차 문제에서 지적한 것과 같이 CEO, 부유층의 권력욕, 집권 권력층의 금전욕에 대한 심리적 충동적 욕심에 의한 사회적 불평등 현상인 "권력의 거리(Power Distance)"를 좁히지 못하는 한 후진적 현상에 머물게 될 것이다.

모든 인류가 "바른 교양인(well educated person)"의 세상을 목표로 해야 한다고 생각한다. 지식인은 많다. 그러나 고등교육을 받았다고 다 교양인은 아니다. 교양인은 높은 교양을 갖춘 교양인과 낮은 교양인이 있는가 하면 보통 교양인도 있다. 고등 교육을 받은 사람들은 어느 교양인에 속하는지 한 번 생각해 볼 일이다. 지식인이 양산되는 현상은 바람직하나 높은 교양인, 즉 바른 교양인이 많이 양성되어야 한다.

교육은 백년지계(百年之計)란 말이 있다. 하루아침에 이루어지는 것이 아니다. 이제부터라도 "변화"를 위한 제대로 된 올바른 교육 계획, 즉 높은 교양을 갖춘 지도자, 인재 양성계획을 수립하여 착실히 실천해야 우리나라의 장래가 있을 것이다.

2. 종교와 글로벌 생활교양

1) 종교국가의 아이러니는 왜 있나?

종교를 영어로 "릴리전(religion)"이라 하는데 이 말은 라틴어의 "렐레가레"(relegare)에서 나온 말로 "조심스럽게 경의를 표한다"라는 의미이다.5)

그 외에 라틴어의 다른 어원 "레리가레"(religare)(재결합, 인간과 신의 결합)라는 어원에서 유래한다고 해석도 있다.6)

라틴어의 legare는 후세에 남긴다는 뜻과 사절(대표)로 보낸다는 뜻도 있다. ligare는 연결, 유대를 의미한다. 그 앞에 re(재, 반복)라는 접두사가 붙은 것이다.

종교란 무엇인가를 설명함에 있어 언어의 질병(Müller), 망상(Freud), 인민의 아편(Marx) 등 부정적 해석과 궁극적 실재와의 만남(Otto), 초자연적 존재와의 상호작용의 제도화(Spiro) 등 여러 학자 또는 종교인들은 나름대로의 많은 다른 해석을 하고 있으나 종교에 관한 한 어떤 정의도 완전한 것은 없다.

영어의 릴리젼(religion)이 서양에서는 "착한 마음의 모임"으로 이해되며, 영어의 번역 "종교(宗敎)"(일본에서 번역)의 의미를 동양에서는 "으뜸가는 가르침"이란 뜻으로 해석한다며 이는 바로 불교의 근원을 의미한다.7)

종교성립 조건으로 탈콧 파슨즈(Talcott Pasons; 미국 이론사회학자)는 다음의 다섯 가지를 들었다. 첫째, 예언자(prophet)의 존재, 둘째, 교리(doctrine), 셋째, 신앙인(believer), 넷째, 종교 의식(ritual), 다섯째, 신앙인의 인생관을 바꿀 수 있는 능력을 말하며 이 다섯 가지를 모두 소유한 종교를 고등종교라 했다.8)

현대 인간생활에 있어서 종교의 역할은 대단히 중요하다. 종교를 정확히 제대로 인식하는 것은 더욱 중요하다. 종교가 인간의 의식, 생활태도, 사고방식 등 삶 자체에 미치는 영향은 지대하기 때문이다. 다시 말하면 종교는 인간의 가정, 학교생활을 비롯하여 정치, 경제, 문화 등 모든 사회 각계각층 사람들의 일상생활에 미치는 영향이 대단히 크다.

세계에는 여러 가지 다른 종교가 있고 우리나라에도 여러 종교가 있다. 또 많은 신앙인이 있다. 우리나라 인구 5,000만 명 중 2,600만이 종교인으로 되어 있다. 1가구 구성원을 5인으로 계산할 때 3인이 종교인이라는 계산이다. 우리나라 가정은 모두가 종교 가정이요 사실상 종교 국가라고 해도 과언이 아니다. 이러한 사실상의 종교 국가에서 음주, 흡연, 자살, 교통사고 사망률 기타 부정부패 등 악행, 비리, 사기 행위가 세계에서 상위권 안에 드는 경우가 많다는 것은 아이러니라 하지 않을 수 없다.

2) 종교의 위대성은 무엇인가?

어느 종교를 막론하고 그 본래의 교리나 경(經)의 뜻이 크고(big),

넓고(wide) 그리고 깊다(deep)고 생각할 때 그 종교는 위대(great)한 것이라고 믿는 것이다. 그래야 종교는 종교로서의 당위적 존재가치를 갖는 것이다. 그러나 종교의 교리나 경전의 의미를 작고(small), 좁고(narrow), 얕게(shallow) 해석하거나 이해할 때 그 종교의 성직자나 신앙인들의 사고방식, 생활태도, 행동양상은 편파적, 배타적, 이기적, 자기중심적, 근본주의적 그리고 극단적 성향을 가지게 될 수밖에 없을 것이다. 세계 도처에서 일어나고 있는 인간의 비행, 비리, 악행 등 비극적 행위는 바로 이러한 잘못된 편협한 맹신적 신앙행위와 관련된다 해도 과언이 아닐 것이다. 모든 것이 윤리, 도덕의 문제와 직결된다. 우리나라의 윤리 도덕은 이미 땅에 떨어진 지 오래이며 세계 각국에서 문제가 되고 있는 것도 사실이다.

종교를 하나의 큰 나무, 과실수에 비유하여 설명할 수 있을 것이다.

나무는 뿌리가 있고 둥치, 큰 가지, 작은 가지 그리고 잎, 열매 등으로 구성된다. 둥치는 나무를 지탱하는 중심이요 말 그대로 기둥이다. 그 위에 나뭇가지가 있고 그 끝에 잎과 열매가 달리게 된다. 성직자들이 신앙인들로 하여금 종교라는 나무를 볼 때 나무 둥치를 보도록 하는 것이 아니라 그 나무의 달콤한 열매를 보도록 교리를 가르치는 경향이 많은 것이다. 이러한 현상은 마치 구두닦이가 지나가는 사람의 구두만 보듯, 이발사나 미용사가 지나가는 사람의 머리만 보듯, 상인이 사람을 금전적 시각에서 보는 사고방식과 같은 이치이다.

제임스 헌터는 그의 저서 "서번트 리더십"에서 아가페적 사랑과 리더십의 유사성을 설명하면서 고린도 전서 13장을 인용, 예수 사랑의 위대성을 강조한다. 사랑은 참아야 하고, 친절해야 하고, 교만하지 않고, 불행한 사람을 지나치지 않고, 진리에 기뻐하고 모든 것을 참고 인내하는 것이다.[9)]

종교는 그 기둥이 중요하다. 종교는 합리적, 민주적, 실용적, 윤리적이어야 한다. 어느 종교이든 중심 되는 교리와 사상은 대단히 중요하다. 종교의 기둥이 되는 근본적 중심 사상은 인간의 가치와 인간다운 삶, 행복한 삶의 보장이라는 위대성에서 찾아야 할 것이다.

3) 종교의 중심사상은 무엇인가?

종교의 위대성을 볼 수 있는 주요 종교의 기본 중심사상의 예를 들어 보자. (참조: 전통문화 연구회, 경전으로 본 세계 종교 등)

기독교 · 가톨릭

특 징: 계시 종교, 구원(종말론적), 부활의 종교

창 시 자: 그리스도, 하느님의 자, 우주의 창시자, 전지전능, 유일신, 심판자

기본 정신: 박애정신, 사랑(원수까지 사랑하는 삶, 아가페적 사랑), 남을 위한 희생정신(십자가를 지는 삶), 인내심, 평화실현을 위한 삶(사회 윤리적 덕목), 평등, 관용의 정신, 봉사(섬김)(이타적 삶의 자세), 인간과 자연의 공동운명체, 생산적 직업관(근로정신 고양), 천주교(교황 및 교회의 권위 중시, 불교 등 기성 종교 인정, 조상제사 인정 등이 기독교와 다른 점임)

불 교

특 징: 깨달음의 종교, 성불(자유인, 해탈), 연기론, 인과법칙, 중생제도

창 시 자: 석가모니, 스스로 깨달은 전지자, 선각자, 천상천하 유아독존, 모든 신으로부터의 해탈자, 초월자, 법신(진리)인 비로자나불의 화신

기본 정신: 대자대비 정신
이타적 삶(봉사정신)
상생론(win - win에 해당)
중도사상(극단주의 부인)
자연환경 보호(불살생)
무소유(보시)정신
하심(겸양지덕)
자아적 삶(자신을 아는 마음 자세; self control)
자신(의 마음)이 본래 부처(중생제도)
자타불이(自他不二)(나와 남이 둘이 아니다; 동체 대비 사상)

힌두교

특　　징: 본래는 다신교 숭배 외에 유일신 "대주제신(大主帝神)"숭배
경　　전: Veda 문헌에 기초, 폭풍, 불, 태양신 숭배
윤회, 업, 해탈은 불교와 유사
기본 정신: 카스트제존중(사회계급제도)
계율, 규범존중
선행권장, 구원의 길

이슬람교

특　　징: 계시종교, 최후의 심판, 천국
창 시 자: 마호멧, Allah 신(God)의 자, 창조주, 조물주, 유일신, 전지전능의 신, 아브라함의 자손으로 예수와 친척
기본 정신: 평화적 삶
선행 중시(선, 악 구별), 근본주의적 경향

개인의 부 축적 인정(자본주의와 사회주의의 중간)(자카트제도): 일종의 종교세금 징수제도
부인 4명까지 가능(여성 구제 - 남녀차별)

유 교

특 징: 성인숭배, 우주 창조는 음양오행에 의함. 학문을 통한 진리터득(인지 - 仁智를 통한 자타; 自他완성)

창 시 자: 공자, 맹자 등 성현

기본 정신: 예(禮)를 최고의 덕목
윤리, 도덕 중심(교육 중심)
질서 중시
귀족적 권위주의 철학
인간관계 중시
인치, 덕치

세계 종교인구 통계(2006년 교황청 연감)(세계인구: 65억 기준)

무슬림: 12억5천 명, 개신교: 12억 명, 가톨릭: 11억3천 명, 힌두교: 9억 명, 불교: 4억 명

한국 종교인구 통계

불자 수: 2천만 명
기독교인 수: 1천2백만 명
가톨릭 신도: 4백만 명

안서니 기든스는 막스 베버의 묘사대로 유교는 중요한 의미에서 세속적인 종교이며 신 안에서의 덕의 추구가 결여된 종교라고 할 수 있다. 그러나 금욕적 가치를 포함하는 종교는 아니라고 주장한다.

여기서 우리나라의 2대 종교인 기독교와 불교의 차이를 살펴보면 가장 기본이 되는 사항은 신앙인과 종교 창시자 사이의 관계 설정이다. 신앙인의 성직자에 대한 예속 문제로서 인간이 신의 지배하에 있느냐 아니냐의 문제이다. 어느 성직자는 믿음과 구원받는 행위는 하나님과 같이 되도록 또는 닮아가도록 노력하는 삶이라고 하나, 하나님과 인간이 결코 같을 수는 없으므로 하나님에 예속된다는 것이다. 아담이 사탄의 유혹에 빠져 선악과인 무화과를 먹고 죄인이 된 것은 하나님과 동등하게 되려는 "교만" 때문이며 결코 하나님이 동등한 위치를 허용하지 않았다는 것이다. 즉, 결코 인간과 하나님이 동등할 수는 없다는 것이다. 불교에서는 누구나 믿고 행하면 부처와 같이 성불할 수 있다는 이론이다. 기독교에서는 어디까지나 신과 인간은 종속관계이고, 불교에서는 부처와 인간이 동등관계라는 데 근본적 차이가 있다.

두 종교 중 가장 중요한 내용은 "신앙인 마음"의 중요성을 강조하는 대목이다. 예수께서 말씀하신 "천국은 너의 마음에 있다"는 성서 구절이다. 큄멜에 의하면 하나님의 나라는 자기 자신 안에서 실현된다는 것이다. 몰트만은 예수를 따르라는 것은 단순히 믿는다는 것이 아니라 그의 삶을 그대로 실천하는 것이라 했다.10)

불교는 모든 업(業)이 자기 마음에 달려 있으며 모든 사람의 마음 속에 불성이 있다고 한다. 부처같이 될 수 있다는 마음가짐이 중요하다. 이렇게 볼 때 두 종교의 근본에는 공통점이 있음을 알 수 있다.

기독교의 7가지 덕목은 플라톤의 미덕인 분별, 용기, 지혜, 정의 4가지 덕목에 믿음, 희망, 사랑을 합하여 만든 것이라 한다.11)

이웃 사랑의 개념이 불교와 기독교 사이에 다르면서도 같은 면이 있다. 불교 윤리의 이웃 사랑의 개념이 자기애와 관련하여 경험주의적이고 자연주의적 특징을 수용하면서도 세계 전체를 "나"로 보는 형

이상학적 사유에 기초해 있다면, 기독교 윤리의 이웃 사랑의 개념은 절대자 하나님의 인식과 그의 무조건적이고 절대적인 사랑에 대한 믿음에 기초한다. 이웃 사랑이 요청되는 이유에 대해서는 두 윤리 체계가 이상과 같이 매우 다른 사유 방식을 보여 주지만, 이웃 사랑 자체는 보편성과 구체성을 갖는다는 점에서 공통된 특징을 보여준다.[12)]

앞에서 살펴 본 것과 같이 어느 종교나 교주의 뜻과 종교의 존재가치를 확실히 인식하면 종교는 일 개인만을 위한 것이 아니라 개인은 물론 이웃을 사랑하고 존경하는 더불어 사는 삶의 중요성을 우리에게 가르쳐 주는 것이다.

종교의 중심 교리를 이렇게 볼 때 사이비 종교(미신)가 아닌 한 종교는 다 인류의 행복을 위한 훌륭한 교리를 담고 있으며 특정 종교를 나쁘다고 단정할 수는 없는 것이다. 종교의 이러한 크고, 넓고, 깊은 뜻을 "종교의 위대성"이라고 할 수 있으며 온 인류가 이러한 종교의 위대성을 잘 배워서 실천한다면 이념, 인종, 종교를 초월하여 평화롭고 풍요하고 도덕이 넘치는 이상적 사회를 만들 수 있을 것이다.

4) 종교와 윤리와 글로벌 생활교양

① 종교의 중요성은 무엇인가?

존 로크(John Locke)는 신의 계시는 확률적 지식이므로 믿고 받아 들여야하나 과연 신의 계시인지 아닌지는 이성으로 판단해야 한다. 이성과 일치하는 계시는 받아들이고 이성의 명석한 증거와 충돌하는 계시는 거부되어야 한다고 주장한다.[13)]

존 칼뱅(John Calvin)에 따르면 인간은 신 앞에서 무력한 존재이며 자신의 운명을 타고 난다. 구원을 받는 것은 모범적 행동을 보일 때 가능하다. 상업 경제와 관련, 생존 필요를 넘는 경제적 이익은 반대하나 정당한 축적은 인정한다.

이수영 목사는 "한국 교회는 새로운 종교개혁이 필요함을 강조하고 신앙을 제대로 이해하지 못하고 세속적 목적 달성의 수단으로 삼아 불법적 비도덕적 행위를 자행하는 경우가 많다"고 지적했다.(경제신문 2000.10.9)

루터는 개신교의 주요 교육 목적의 하나로 노동과 전문직업 훈련을 강조함으로써 근대 산업발전에 큰 공헌을 하였으며 프로테스탄티즘 윤리는 생산적인 직업생활과 자본주의 정신의 중요한 요인으로 현대자본주의 발달과 세계 경제성장에 큰 역할을 한 것이다.

김진홍 목사는 "막스 베버의 지적대로 자본주의는 개신교 윤리가 낳은 자식과 같은 것. 한국은 자식, 즉 자본주의만 받아들이고 부모격인 개신교 윤리는 외면했다는 것이다. 한국의 자본주의는 혼을 잃은 몸, 즉 천민자본주의가 되었으며 이것을 고쳐야 할 사명이 한국교회에 있다"라고 주장했다.(한국경제 2001.12.20)

김수환 추기경은 인간 스스로 신이 되려는 세속주의가 인간의 타락을 초래할 뿐 결국 불행을 자초한다고 경고하고 종교인은 빛과 소금의 역할을 망각하고 있다고 개탄했다.(조선일보 1999.10.30)

김용옥 교수는 달라이 라마를 접견하고 귀국 후 동국대학교 강연에서 20세기에 들어 기독교는 사랑, 평등, 희생의 메시지를 전달하며, 피폐화로 인해 종교로서 제 구실을 못했던 불교의 공백을 훌륭히 대체했고 특히 교육 분야에서의 공헌은 지대했으나 한국 사회를 광신적 종교인으로 만든 것은 큰 폐해라고 지적했다.[14)]

성철 스님은 스님들이 수행을 안 하고 신앙인들의 시주에 의존해서 사는 생활은 도둑질과 같은 삶이라고 지적했다.(성철소개, 중앙일보). 신도들로부터 돈만 챙겨서는 안 된다는 의미일 것이다. 사찰도 불사를 하기 위해 모금 목표를 정해 추진하는 것은 잘못된 믿음이라고 화려한 불사를 비난하는 스님도 있다.

성경에도 세금을 납부해야 한다는 말씀이 있는데 종교단체나 개인 종교기관까지도 세금을 면제 받고 있어 탈세의 수단이 되고 있다는 비판도 있다. 종교상점이 늘어나고 있다는 것이다. 우리나라가 사실상 종교국가와 다름이 없기 때문에 윤리, 도덕이 이 정도로 땅에 떨어진 것이 다행이라고 생각할 수도 있을 것이다. 그러나 종교인과 종교단체가 양적으로 확장되는 것과는 달리 우리 사회에 각종의 비윤리적 행위가 점점 더 많아지고 있는 것이 현실임을 부인할 수 없다.

종교는 교세 확장도 중요하지만 창조주의 숭고한 진리를 정확히 전달하여 현실 세상을 행복과 평화의 세상, 즉 천당과 극락으로 만드는 것을 신앙의 목표로 할 때 종교의 윤리가 확보될 것이며 종교인이 진정한 교양인이 될 것이다.

종교는 인간에게 도덕적 가치를 부여할 뿐만 아니라 인간사회에 윤리적 규범을 제시하고 있으며, 나아가서 모든 사람으로 하여금 이 규범을 실천하도록 교육하는데 목표를 두고 있다. 종교에서는 인간이 선을 행하며 옳은 사람이 되어야 할 이유를 가르치고 있기 때문에 빛과 소금의 현상이 나타나지 않을 수 없는 것이다.[15)]

조셉 쿠스크벨(Karl-Josef Kuscbel; 독일 튜빙겐대학 교수)은 "세계화시대의 윤리와 종교"라는 글에서 현재 여러 종교에서 발생하고 있는 극단적 환상주의, 분열 조성, 테러 행위 등 심각한 문제를 지적하고, 세계 윤리가 세계의 다른 종교 신앙, 인간의 가치, 기준, 개인의 기본적 태도를 함께 묶는 기본적 컨센서스라는 사실을 모두가 이해하도록 하는 것이 공동체 사회 윤리학의 역할이 되어야 한다고 강조하였다. 그리고 글의 결론 부분에서 로망 헤르츠그(Roman Herzog) 독일 대통령이 2000년 2월 세계 석학회의(자카르타)에서 세계의 다양한 문화, 종교 간의 대화, 세계 평화와 인권보장을 위한 금과옥조(golden rule)로서 다음과 같이 독일 속담을 예로 들었다.
"남이 당신 자신에게 하는 것이 싫은 것을, 당신도 남에게 하지 마라."
(What you do not wish to be done to yourself, do not do to others)".
("DUTA",Volume II No. 01,April~June, 2000. pp.35~45)

② 청교도 사상의 장점들

부정부패를 모르는 세계 최고의 청정국가인 핀란드는 국민의 90%가 루터 교인이다. 핀란드 사회가 부패로부터 자유를 쟁취할 수 있었던 이유는 청렴과 근면을 강조하는 청교도 정신이 투명한 사회의 밑바탕이 되었다는 것이다. 좋은 정신이 밑바탕이 되는 종교는 청교도만이 아니라 모든 고등종교에 공통적으로 해당되는 것이다. 다만 성직자들이 어떻게 종교 교리의 기본을 받아들이고 해석하고 교육 시키는가에 달려 있다. 핀란드는 성직자가 제대로 교리를 전파했고 위정자나 교육자들이 제대로 국민을 교육시키면서 환경을 조성해 주었기 때문에 가능했을 것이다.

③ 근본주의의 문제점

21세기를 살고 있는 현대에는 모든 종교에서 근본주의적 경향이 강력히 대두되고 있는 것이 문제이다. 근본주의는 역사적으로 사회적 불안이 고조되고 국가 장래가 불안할 때 더욱 확장되면서 인간의 구심점이 종교의 근본주의적 사고로 쏠린다는 것이다. 근본주의는 본래 플라톤의 이분법 논리의 영향으로 19세기에서 20세기 초에 미국 개신교의 보수주의 운동에서 비롯된 개념으로 성서의 완전 무오류설, 축자영감(逐字靈感)설이 그 핵심으로 성서 글자 그대로 믿고 따라야 한다는 생각이다. 최근에도 그치지 않고 지속되고 있는 이스라엘과 팔레스타인 간 영토분쟁, 인도의 힌두교와 이슬람 교도 간의 분쟁, 아프간 정부와 탈레반 분쟁은 정치문제 외에 종교적 근본주의 사고방식의 충돌 때문이다.

안서니 기든스(Anthony Giddens; 레스터대 교수)는 한 대담과 (제3의 길)에서 근본주의라는 용어는 1970년부터 사용하게 되었다고 했다. 이성을 추구하는 세계주의적 성찰적 세계에 대항하여 최후의 항전을 외치는 전통의 한 형태라 하고, 근본주의자는 가장 반동적이며 가장 유토피아적으로 자신의 행동을 일종의 자살적 이성에 놓는다는 것이다. 자신을 마치 천사시하고 이단 또는 악마라고 생각되는 대상에 대한 살육, 파괴를 보통으로 생각한다고 주장한다.

근본주의는 정통파 기독교 교리로서 진화론을 배척하면서 신에 대한 집착에서 자신을 천사라고 믿고 이단과 악마에 대한 살육과 파괴를 일삼으며 정치가 종교적으로 천사증을 낳고 마침내 폭력, 파괴를 합리화 한다는 것이다.[16)]

문제는 성서나 불경이나 어느 경전을 막론하고 해석 방법의 차이에서 야기되는 문제를 어떻게 보느냐가 중요하다. 아무리 신의 말씀이라 해도 성인 자신이 직접 쓴 글이 아니라 몇 백 년 후에 제자들인 인간이 써 놓은 경서를 인간이 해석하는데 있어 차이와 한계가 있을 수밖에 없다.

르네상스시대의 철학자 몽테뉴(1533~1592)는 16세기 서구인들이 범한 "야만과 문명"이라는 이분법의 과오가 바로 종교재판 때문이었다고 했다. 즉, 종교를 빙자한 서구인들의 폭력행위였다. 중남미의 아스테크 인디오 등은 정복자들인 서구인을 최초로 만나면서 노랑머리, 파란 눈, 흰 피부, 헌출한 키의 백인을 마치 그들이 믿던 구세주인 신으로 착각하여 처음에는 무조건 복종하다가 피살되곤 했다. 나중에 알게 되면서 정복자들에 반항했으나 문명인 백인들의 노예, 야만인이 되었을 뿐이다.

미국의 대 이라크 공격기도는 부시 대통령이 근본주의 성격이 강한 복음주의 교파 신자로 선과 악, 아군, 적군이라는 이분법의 종교적 편향을 갖고 있어 미국의 우월주의를 바탕으로 독불장군식 일방주의가 합해졌기 때문이라고 정우량 기자는 분석했다.(중앙일보 2003.3.3)

2003년 3월 24일 미 · 영 연합군의 바그다드 진입을 앞두고 후세인은 연설을 통해 이라크인들에게 연합군과의 싸움은 지아드(聖戰)이므로 싸우다 죽으면 순교자로 천국에 간다며 항전을 촉구하면서 적군은 멸망하고 자신들은 성공할 것이라 주장했다. 결과적으로 그의 과대 망상적 주장은 자기 나라와 선량한 국민을 몰락시키는 비극적 결과를 초래하였다. 이러한 독선적 종교 신앙에 대한 바른 인식이 인간에게 얼마나 중요한가를 단적으로 증명하는 예이다.

어느 교회가 성경구절을 인용, "예수님처럼 온유하고 겸손하라"는 슬로건을 내건 것이 인상적이다. "나는 마음이 온유하고 겸손하니 나의 멍에를 메고 내게 배우라. 그리하면 너의 마음이 쉼을 얻으리니". (마 11:29)

우리나라 헌법에 종교의 자유가 보장되어 있다. 이는 자기 종교만을 믿도록 강요하는 것이 아니라 어느 종교를 믿던, 화합하고 서로 존경해야 한다는 의미이다. 위대한 신은 인간이 사랑, 존경, 인내, 희생, 봉사, 화합, 평화를 실천해서 우리가 살고 있는 이 세상을 만인의 공존공영을 위한 천당과 극락으로 만들도록 인도하는 역할을 한다. 근본주의는 자칫 잘못하면 극단으로 흐르게 되며 결과적으로 종말을 스스로 재촉하는 위험한 길임을 알아야 한다.

어느 날 서울남부터미널 지하철 입구를 지나가는데 예수님 찬양 노래가 확성기를 통하여 크게 들려왔다. 하체 없는 장애인이 엎드려서 녹음기를 틀고 있었다. 그런데 약 5m 앞에는 한 스님이 시주함을 앞에 놓고 목탁을 치며 절을 계속하고 있었다. 우연이었겠지만 그 앞을 지나며 "하필이면 서로 마주 보다시피 하면서 저렇게 해야 하나"

하는 생각을 하면서 이 현상을 종교의 "화합, 공존, 대립" 중 "어느 것으로 이해해야 할까?" 하는 생각을 했다. 서로 다른 소리가 하나의 하모니가 되어 울려 퍼지기를 바랄 뿐이다.

5) 동 · 서양 종교의 만남

① 동양사상의 중요성은 무엇인가

21세기 세계화시대를 맞이하면서 서양의 철학자, 사회윤리 학자 등 석학들은 후기 자본주의 시대에 이어 일어나고 있는 이기주의, 근본주의 등 인류 사회문제로부터 파생되는 제반 사회적 폐단 현상을 개탄하면서 국제 평화와 질서유지, 공동체 사회건설, 자연 및 환경보호, 빈곤문제 극복, 복지사회 건설, 윤리 도덕 회복 등 그 어느 때보다도 인간다운 인간을 위한 사회건설의 필요성을 주창하면서 소위 승-승(win-win) 이론 등 인류가 더불어 행복하게 살 수 있는 여러 가지 이론을 내세우고 있다.

서양 학자들은 인류 역사상 찬란한 꽃을 피웠던 서양 문명이 윤리 도덕의 붕괴라는 한계에 봉착하게 되자 이를 극복하기 위한 해결 방안을 동양의 사상, 철학, 또는 종교에서 찾으려고 시도한다. 최근에는 서양 학자들의 퇴계 사상, 유교, 불교 등 동양 종교와 사상 연구가 활발하게 전개되고 있다.

"서구적 신(神), 합리성, 자연 개념은 더 이상의 의미 있는 세계를 제공할 수 없으며 문화 속에서 자신의 세계관을 찾아야 한다. 서양인은 서양의 제도화된 교회보다 동양종교에 심취해야 한다"라고 프랑스의 알랭 뒤렝은 주장했다.[17)]

칼뱅(Calvin; 1509~1564)은 교육은 가정, 국가, 교회, 학교의 유기적 관계에 의해 이루어져야 한다고 강조했다. 뿐만 아니라 언론, NGO, 기독교, 유교, 불교 등 모든 종교, 각계각층이 동참하여야 한다.

종교가 교육에 미치는 영향은 다른 분야보다도 더 크기 때문이다.

마크 테일러의 "종교관"과 데리다의 "신의 해체론"까지 소개하고 싶지는 않으나 종교가 윤리 도덕에 중점을 둔 새로운 사회 형성의 필요성에 기여하는 방향으로 신의 뜻을 이해하고 해석하는 것은 대단히 중요하다고 생각된다. 많은 사람들은 동양인들이 미신을 많이 신봉하고 서양인들은 미신을 신봉하지 않는 것으로 생각하는 경향이 있다. 그러나 서양 사람들도 미신을 믿는 경우가 많다.

예를 들면, 스코틀랜드 장로교는 2001년도에 영국에서 광우병 파동, 대형 열차사고, 구제역 파문에 이르기까지 영국인들이 각종 재해를 당하고 있는 것은 '영국 국교인 성공회의 수장, 엘리자베스 여왕이 2003년 11월 바티칸을 방문, 이교도 가톨릭교의 수장인 교황을 만났기 때문이라고 주장하였다. 구약성경에 신의 뜻을 거역하는 인간들에게 신은 가축 전염병의 혹독한 고통을 주었는데 영국에서 발생한 광우병과 구제역이 바로 그것이라는 주장이다. 소위 부정을 타서 벌을 받는다는 전형적인 미신적 사고라 할 것이다.

② 종교에서의 동·서양의 만남

마틴 루터는 "신은 만물 가운데 있다"라고 역설하고 신으로부터의 자유를 주장했다. 이러한 그의 주장은 "만물은 불성(佛性)을 가지고 있다. 즉, 모든 사람의 마음속에는 불성이 있다. 일체의 고락은 자신의 마음에 달려 있다."는 불교 교리와 일치하는 것이다.

인간의 경제생활과 관련하여 마틴 루터는 인간사회가 인간의 내면생활과 공공의 생활을 분리함으로써 경제는 윤리, 종교적 제약에서 벗어나야 한다고 판단하여 결과적으로 물질만능주의, 경제적, 종교적 개인주의를 촉진했다는 것이다.[18]

그러나 이성에 기초한 합리적 도덕성은 때때로 사회적 요구보다는 인간 정신의 내면적인 도덕적 필요성에 더 접근한다. 내면성에 더 치중할 경우, 그것은 종교적인 이타주의 윤리보다 의무의 윤리를 더욱 심화시키게 될 것이다. 하지만 일반적으로 도덕에서의 합리주의는 일종의 공리주의(utilitarianism)의 형태를 띠게 된다.[19)]

"만인에 의한 만인의 행복"은 이성적 도덕성에 기초한 합리주의적 사고로부터 실현 가능할 것이다.

6) 성직자의 역할과 나라의 장래

① 기복신앙의 폐단은 무엇인가?

어느 종교나 신앙의 근본 목적을 도외시하고 종교의 부수적, 수익적, 생활 수단적 관점을 중요시한다면 그 종교는 기복신앙의 대상이 될 수밖에 없으며 성직자들은 신앙인들의 인간적, 심리적 약점을 이용하여 개인적 수익을 챙기게 되는 것이다. 성직자들이 종교의 교리를 해석하고 설명할 때 나무에 달린 열매만을 선전해서 신자들의 입맛만을 돋우려는 기복신앙을 조장한다면 종교 자체가 수지맞는 사업은 될 수 있으나 윤리 도적적으로 사회에 공헌하는데 한계가 있을 수밖에 없다. 달콤한 열매만을 선전하는 것은 인류의 죄악을 키워주는 행위가 될 수 있다. 마치 사탄의 유혹에 빠진 아담과 이브가 달콤한 선악과 열매를 따먹고 인간의 원죄가 성립된 것처럼 종교의 열매만을 중점 선전하는 것은 교세 확장에는 도움이 될지는 모르나 자칫 잘못하면 인류의 죄악을 키워주게 될 것이다.

그뿐만 아니라 신앙에 대한 허구적 환멸을 느끼고 실망하게 될 수도 있다. 이러한 현상을 마빈 해리스(M. Harris)는 유령 화물이론(Phantom Cargo)이라 한다. 인디오들이 백인을 자신들의 조상 또는 자신들에게 재물을 가져다주는 신으로 믿고 기다리는데 결국 백인이 왔으나 아무것도 가져다주지 않고 오히려 해를 끼치는 경우가 그 예

이다.[20)]

기복신앙의 폐단으로 인하여 불행한 삶을 초래하게 된다면 이는 전적으로 성직자의 책임일 것이다.

② 성직자 역할의 바른 이해

종교의 교리는 올바르게 해석되어야 하고 올바르게 이해되어야 하고 바르게 포교, 전도, 선도되어야 하며 바르게 실천됨으로써 바른 윤리 도덕 사회가 이루어 질 수 있는 것이다. 내세의 천당, 극락도 중요하지만 현재 인류가 살고 있는 이 세계를 극락과, 천당으로 만들어야 한다.

우리는 동·서양 종교의 우열을 가리기에 앞서 종교의 장점과 기본 정신, 종교 예절을 이해하고 실천함으로써 우리가 믿는 종교가 정신적·물질적으로 풍요하고 행복한 세상을 창조해 나가는데 기여하도록 하여야 할 것이다. 특히 신앙인들을 인도하는 성직자들은 큰 스승으로서의 역할을 다 해야 할 것이다.

헌팅턴은 "문명의 충돌" 마지막 글에서 세계 평화와 문명의 미래는 세계의 주요 문명을 이끄는 정치인, 종교인, 지식인들이 얼마나 서로를 이해하고 협력할 수 있느냐에 달려 있다고 강조했다.

동·서양의 최초의 예법서가 종교에서 나왔으며 성직자에 의하여 저술되었다는 사실은 성직자의 역할이 얼마나 중요한가를 단적으로 말하는 것이다. 서양의 최초 예법서는 12세기 초 스페인계 유태인 성직자인 페트로스 알폰시(Petrus Alphonsi)가 라틴어로 쓴 "성직자의 규율"이다. 이러한 예법을 동양에서는 불교 계율에서 볼 수 있고 소학 및 사서삼경 등에서도 발견된다. 현대의 의전, 예절 등이 고대 태양신 숭배 등 종교 예식인 제례(제사)의식으로부터 기원한다는 사실은 종교의 중요성을 입증하고도 남는다. 윤리, 도덕이 땅에 떨어져 있는 현실에서 성직자의 역할은 지대한 것이다.

융(Jung)의 자아(自我)의 개념을 생각해야 한다. 인간의 자각은 모든 감정, 기억, 사고, 판단, 지각 등 의식의 주최이다. "내"가 "나"임을 알게 하는 의식의 일체감을 부여하는 것이다.[21)]

최근에는 다른 종교의 저명한 성직자들이 종교 연대 모임을 통하여 서로 합심하여 인권, 환경보호 등 사회정의 실천을 위해 한 목소리를 내는 바람직한 현상을 보이고 있는데 이는 우리나라 종교인, 성직자들의 수준이 높아지고 있는 현상이다.

사람이 있고 신앙인이 있다. 신앙인 없이 종교도 없고 신(神)도 없고 성직자도 없는 것이다. 종교가 있고 사람이 있는 것이 아니라 사람이 있고 종교가 있는 것이다. 종교는 모든 인류를 위한 것이며 특정 종교나 특정 종교인만을 위한 것은 아니다. 신을 위해 인간이 존재하는 것이 아니라 인간을 위해서 신이 존재한다는 사실을 모두가 알아야 한다.

성직자는 신이 아니며 해결사도 아니다. 위대한 성직자는 오직 훌륭한 스승이며 성실한 삶으로의 안내자일 뿐이다. 성직자들도 형이상학적 윤리, 도덕의 뜬구름 속에만 머물러 있거나 세속적 이익 추구에만 눈을 돌려서는 안 되며 현실적 삶, 더불어 사는 삶의 교양을 아는 것이 필요하다. 전통적 사고에 추가하여 국제감각, 글로벌 생활교양을 알아야 세속의 신앙인들을 바른길로 인도할 수 있을 것이다.

특히 모든 종교의 지도자인 성직자들의 사고방식의 전환이 절대적이다. 성직자들이 사리사욕을 버리고 신앙인과 나라와 국민을 위한 방향으로 경전의 뜻을 해석하고 그 뜻을 전달하는데 있어서 편파적, 배타적, 근본주의적 사고에서 벗어나서 경전의 크고, 깊고, 넓고 숭고한 "위대성"을 정확히 해석하고 이해시켜, 모든 인류가 인종, 종교, 국가, 문화의 차이를 초월해서 더불어 공존공영토록 한다는 사명감을 갖도록 하는 것이 중요하다. 그런 의미에서 2008년 4월 18일 교황 베네딕토 16세의 워싱턴 방문에서 종교의 자유는 인류의 다양성을 보장하므로 모든 종교를 인정하자는 "종교와 인간, 인종 간의 화해와 화합"을 강조하고 실천의지를 표명한 것은 큰 의미가 있다.

미국 시사 월간지 3월호(2008)는 "소득 증대는 종교 영향의 감소"를 초래한다고 했다. 이것은 소득의 증가는 교육 향상, 신앙에 대한 바른 이해 등 인지의 발달로 맹신적 신앙 태도에 영향을 미칠 수 있으며 결국 합리적 과학적 사고를 바탕으로 한 건전한 신앙생활로 변화되어 감을 의미한다.

최근 이라크에서는 종파분쟁, 테러, 전쟁 등에 대한 혐오심의 증가로 이슬람 극단주의자들에 대한 회의적 비난이 일기 시작했다 한다. 특히 젊은 학생층은 성직자들의 가르침의 위선과 거짓을 들어 신앙에 대한 회의적 태도를 나타내고 있다고 한다. 그들도 맹목적 신앙보다는 종교와 신앙에 대한 근본 목적을 생각하고 있는 것이다. 글로벌 마인드로 변화하고 있다는 증거이다.

신앙인들이 가장 명심해야 할 사항은 종교를 믿는 올바른 자세를 확실히 이해하는 것이다. 종교편향은 후진적 사고에서 나오는 것이다. 자기 종교 중심적 이기주의를 떠나서 모든 인류가 더불어 사는 공존공영의 신앙을 간직하는 것이 글로벌 마인드이다.

신앙인은 종교의 창조주를 믿는 것이다. 창조주는 믿음의 대상인 동시에 존경의 대상이다. 그러나 성직자는 믿음의 대상이라기보다는 존경의 대상이며 성직자는 올바른 신앙생활을 할 수 있도록 길을 안내해 주는 스승이다. 성직자가 일반 신도로부터 존경을 받느냐의 문제는 전적으로 그들 자신의 몫이다. 어느 종교든 창조주의 뜻은 깊고, 크고, 넓고, 위대한 것인데 믿는 사람들이 그렇게 이해하지 못한다면 그것은 성직자들의 책임이다.

각 분야의 지도자들이 주어진 역할을 제대로 못하면 종교계가 그 역할을 대신하여야 한다. 우리나라와 같은 사실상의 종교 국가에서 종교인의 사명은 그만큼 지대한 것이다.

3. 여성과 글로벌 생활교양

우리나라의 윤리, 도덕의 타락 현상에 대한 여성의 책임 또한 크다. 우리 역사상 자녀 교육에 대한 여성의 책임이 크기 때문이다. 남녀평등 사상에 입각한 여성의 사회적 지위 향상과 역할 증대는 여성의 책임 범위를 과거보다도 더 증대시키고 있기 때문이다.

1) 여성 차별의 문제

한국의 전통적 유교사회에서는 남녀 간의 차별이 많았다. 조선시대의 여성교육과 루소의 여성교육관에 나타난 공통점과 여성차별 의식을 비교하면 다음 표와 같다.

조선 시대(여성 교훈서)	루소(불평등 요소)
남선여후(男先女後) 경순인종(敬順忍從); 아내의 도리 외출 삼가 가사 중심 교육 삼종지훈(三從之訓)	어린이 교육 - 일차로 부인 책임 결혼한 희랍 여성은 공중생활에 불출연 가사 중심 여자의 본 임무 종교- 남편 종교를 따름, 딸은 어머니 종교.

2) 고대 여성의 지위는 어떤가?

우리나라의 경우 신라 때에는 선덕여왕, 진덕여왕, 진성여왕이 집권했고 여성이 국신(國神)적 존재였다. 신라시대에는 여성의 재산 소유권, 상속권이 인정되었던 사실이 고대 비석(공덕비) 등에서 낭자 등 여성 표시로 나타나 있어 남녀평등 사실을 실증한다고 주장하는 학자도 있다. 고대 중남미의 잉카(Inca) 문화시대나 아이마라(Aymara) 문화에서도 파차맘마(pachamama)라는 토지(土地)의 여신(女神)이 등장한다. 고대 불교에서도 석가모니 당시부터 여성 역할의 중요성을 인정했다. 석가모니가 비구승뿐만 아니라 비구니의 승단 진출을 인정한 것은 남녀평등의 원칙을 실현한 위대한 업적으로 평가된다.

중국에서는 남성보다 여성의 비율이 낮았음으로 호족제도가 발달하여 여성 활동의 자유를 제한하였다. 이를 통하여 여성에 대한 보호 감시를 위한 차별대우를 하였으나, 반면 기혼자의 경우 가정에서 남성이 요리와 집안 살림을 책임지는 일은 여성 보호 내지는 여성 우위적 생활양식이라고도 할 수 있을 것이다.

대체적으로 보아 여성에 대한 차별 의식은 동·서양에 있어 큰 차이가 없이 근세까지 존재해 왔다.

3) 근대의 남녀평등에 관한 주장

"모든 인간은 날 때부터 평등하다"라는 말이 있다. 그러나 서양에서도 남녀평등권이 확립된 것은 그리 오래된 것이 아니다. 세계 최초의 여성 참정권 인정은 1893년 뉴질랜드에서 시작되었으며 그 후 20세기 들어 본격적으로 서양에서 인정되었다. 영국에서 여성 비서가 채용되기 시작한 것도 19세기 말인데 채용된 비서의 대부분이 남성이며 여성은 1~2% 정도였다고 한다.[22)]

우리나라 관습에 청상과부는 재혼을 할 수 없었으나 1894년 3월 동학농민 전쟁을 계기로 탐관오리 처벌, 노비문서 소각, 청상과부의 재혼 허가 등 현대화가 실현되어 남녀평등에 새로운 전기가 확립되었다. 그 후 현대적 학교 건립으로 현대적 여성교육이 실시되었으며 우리나라 최초의 신문인 독립신문, 황성신문 등에서 여성지위 확립의 필요성이 홍보되었다.

남녀의 결혼에 있어서 아프리카의 여러 나라 같이 여성이 부족한 나라에서는 신랑 측에서 많은 재물을 신부 측 부모에 제공하고 신부를 데려오는 풍속을 볼 수 있다. 우리나라에서도 경우에 따라 다르긴 하나 신랑 측에서 많은 혼수품을 요구하는 경우도 있다. 일반적으로 서양에서는 기본적으로 결혼 당사자 간에 삶을 꾸려나가는 책임을 지는 것이 보통이다. 따라서 한국인들 중에서 미국인과 결혼하는 여성들은 기념예물, 축하객에 대한 파티비용 정도를 부담하면 된다. 서양인들은 결혼 선물도 실용적인 것으로 사전 협의를 거쳐 준비하는 것이 보통이고 우리나라와 같이 돈으로 하는 나라는 일본 등 일부 나라 외에는 별로 없다.

2000년 7월 스페인 남부 말라가 시의 한 이슬람 사원의 코란 교사가 지은 책 "이슬람의 여성들"에는 남편이 아내를 때리는 목적은 심리적 제압에 있고 모욕이나 육체적 고통을 주려는 것이 아니므로 격심한 분노상태에서 때리지 말라고 하면서 대신 타일러서 안 되면 성 관계를 중단하라고 했다. 이슬람에서 부인과의 성 관계 중단은 최대의 형벌이라는 것이다. 이 책이 나오자 남성 중심 문화가 강한 스페인의 이혼 및 별거인 연합에서는 부인 구타는 큰 문제임을 주장하고, 책의 판매 중지를 요구하기도 하였다.(중앙일보 2000.7.26)

미국에서도 여권 신장은 1960년대 들어 획기적 발전을 했고, 1990년대 들어 반남성적 부작용이 발생했다. 1994년도에는 오히려 여성의 집단이기주의 발전, 즉 남성이 여성에 의해 오히려 피해를 보고 있다는 주장까지 나오게 되었다.[23)]

우리나라 공직사회의 여권 신장세는 6급 이하 직원의 경우 30% 이상을 보이고 있으나 5급 이상 상위직의 경우 매년 약 10%씩 증가

하므로 2012년에는 20%가 될 전망이다.

그러나 여성의 제왕절개율은 43%로 세계의 최고 수준이며 한국 여성의 41%, 남성의 65%가 혼외정사 경험자로 이는 아세아 국가 중에서 최고라고 한다.(한국일보 2001.3.14.). 여성의 산아제한, 성매매 등 사회적 문제는 여권신장 운동의 부작용이라 할 수 있다.

여성의 지위 향상은 여권신장의 긍정적 요인에 영향을 받고 있으나 전통적 보수적 사고에서 볼 때 이혼율 증가 등 부정적 요인도 병행, 발전하는 경향이 있다고 할 것이다.

우리나라에서는 최근 몇 년 동안 여권 신장에 대한 정부의 적극적 정책지원 결과 많은 신장이 이루어졌으며 여성 사장(CEO)도 35%, 즉 100명 중 35명이 여성 사장으로 집계되었다.[24)]

2003년도 사시 수석합격자도 여성, 사법 연수원 수석졸업생도 여성, 판사 임용예정자 110명 중 여성이 54명, 검사 임용예정자 80명 중 여성 21명의 합격을 시발점으로 2007년 판사의 64%, 외무고시 합격자 67%가 여성으로 공직이 매년 "여인천하"로 바뀌고 있다.

어느 여자 대학교 교수는 여성의 공직진출 증가 현상은 여학생들이 암기력이 좋아서 외워서 쓰는 시험 능력이 남성보다 우수하기 때문이라는 것이다. 특히 여성의 전통적 현모양처식의 의식구조로부터의 탈출 추세, 남학생들의 군복무, 공부 노력의 감소 현상, 여성의 사회진출 의욕의 증대 등 의식구조의 전환은 여성의 사회 진출과 지위 향상에 획기적 진전을 가져올 것으로 기대된다.

2007년 UNDP 통계에 의하면 한국 여성의 지위는 기업체 임원은 4.4%로 세계 97개국 중 64위 수준에 불과하다. 기업의 CEO나 정부 각료 등에 여성이 더 많이 진출할 수 있도록 장려하는 것은 우리 사회에 과거에 없던 현상으로 바람직한 일이다.

4) 종교상의 여성 지위는 어떤가?

개신교에서는 최근 여성 목사가 등장하고 있으나 대부분의 교계에서는 동의하지 않는 경향이 있다는 것이다.

불교에서는 초창기 석가모니 당시에 비구(남) 승단이 먼저 생기고 나중에 곧 이어서 비구니(여) 승단이 생겼으므로 종교 중에서 남녀평등사상을 확립한 유일한 종교라고 평가되고 있다. 비록 비구니 팔경법(八敬法)이 남성인 비구와 여성인 비구니 간의 불평등을 초래하였다는 주장도 있으나 이는 여성 비구니의 신체적 조건 등을 고려, 여성 보호 차원에서 수행에 어려운 조건을 달아 조심하도록 한 것이라 한다.

공자는 칠거지악(七去之惡)이라는 남녀불평등 사상을 내 놓았다. "부인(婦人)이란 남자(男子)에게 굴복하는 사람이다"라고 했다. 그러나 남녀칠세부동석(男女七歲不同席)이라는 말은 여성을 차별하기 위한 말이 아니라 여성의 특수성을 고려, 남성으로부터 보호하기 위한 의미로 해석해야 한다는 주장도 있다. 따라서 유교는 여성 억압적 이념이라는 주장과, 이에 반대하여 남녀 간의 음양조화 추구 이론이라는 주장으로 양분된다. 자구의 해석이 어떻든 우리 사회에서 여성 차별이 심했던 것이 사실이다.

한편 이슬람 경전인 코란(꾸란)에 의하면 여성 노예에 대하여는 남성이 어떠한 행위를 하든지 구애 받지 않으며 이슬람 신자의 경우 능력에 따라 부인을 동일 대우 조건으로 4명까지 둘 수 있게 되어 있다. 이러한 일부다처 제도는 여성 부양 및 보호 차원이라고는 하나 여성 차별 의식의 전형적 예라고 할 수 있다. 남편은 아내에게 "이혼"이란 말을 세 번하면 바로 이혼이 성립되는 특권을 가지며, 유산분배에 있어서는 여자는 남자의 절반을 받을 수 있게 되어 있다.

1977년 사우디아라비아의 미샤 공주는 신분이 낮은 남자를 사랑해 도피하려다 붙잡혀 공개 사형을 당했으며, 2008년에도 신분 낮은 신랑과 결혼한 신부의 강제 이혼을 법원이 선고했다. 나이지리아의 이슬람법인 샤리아 법에 의하면, 여성 간음은 말할 것도 없고 심지어 이혼녀가 임신하면 투석사형 선고를 받게 되어 있다. 나이지리아의 샤리아 법은 9세기에 만든 이슬람법으로 그간 수정 없이 계속 적용되고 있는데 이는 신의 계시에 따라 만든 법으로 이를 어기면 알라 신에 대한 불복종 행위로 간주된다는 것이다. 샤리아는 무슬림의 신앙이자 살아가는 생활방식이다. 이집트에서는 여성의 사회진출(대사 30명, 의원 20명) 등 이슬람의 남녀평등 원리를 존경하는 곳도 있다.(중앙일보 2002.9.3)

지금까지 남녀평등과 관련해서 기독교(개신교)도 많은 교리의 변화, 발전이 있었던 데 비하면 이슬람은 경직적이었다 할 수 있으며, 석가모니 생존 당시의 비구니 승단의 창설은 세계 역사상 유래 없는 남녀평등 사상의 귀감이라 할 수 있다.

5) 나라를 살리는 여성의 힘

여성이 사회에 진출하는데 있어서 우선 갖추어야 할 선결 조건은 바로 사고방식의 전환이며 사고방식의 전환은 여성으로서의 열등감 극복의 힘이라 할 것이다.

① 열등의식 극복의 지혜

한국에서 여성을 위한 전통적 사회교육이나 가정교육에서 공통적으로 나타나는 특징은 다음과 같다. 첫째, 여성은 여성다워야 한다. 여성은 외모가 아름다워야 한다. 결혼 상대로서 애인을 구할 때에도 사회에서 취직시험에 응시할 때에도 외모를 중시한다. 여성의 최고 자산이 외모라고 생각되기 때문에 얼굴 모양을 인공적으로 꾸미기 위해서 오늘날 성형수술을 하는 것이 유행이다. 둘째, 한국 가정에서는 여자 어린이를 공주처럼 기른다. 즉, 공주병에 걸려 있는 여아들이 상당히 많다. 셋째, 여성은 전통적으로 현모양처가 되어야 한다는 인식이 지배적이었다. 넷째, 직장생활에 있어 여성이 할 일이 따로 있고 남성의 할 일이 따로 있다는 인식이 지배적이다. 학교 재학 중에는 공정한 경쟁이 인정되나 직장에서는 승진 등에서 차별을 받는다. 다섯째, 최근에는 인식이 많이 변하고 있지만 여성은 결혼을 하면 회사생활 등 직장을 그만 두어야 한다는 생각이 많다. 여섯째, 여성은 남편과 가족을 위해 희생해야 한다는 전통적 사고가 존재한다. 즉, 여성과 남성의 차이 내지 차별 의식이 아직도 존재하고 있는 것이 현실이다.

또한 여성은 남성과의 관계에 있어 스스로 비하하거나 자신감을 잃고 동정을 구하는 행위인 변별의식*을 가지게 되는 경향이 있는데 이를 스스로 포기해야 한다.

여성이 출세하면 우쭐한 심정에서 자만심에 빠질 수 있고 판단에 있어 신중하지 못하고 경솔한 태도를 보이는 경우도 있다.

변별의식(distingtiveness)

예를 들면 여성 교수가 여성 동창 모임에서는 우월감을 느껴 다른 직장 여성 또는 전업 주부와는 차별화하려는 의식을 가지는 반면 남자들이 있는 교수사회에서는 자기는 여성임을 내세워 어려운 일에서 면제시켜 줄 것을 기대한다는 것이다. 이 현상을 심리학에서는 변별의식(distinctiveness theory)이라 한다.

② 여성의 장점을 살리자

한국 사회에서 여성의 지위가 향상되기 위해서는 정부, 사회가 여성의 사회 진출을 위한 유리한 여건을 조성하고 제도적으로 마련해주는 것이 중요하다. 그러나 여성들 스스로가 권리를 찾도록 노력하는 것이 더욱 필요하다. 여성들도 국내외에서 두각을 나타내고 있는 경우가 많다. 한국 여성으로서 두각을 나타내고 있는 여성들의 경우를 보면 몇 가지 특징을 가지고 있다.

여성으로서 경찰서장으로 재직하면서 사창가를 정리한 일은 남성으로서는 할 수 없었던 업적이라 할 것이다. 즉, 다음과 같은 여성의 장점을 살려 최선을 다한 것이다.

· 여성은 남성보다 부패 오염도가 적다(청렴성).
· 여성은 남성보다 술을 많이 마시지 않는다. 따라서 향응에 빠질 가능성이 적다(정직성).
· 여성의 경우 술 향응 대신 상납이나 뇌물을 받을 수도 있으나 여성에 대한 접근은 남성에 비해 다소 어려운 점이 있다.
· 정직한 여성의 경우 남성보다 더 고지식하고 정직할 수 있다.
· 여성은 일에 더 열중할 수 있다.
· 여성 자신이 하겠다는 업무 수행에 있어 책임감과 사명감을 가질 수 있다.
· 일에 있어 꼼꼼하고 자상하다.

한국계 여성으로 미국에 거주하면서 최고로 출세한 전신애 미국 노동부 차관은 성공 비결을 다음과 같이 열거했다.(조선일보 2001.5.)

· 분명한 원칙과 가치를 지킨다.
· 남보다 두 배로 열심히 일한다.
· 서로 돕는 부부관계를 유지한다.

그리고 차세대 여성에 대한 조언으로 다음 세 가지를 권고했다.

· 매사에 긍정적 태도(positive)
· 매사에 활동적 태도(proactive)

· 매사에 인내(persevere)

미국 거주자로서의 이러한 충고는 우리 한국 여성의 경우 반드시 일치한다고 할 수는 없다. 왜냐하면 미국은 어느 정도 남녀평등 사고나 제도가 확립되어 있는 선진사회이기 때문이다. 그러나 한국 여성에게도 큰 교훈이 될 수 있을 것이다.

서울 거주 외국 여성들이 보는 개선되어야 할 사항은 다음과 같은 것들이 있다. 첫째, 서양 여성들은 결혼 후에도 남편의 도움으로 직장과 가정생활의 균형을 맞춘다. 둘째, 여성이 자녀를 맡기고 직장생활을 할 수 있도록 정부가 육아시설을 제공한다. 또 직장에 따라 여성 직원들이 어린이를 맡겨 둘 수 있는 별도 시설을 갖추고 점심시간 등 휴식시간에 수유를 할 수 있도록 한다 (캐나다는 2회 20분씩 수유 가능, 프랑스에서는 10~12세 자녀의 어머니에게 주 1~2회 휴가 부여, 콜롬비아 등 일부 남미 국가에서는 여직원 자녀의 수유시설 편의 제공), 셋째, 외국에서는 취직, 직장생활에 있어 남녀에 대한 차별이 거의 없다. 비서 등 전문직에 있어서 연령이나 외모가 채용의 기본조건이 되지 않는다. 우리나라 일부 대기업에서도 육아시설 및 운동시설 등을 운영하여 종업원들의 많은 호응과 노동의욕 고취에 기여하는 업체가 증가하고 있고, 정부가 여성의 사회 진출 확대 및 평등권 보호에 노력하고 있음은 다행이라 할 것이다.

여성의 사회적 진출 보장 및 평등한 권리 보장을 위한 법적, 제도적 장치와 평등대우에 대한 남성들의 정당한 인식제고 등 사회 윤리도덕의 확립도 수반되어야 한다. 여성이 직장생활 등 경제활동에 종사할 경우 그 남편은 부인 대신 무슨 일이나 솔선수범해서 할 수 있어야 한다. 어린이 돌보기, 학교 데려다 주기, 밥하고 빨래하고 청소하기 등이다.

여성 사회 진출 성공조건은 다음과 같다.

· 남성에 뒤지지 않는 능력 소유
· 낯선 사회에 자신을 적응시키는 노력
· 적극적 사고와 굳은 의지
· 남편의 조력 획득 노력
· 신체 조건의 극복
· 자신의 지위는 자신이 찾도록 노력(정의감, 대우를 받아야 한다는 의식)
· 지도자적 정신과 소양을 갖출 것
· 여성의 장점은 보유, 유지

(참고: 기어츠 홉스테드 저서)[25]

③ 여성과 성폭행 방어 능력

여성은 어떤 면에서는 남성보다 더 높은 양질의 교양을 갖추어야 한다. 여성의 역할이 과거의 소극적인 현모양처 개념의 윤리 도덕적 테두리 속에서 벗어나 이제는 남녀평등이 아니라 여남평등이라는 말이 유행할 정도로 여성의 사회적 진출이 활발해지고 있다. 여성의 권한과 권리가 보장되고 신장될수록 여성의 교양수준은 향상되어야 한다. 여성의 권위가 신장된다고 해서 남성을 학대하거나 사회생활에 있어 무조건 여성을 두둔하거나 무례를 범해서는 안 될 것이다.

여성의 교양은 가정 교육상으로 자녀나 가족에게 중요한 영향을 미칠 뿐만 아니라 나아가 사회적으로 결정적 영향을 미치기 때문에 그 중요성에 대하여는 아무리 강조해도 지나침이 없다. 따라서 여성이 가정, 직장, 사회생활에 적극 참여함에 있어서 일상적으로 이루어지는 대인 관계에서 친절, 명랑과 자상하게 대함으로써 타인에게 좋은 인상을 주는 매너나 에티켓 등 글로벌 생활교양을 배우고 지키는 것은 절대적으로 필요하다.

그러나 남녀 관계에 있어서는 여러 다양한 관계를 구별하여 언행을 하는 것이 필요하다. 친구관계, 상하관계, 사제관계, 친·인척관계, 사회활동 관계, 사업관계, 국가대표 관계 등 여러 관계에 있어서 그때그때 상황에 따라 적절한 언행을 하는 것이다.

요즈음 성희롱, 성폭력 문제가 사회적 문제, 여성 문제로 대두되면서 각 학교에서도 관련 강연을 통한 교육을 실시하고 있다. 경희대학교 성폭력 상담실 자료에는 여성의 입장에서 성폭력의 피해로부터 벗어나는 방법을 다음과 같이 제시하고 있다.[26)]

· 성희롱에 대한 불쾌한 감정을 분명히 표현한다.
· 성폭력 문제에 대한 명확한 자기 입장을 정립해 둔다.
· 성 관계의 확고한 결심이 서지 않는 한 숙박업소에 가지 않는다.
· 모든 데이트 비용을 상대가 지불해서 부담을 느껴 성관계 거절이 힘든 상황을 만들지 않는다.
· 길을 잘 모르는 곳에서 하는 데이트는 삼간다.
· 잘 모르는 관계, 알더라도 친밀한 관계 발전을 원하지 않을 때는 상대의 집에 가거나 자기 집에 초대하지 않는다.

여성의 경우 남녀관계에 있어서 친밀한 관계 발전을 통한 결혼계획이나 발전 가능성 등에 대한 확신이 있을 때나 관계를 갖겠다는 결심이 섰을 때가 아닌 경우에는 확실히 단호하게 거절하는 것이 필요하다. 체면이나 교양을 지키기 위해서 좋게 거절할 수 있으면 가장 좋은 방법이나 상대방에 따라 그렇지 못한 경우가 있을 것이다. 따라서 상대방 요구나 제의에 응할 생각이 없을 경우에는 단호하고 격렬하게 거절해야 한다. 그러한 태도가 여성의 권리와 품위를 지키면서 교양을 유지하는 방법일 것이다.

특히 초등학생, 중고등학생에게 인형, 모형 등을 통하여 성교육을 실시하고 기구 사용법도 교육하는데 사전에 알아서 사고를 미연에 방지한다는 효과도 있을 것이나 오히려 청소년의 성생활을 조기화하는 부정적 결과를 초래할 가능성이 많다는 것을 알아야 한다. 고등학생의 상당수가 혼전 성생활도 가능하다는 생각을 하고 있기 때문에 잘못하면 부작용이 더 클 수 있다.

④ 여성 역할의 중요성을 인식하자

어느 가정에서나 여성 주부가 그 가정을 부양하는 중심적 기둥 역할을 한다. 가정 살림에서부터 시부모 모시기, 형제자매 간의 화목 유지 등 행복한 가정 유지의 중심 역할을 하는 것이다. 특히 자녀 교육은 학교 다음으로 전적으로 여성 주부에게 달려 있다 해도 과언이 아니다. 어린이의 인성은 5살 때부터 형성되므로 결국 어린이 인성의 많은 부분이 어머니의 영향을 받는 것이다.

여성들이 고발정신, 정의감 등을 스스로 갖도록 하여야 하며 또한 남편이나 자녀에게 충고하는 교육적 역할을 할 수 있는 능력을 갖추어야 한다. 우리의 교육의 성패는 여성에게 달려 있다 할 수 있으며 나아가서 나라의 장래도 여성의 역할이 크다고 할 수 있다.

퇴계는 유교적 가정의 전형으로 선비 가정의 특성을 다음 6가지로 나누었다.[27)]

· 가정은 하나의 완결된 우주이다.
· 가정은 인간 도덕성 배양의 텃밭이다.
· 가정은 인격 수도의 장(修道場)이다.
· 가정은 일생의 학교이다(평생교육원).
· 가정은 하나의 소규모 국가이다.
· 가정은 조상의 신전(神殿)이다.

이렇게 중요한 전통적 가정의 중심은 바로 여성이었다. 비록 여성의 사회 참여활동이 증가하여 가정을 돌보는 시간적 여유가 줄어든다 해서 이러한 중요한 여성 고유의 전통적 역할이 포기될 수 없는 것이다. 오히려 남편의 지원과 협력으로 더욱 적극적 역할을 다하는 것이 자식을 위한 길이고 가정을 위한 길이며 나라를 위한 길이다.

클린턴 대통령 부인 힐러리 여사가 2003년 6월 발간한 회고록으로 285만 달러를 받게 되었다. 잘 알려진 것과 같이 재미있는 일화가 있기 때문일 것이다. 힐러리 여사는 회고록에서 남편이 르윈스키와 불륜의 관계를 고백하는 순간 "숨이 넘어갈 듯 했고 남편의 목을 졸라 죽이고 싶은 심정"이었다고 토로했다고 한다. 그러나 인내심과 관용으로 위기를 넘겼다. 그 후 그녀는 상원의원에 당선되었고 2008년 미국 대통령을 꿈꿀 수 있게 되었다 한다. 그것은 힐러리의 명예욕 때문인지 모르겠으나 가정생활과 사회생활을 성공적으로 유지하려는 여걸로서 갖추어야 할 자질과 지혜 때문이라고 할 수 있다.

한국인의 이혼율은 2000년까지만 해도 결혼자의 30％에 달했으나 2003년 말 통계청 자료에 의하면 2002년 결혼 건수 30만 7천 건, 이혼 건수 15만 5천 건으로 이혼율이 47.4％에 이른다고 한다. 결혼하는 사람의 절반이 이혼 부부로 미국(51％), 스웨덴(48％) 수준에 육박하며, 조만간 세계 1위가 될 것으로 전망되었다.(조선일보 2003. 12.28) 2007년도에는 이혼 건수가 12만 4천600건(쌍)에 달했으며 주된 이혼 사유는 성격차이(46.8％), 경제문제(13.6％) 등이며 특히 55세 이상 황혼이혼이 증가 추세라 한다.

주된 이혼사유가 성격 차이로 되어 있다. 다른 환경, 가정에서 성장한 완전히 다른 남녀 간의 결합이니 성격상의 차이가 있을 수 있는데 그것을 이해하지 못하고 자기주장만 내세우면 결국 결별할 수밖에 없다. 통계로 보아 성격 차이, 경제, 기타 양 가족문제 등 원인이 있겠으나 우리 한국어의 언어적 문제, 즉 감정표현의 문제와 관련한 한국 언어의 구조적 문제도 중요한 원인이라 생각된다. 옛날 어른들은 부부 간에도 가능한 존칭을 많이 사용했다. 부부 간에 "임자", "당신" 등 호칭을 즐겨 사용하고 상대가 화를 내면 "임자가 지난번에 뭐라고 하셨어요"하는 식으로 반문한다. 요즈음에는 너, 나 하는 식으로 대화가 이루어진다. 감정 대립이 쉽게 극에 달할 수 있다.

반말과 존댓말이 발달한 나라와 존칭이 없는 나라(영어)에서는 남녀 간 주로 반말로 대화를 하다 보니 음성이 높아지고 결국 상소리로 욕까지 교환하고 쉽게 싸우게 되는 것 같다. 스페인어를 사용하는 사람들은 보통 때 가족, 친구 사이에 반말을 사용하나 싸우고 나면 당분간 부부 간에도 존대를 한다. 이는 존댓말을 쓰는 것이 상대방과의 일정 거리를 두면서 상대방을 존경하고 배려하는 마음이 생기기 때문이다. 존댓말로 욕하고 싸울 수는 없기 때문이다. 부부 간에 가능하면 지나친 반말은 삼가는 것이 좋을 것 같다.

여성의 사회 진출이 나날이 증가하고 있는 현상은 크게 환영할 일이다. 2008년 4월 국회위원 총선에서도 각 정당이 경쟁적으로 여성에 대한 획기적인 처우 개선 정책을 내세워 의회 사상 초유의 많은 여성의원이 국회에 진출하게 되었는데 이는 여성 국회의원에 대한 국민의 기대가 그 어느 때보다도 크기 때문이다.

여성의원들은 과거 일부 사회 고위층 여성들의 불미스러운 옷 로비 사건과 일부의 뇌물사건이 국민들의 뇌리에 아직도 생생히 남아 있다는 사실을 교훈으로 삼아야 한다. 여성의 장점을 최대한 살려서 정직하고 투명하고 깨끗한 정치를 하는데 주역을 담당할 수 있도록 마음의 준비를 하는 것이 필요하다. 자만심에 빠져 무능하고 부패한 의원으로 평가 받아서는 결코 안 될 것이다.

여성이 남성을 무시하거나 난폭하게 대하는 것은 곤란하며 그렇다고 너무 나약한 행동으로 남성의 동정심을 유발하려는 생각은 활동에 전혀 도움이 되지 않는다. 남성과 대등한 입장에서 자신감을 가지고 모든 일에 임하는 것이 중요하다. 여성의 인내심, 온화함, 사랑의 미소는 이성, 가족, 인간관계에 있어 중심이라는 생각을 잊어서는 안 된다. 왜냐하면 그것들이 부족하면 결국 부부 간의 이혼, 가정 파탄을 야기하고 나아가 사회문제로 확대되기 때문이다. 다시 말하면 낮은 교양인이 되어서는 안 된다는 의미이다. 여성의 인내심, 이해심 그리고 아량은 가정과 나라를 살리는 미덕 중의 미덕이다.

여성 지도자들은 우리 사회가 정상적인 발전 궤도에 오르도록 모든 역량을 동원하여 모범이 되도록 처신하고 여성들을 지도하는데 앞장 서야 한다.

글로벌 생활교양을 배우고 실천하는 여성들이 많으면 많을수록, 똑똑하고 정직하고 훌륭한 여성들이 많으면 많을수록 나라의 장래는 밝을 것이다. 경제성장 외에 부정부패, 교육의 실패라는 관점에서 볼 때 지금까지의 남성 우월주의, 남성 중심의 지배 사회가 실패했다고 한다면 앞으로 여성 주도의 사회에 맡겨서 성공으로 이끌어 갈 수 있기를 기대하는 것이 나을지 모른다. 이제 여성이 정직하고 투명한 사회, 정의사회 실현을 위해 지혜를 발휘할 때이다. 여성 의식의 변화, "새로운 여성다움", 즉 높은 교양의 여성으로의 승화가 어느 때보다 요구된다.

* "We must love one another or die." - Wystan H. Auden -
* "서로 사랑하지 않으면 멸망하리." - 위스턴 오든 -

제2장 지도자와 글로벌 생활교양

지도자는 무엇이며 누구인가? 동·서양 지도자론에서 주장하는 지도자가 갖추어야 할 덕목은 무엇인가? 지도자의 글로벌 교양은 왜 중요한가? 지도자들이 더 정직하고 투명해야 나라가 산다. 공직자나 정치인들은 나라와 국민을 위하여 봉사한다는 자세, 즉 공복으로서 국민을 위하여 봉사한다는 사명감을 가지고 일해야 한다. 명예를 존중해야 한다. 돈을 벌고 치부하여 부자로 살겠다는 생각을 가지고 있는 사람은 공직에 나가면 안 된다. 돈 버는 직업은 따로 있다. 바른 지도자는 바른 교양인이 되어야 한다. 투명사회는 바른 지도자, 바른 인재, 바른 교양인을 요구한다.

1. 지도자는 어떤 사람인가?

정치학 텍스트의 지도자론에서 주로 취급하는 지도자의 개념은 크게 두 가지로 나누어 생각할 수 있다. 첫째는 국가의 최고 통치자인 대통령을 의미하며, 둘째로는 그 외의 정치, 경제, 기업, 학계 등 사회 전반에 걸쳐 지도적 위치에 있는 소위 장(長) 급 인사를 망라하는 개념이라 할 수 있다. 이 책의 성격상 본 장에서는 지도자 이론, 제도 등 지도자론 전반에 대한 고찰이나 논의는 해당되지 않으며 다만 지도자가 갖추어야 할 자질, 덕목, 윤리 도덕 등 교양에 대한 설명에 국한하고자 한다. 지도자를 포함하여 국민 모두가 바꾸어 새로 갖추어야 할 사고방식(글로벌 마인드)을 제시하는데 있다.

지도자들은 사회 체계의 지위에 따라서도 주목해야 할 사항은 달라진다. 사회계층의 상위에 위치한 사람들이 생각하는 것은 중·하층에 위치한 사람과는 다르다. 어떤 조직의 규모를 막론하고 한 조직이 존속하기 위해서는 그 지도자의 머리를 바꾸는 기술을 개발하지 않으

면 안 된다.[28]

사회의 다원화 속에서 우리 학계에 등장하는 이론에 지도자론이 있다. 마치 유행처럼 대학교에서 강의 과목으로 설치하고 있다. 한 때는 월드컵 축구 영웅으로 부각한 히딩크 리더십에 대한 연구가 활발히 진행되고 있고 특히 경제계에서는 이를 기업성장 이론에 활용하려는 경향이다.

정치, 경제, 사회, 교육 등 나라의 모든 분야뿐만 아니라 기업, 민간 등 모든 분야의 성장과 발전이 이루어지려면 그 분야의 지도자가 훌륭한 리더십을 가지고 이끌어 나가야 한다는 데에는 이론이 있을 수 없다. 그만큼 리더십은 과거에도 그랬지만 현재에도 대단히 중요한 과제로 떠오르고 있다. 그러나 리더십에 대한 결정적 또는 단정적 정의는 없다. 여러 학자들이 보는 리더십에 대한 의견은 같을 수가 없다. 리더십을 주장하는 사람의 소속 국가에 따라 보는 각도와 판단, 경험에 따라 정의가 다른 것이다. 또 고전적인 리더십과 현대적인 리더십이 다를 수 있으며, 분야에 따라 다른 지도자론을 주장할 수도 있다. 즉, 정치 지도자와 경제계 지도자(CEO) 등에 대한 의견이 다를 수도 있고 또 연구하는 사람의 전공분야, 출신에 따라 지도자론에 대한 주장이 다를 수 있다. 따라서 지도자론은 다양성을 가진다 할 것이다. 그러나 모든 지도자들이 갖추어야 할 공통 사항은 바로 글로벌 생활교양(매너, 에티켓 등 예절과 글로벌 마인드)이라 할 것이다.

2. 지도자가 갖추어야 할 덕목

키신저(Henry Kissinger)는 훌륭한 리더십을 만드는 가장 중요한 요소는 "비전과 용기"라며 어디로 가야 할 지 큰 그림을 그리고, 숙련된 기술, 리더십의 실행 능력을 갖추는 것이라고 했다. 그것은 제대로 된 "변화와 교양" 마인드 속에서의 비전과 용기가 필요한 것임을 강조한 것이라고 해석된다.

지도자는 글로벌 마인드의 소유자여야 한다. 예를 들면, 영국 왕가의 전통에서 찾을 수 있다. 영국 찰스 왕세자의 둘째 아들 해리(Harry) 왕자는 아프간에 파병되어 전투병으로 복무 중 2008년 2월 문제점이 언론에 폭로되어 중도 귀국했다. 또 하나는 몇 년 전 이라크에 파병된 미군 병사가 전사하여 시신이 미국 공항에 도착했는데 부시 대통령이 출영하여 애도를 표한 예이다.

지도자의 정의는 지도자의 범위를 좁혀서 볼 때 대통령에 국한할 수도 있으며 넓은 의미로 보아서 대통령 외에 정치, 경제, 사회, 문화, 교육, 체육, 예술, 종교계 등 일반사회의 각계 지도층을 대상으로 정의할 수도 있다. 여기서는 우선 대통령 중심의 지도자적 자질을 검토하고 다음으로 사회 지도층 지도자의 자질을 검토하고자 한다.

이 장에서는 이러한 관점에서 여러 학자들이 주장하는 정치적 리더십이 갖추어야 할 자질 또는 조건을 열거하면서 비교하여 보자. 먼저 대통령을 비롯한 주요 정치 지도자의 리더십에 대한 동·서양 학자들의 이론을 살펴본다.[29)]

1) 서양 지도자론

① 로버트 미첼(Robert Michels) (정치적 리더십의 자질)

- 웅변술
- 지력, 도덕성
- 의지력, 정력, 체력 등 구비를 주장

② 메리암(Merriam)

· 고도의 사회적 감수성(sensitivity)

· 고도의 친근성(personal contacts)

· 단체 교섭 능력(group contacts)

· 극적인 표현 능력(dramatic expression) - 유머 등

· 이데올로기 창안 능력

· 고도의 용기(courage)

· 체력, 용모 등

③ 메이 루버(May Lueber)

· 정열, 책임감, 판단력

④ 로버트 달(Robert Dahl)

· 윤리적 능력(moral competence)

· 기술적 능력(technical competence)

· 수단적 능력(instrumental competence)

⑤ 무어(L. Moore)

· 민주적 사고,

· 박력, 적극성, 열성

· 친절성, 동정심

· 신뢰성, 인내심

(부정적 요인: 소심, 옹졸함, 이기심, 우둔, 변덕, 고집)

⑥ 프레드 그린 슈타인(Fred Green Stein) – 대통령의 자질(5대 인성 요소)

· 의사소통 능력
· 인식 능력
· 통찰력
· 정치력
· 감성지수(EQ)

⑦ 테드(O. Tead)

· 체력, 정신력
· 목적의식, 열의
· 우정과 애정
· 결단성, 지능, 기술

⑧ 존 멕스웰(John C. Maxwell) ("리더의 법칙", 비전과 리더십간, 2004)

· 관리자가 아닌 리더로서의 역할(잭 웰치)
· 변화를 위한 특별 영향력 소유(존 하가이)
· 존경 받는데 소요시간 인지(존 맥스웰)
· 새 지식을 위한 열린 마음의 소유자(스티븐 잡스)
· 홀로 설수 있는 능력 소유자(빌 게이츠)
· 자기를 낮추는 자(찰스 랜스)
· 유익하고 장기적 목표의 수립(존 하가이)
· 현실을 직시하고 과감한 행동(잭 웰치)
· 진정한 필요에 부응(존 하가이)
· 적재적소에 인재 등용(토머스 왓슨)

2) 동양 지도자론

다음은 동양 사상에 있어서의 지도자의 자질을 나타낸 것이다.

① 공자(孔子): 지도자의 덕목 - 수신제가 치국평천하(修身齋家 治國平天下)

- 예(禮)
- 장중함(위신)(dignity)
- 관대함(generasity)
- 성실성(sincerity)
- 근면성(diligence)
- 자애심(charity)
- 인의정치, 덕의 정치
- 중용(中庸)(과격도 아니고 완곡도 아님)

② 노자(老子) - 군주지학

- 이상적 지도자
- 도(道)를 실천하는 철인(哲人)
- 귀가 밝은 자(여론을 잘 파악하는 것)
- 생이불유(生而不有)(불교 사상의 무소유 정신과 일치)

③ 불교 경전상의 지도자

- 임금은 호화로운 삶을 버림
- 정의의 보화를 수호함(금광명경)
- 부정축재 금지
- 지혜와 덕행(법구경)

④ 맹자는 어진 정치를 해야 나라가 발전한다는 글에서 덕이 있는 자를 숭상하고 유능한 선비를 존경하며, 덕이 있는 자가 합당한 지위에 있게 하고 능력 있는 자가 합당한 직책을 맡게 하면 나라가 태평 무사하게 된다.

높은 지위에 있는 자가 부도덕하고 예의를 모르면, 아래 백성들이 본 받아 배울 것이 없어, 법을 위반하고 사회 기강을 어지럽히는 포악한 무리들이 들끓게 되면, 나라는 하루아침에 망할 수 있다.[30)]

이상으로 동·서양 지도자론에 나타난 지도자상을 보면 동양 사상에서는 주로 지도자의 예의, 덕행 등 도덕에 중점을 둔 반면 서양 이론에서는 지도자의 정열, 박력, 적극성, 용기 등을 강조하고 있음을 알 수 있다. 서양의 적극적 능력 중심 사고는 현대 정치의 권력형 투쟁 양상을 부추기는 결과를 초래하게 되었는지도 모른다.

3. 권력형 지도자

라스웰(Rasswell) 교수에 의하면 인간, 특히 정치적 인간은 권력 추구욕에 충만해서 정치를 권력 장악을 위한 수단으로 생각한다. 정치권력의 장악을 추구하다 보면 결국 자아(ego)만을 추구하게 된다는 것이다.[31)]

정치인이 정치적 권력 추구에 전력한다는 의미는 모든 인간은 각자의 이익을 추구한다는 아담 스미스의 이익 추구론과 일치하는 점이 있다.

브레인 리는 권력형 지도자의 지도력을 3가지로 분류한다. 즉, 자기를 따르지 않는 부하 또는 지도층 인간에 대하여는 해고, 위협 등 강압적 제재식 통솔을 통해 불이익 공포를 조성함으로써 복종토록 한다. 동시에 강압을 통한 복종이 성취될 때 그 반대급부로 보직 또는 금전적 혜택을 부여하는 등 선심을 씀으로써 능력을 과시하는 것이다. 지배복종관계, 즉 심복관계가 형성되면 인격적으로 상호 신뢰가 형성되고 권력형 독재 정치가 가능하게 되는 것이다.[32)]

이러한 여러 학자들의 이론을 살펴 본 것과 같이 지도자론에 대한 견해는 다양하다. 학자에 따라, 학자의 전공분야에 따라 관점이 다르다. 어느 나라를 대상으로 바람직한 지도자의 기준을 설정하느냐의 문제 또한 중요하다. 모든 정치 사회적 시스템이 잘 준비되어 있는 나라와 그렇지 못한 나라, 정치, 경제 사회적 선진국과 후진국, 문화 수준이 높은 나라와 낮은 나라 등 제반 환경 기준 요인이 다른 나라에 대한 지도자상 설정기준이 결코 같을 수는 없다. 뿐만 아니라 시대에 따라서 지도자를 정의하는 기준이 다를 수밖에 없다.

4. 지도자가 갖추어야 할 덕목

앞에서 정치 지도자의 자질을 주장하는 여러 학자의 견해도 시대, 환경, 나라, 개인적 관점에 따라 어느 덕목을 더 중시하고 덜 중시하는지 차이가 있음을 알았다.

어느 학자는 지도자의 용기, 힘, 체력 등 신체적, 정신적 능력을 강조하고 있고 또 책임성, 도덕성, 감수성 등을 주장한다. 결론적으로 말하자면 정치 지도자의 자질은 모든 나라에 똑같이 일률적으로 적용될 수 없으며 나라의 정치 환경, 체제 등 제반 사정에 따라 다를 수밖에 없다. 예를 들면, 우리나라가 필요로 하는 대통령의 지도자상 또는 지도자론은 미국이 필요로 하는 지도자 상과 같을 수 없다. 경우에 따라서는 부분적으로 일치해야 하는 점도 있겠으나 반드시 또는 항상 같아야 된다는 이론은 성립될 수 없을 것이다. 정치 환경, 국민의식 수준, 각료, 지도자를 둘러싼 정치 세력 등 정치풍토와 환경에 따라 다르다. 이러한 관점에서 역대 미국 대통령과 한국 대통령의 특징을 간단히 비교해 본다.

1) 역대 미국 대통령

미국 역대 대통령의 서열을 평가한 윌리엄 리딩스에 의하면 클린턴은 마약 남용, 징병 기피, 여성편력, 수전노 행위 등 부도덕한 점이 있으나 1995년부터 다시 인기가 올랐다. 워런 하딩은 무능, 타락, 부도덕 한 바보 같은 사람으로 평가되었다. 그런가 하면 프랭클린 루즈벨트는 탁월한 지도력, 지혜와 경험, 용기 등으로 20세기 가장 위대한 대통령으로 평가된다는 것이다. 영화배우 출신의 레이건은 가장 나이 많은 사람으로 루즈벨트 이래 가장 인기 있는 대통령이었다는 것이다.[33)]

그린 쉬타인(Fred Green Stein)이 미국의 루즈벨트에서 클린턴 대통령에 이르기까지의 11명의 역대 대통령의 인성을 검토, 분석한 자료(저서)에서 대통령이 갖추어야 할 5대 인성 요소로서, ① 의사소통 능력(communication) ② 인식 능력 ③ 통찰력 ④ 정치력 ⑤ 감수성을 들었다. 루즈벨트 대통령이 유종의 미를 거두지 못한 것은 감성지수(EQ)의 문제라고 지적했다.

그에 의하면 루즈벨트는 웅변술, 정치력은 탁월하였으나 조직력, 구성력에 문제가 있었고 아이젠 하워는 통찰력, 조직력은 좋았으나 강박관념의 문제가 있다는 지적이고, 케네디는 의사소통의 재주는 있었으나 통찰력이 부족했고, 포드는 감성지수가 뛰어 났다고 한다. 이렇게 볼 때 미국 대통령이라 해서 모두 완벽한 대통령의 자질과 인성 요소를 갖춘 지도자라고 할 수는 없다. 그러나 미국은 그 동안 꾸준히 번영, 발전해 왔으며 대부분의 전직 대통령이 국민의 존경의 대상이 되고 있는 것이 사실이다. 그들의 대부분은 성공한 대통령이 더 많은 것이다. 이렇게 볼 때 어떤 면에서는 좀 아이러니컬한 얘기인지 모르나 세계적 대국인 미국의 대통령직이 훨씬 힘든 직이라 생각되나 우리나라보다 대통령직을 수행하기가 더 쉬운 나라인지도 모른다.

2) 역대 한국 대통령

한국의 지도자인 전직 대통령들의 경우는 어떤가? 역대 미국 대통령에 대한 평가를 볼 때 앞으로 우리나라가 필요로 하는 지도자 상이 자연적으로 부상하게 될 것이다. 여러 가지 중에서 간단히 세 가지를 예로 든다.

첫째, 미국의 역대 대통령은 독재적, 권위적 대통령이 아니다. 그들은 자유민주주의 국가의 민주적인 대통령이다.

둘째, 대통령의 무리한 집권 연장욕은 없다. 당선 가능하면 재출마를 하지만 헌법상 부여된 기간만 수행한다.

셋째, 미국의 대통령들은 클린턴처럼 가끔 도덕성의 문제는 있으나 부정부패와는 거리가 먼 사람들이다. 한 마디로 말하자면 그들은 애국자들이다. 국민의 기대에 만족할 정도로 부응하지는 못했다 하더라도 적어도 국민을 배반하는 일이 없었던 것이다.

한국은 미국 등 서양문화의 많은 영향을 받아 현대화되면서 서구문화를 배운 것은 사실이다. 그러나 서양문화와 철학을 배우고 서구 자본주의 및 자유민주주의 정치사상을 수용하면서 서구사상과 문화의 장단점, 좋고 나쁜 것을 구별할 능력도 갖추지 못하고 경제발전과 성장 위주로 분단국이라는 특수한 정치 상황 속에서 시간에 쫓기며 질주하다 보니 좋은 점보다는 자본주의의 단점을 더 많이 받아들인 것 같다. 한국인 의식구조 속에 만연하고 있는 이기주의, 황금만능주의, 패권주의 등 부정부패, 비리의 근원이 바로 서구 자본주의 및 극단적 개인주의, 실용주의에서 유래했다 할 것이다.

지금까지 한국을 지배한 역대 대통령들을 보면 이승만 대통령은 나라가 36년간의 일제 치하에서 해방되면서 대통령에 당선되었으나 연로하여 4·19혁명으로 실각했다. 그러나 이 대통령의 청렴성, 정직성, 애국심은 크게 평가되어야 할 것이다. 강원도 화진포에 있는 이 대통령 별장 집무실에 전시되어 있는 한시 중의 한 구절인 척사호정(斥邪護正; 틀린 것은 물리치고 바른 것을 수호하라)이 인상적이다. 특히 어려운 시기에 이 대통령의 대미 외교 능력은 높이 평가되어야 할 것이다.

박정희 대통령은 군사 정권의 지도자로 제왕적 독재자로서 낙인이 찍혔으나 한강의 기적이라는 경제발전을 이룩하는데 성공한 대통령으로 추앙 받고 있다. 전두환 대통령은 처음에는 삼청 교육대를 경영, 불량자 제거 노력 등 사회 정화에 기여하는 것 같았으나 결국 거액의 부정축재자로 낙인 찍혀 처벌을 받았다. 노태우 대통령은 뚜렷한 업적 없는 대통령, 부정축재자로 인식되었고, 김영삼 대통령은 일만 벌여 놓고 일부 가족문제로 실패한 대통령이 되었다. 김대중 대통령은 한국인으로서 최초의 노벨평화상을 수상한 영광스러운 인물로 추앙되었으나 집권 초기의 많은 지지도를 유지하지 못하고 일부 가족의 비리 혐의로 또 다른 문제의 대통령이 되었다.

노무현 대통령은 자칭 말 잘하는 대통령으로 자만하여 신분에 맞지 않는 말을 난발함으로써 자주 구설수에 올랐으며 일부 측근 인사의 부정 비리 그리고 정부의 무리한 부동산 정책, 조세정책, 교육정책 등에서의 문제점의 야기와 언론과의 대립, 갈등으로 잡음이 계속 되어 집권 초보다 지지도에서 현저한 하락을 면치 못하였다. 한국 갤럽 여론 조사에 의하면 지난 5년간 국정 운영을 잘못했다는 의견이 63.2%, 잘했다 21.1%로 집계되었다.(2008.2.21)

역대 대통령의 공과를 경제 중심 논리에서 보면, 소위 "한강의 기적"으로 국가의 현대화에 결정적 공헌을 한 박정희 대통령 집권 기간 이후, 경제는 점진적 성장을 해 왔으나, 30여 년이 지났는데도 IMF 등 위기 이후 아직도 중진국 대열에서 벗어나지 못하고 있는 현실이다.

이제 2008년 2월 취임한 이명박 대통령의 임기 중에 선진국 진입의 토대가 확립되면, 앞으로 10년 내에 3~4만 달러 대의 선진국 달성이 가능할 것이라 한다. 이 대통령에게는 국가가 선진국 진입의 성패의 기로에서 어느 곳으로 갈 것인지를 가름하는 결정적 기회에 대통령이라는 중차대한 역사적 사명과 책임이 주어졌다 할 것이다.

5. 제왕적 대통령과 CEO 대통령의 차이점

2002년 대선 때 한국 언론과 정계에는 제왕적 대통령과 CEO 대통령론이 유행처럼 떠오르고 있었다. 제왕적 대통령은 과거 전제군주주의 시대에 국왕과 같은 권한을 행사한다는 의미에서 절대적, 독재적 대통령이란 의미이다.

제왕적 대통령이란 명칭은 미국 대통령이 월권적 행위를 한다는 의미에서 대통령을 언론이 비난하기 위해 사용한 용어로서 미국의 역사학자 아서 슈레진저2세(Jr.)가 "제왕적 대통령(Imperial Presidency, 1973)" 이라는 저서에서 국제적 위기가 첨예화되면서 대통령이 헌법을 초월한 무소불위의 권력행사를 했다고 비판한 데서 나온 용어라 한다.(중앙일보 2002.1.10) 그 후 미국 언론은 1990년대 클린턴에 이어 부시 대통령을 제왕적 대통령이라고 비난했다.

2002년에 들어서면서 한국에서도 제왕적 대통령론이 대두되고 있으며 이에 대치되는 개념으로 CEO 대통령론이 대두된 것이다. CEO란 한 조직의 최고 집행자(Chief Executive Officer)라는 의미의 경영학적 용어로 다른 말로 표현하면 최고 경영자(top manager)라는 뜻에 해당된다 할 것이다.

문제는 제왕적 대통령은 무조건 나쁘고 경영적 대통령은 무조건 좋은 대통령처럼 인식될 수도 있다. 여기서 제왕적 대통령론과 CEO 대통령론의 우열을 논하려는 의도는 없다. 간단히 구별을 한다면 제왕적 대통령은 국사를 처리하는데 있어 남의 말을 듣지 않고 독단적으로 처리하다가 오류를 범한다는 뜻이며 CEO 대통령은 기업경영 방식으로 임원회의 등의 절차를 거처 결정을 할 수 있다는 의미에서 장점을 찾는 것이다. 그러나 모든 업무처리 방식에 있어 어느 방식이 절대적으로 우위인지는 판단할 수 없다. 왜냐하면 제왕적 대통령의 경우 지나친 독선, 독재로 단점이 많겠지만 장점을 살리면 효과적일 수도 있을 것이다. 각료나 참모진 간에 의견 대립으로 합의를 도출해 내지 못할 때는 대통령의 역할이 중요하기 때문이다. 반대로 CEO 대통령의 경우 장점만 있는 것도 아니고 단점도 있기 때문이다. 또 실패한 제왕적 대통령도 있고 성공한 제왕적 대통령도 있으며, 성공한 CEO도 있고 실패한 CEO도 있기 때문이다.

학교 경영의 경우를 예로 들면, 훌륭한 창설자가 CEO로 실권을 갖고 있는 대학교는 모든 재단의 수입을 학교에 재투자함으로써 세계적 대학으로 발전을 시키고 있는가 하면 일부 대학은 창설자도 떠나고 후계자도 없이 창설과 전혀 관계없는 사람들이 돌아가면서 경영권을 쥐고 서로 자기주장만 하다 보니 재정이 호전될 수도 없고 발전이 부진한 실정인 경우도 있다. 주인이 없으니 주인정신이 없기 때문이다.

과거 일본인의 제왕적 군 독재자로 인기 제1순위인 오다 노부나가는 ① 결단력 ② 사람들이 원하는 것을 과감히 실행하는 능력 ③ 사리사욕 없는 청렴성 ④ 배짱 ⑤ 부하의 능력 존중 등의 특징을 가지고 있었으며, 그의 성품인 ① 낭만성 ② 시인의 품성(감수성) ③ 자유, 개방적 성격 ④ 권선징악이 친밀감을 느끼게 했다는 것이다.[34)]

CEO 대통령의 필요성을 주장하는 이론은 내각에 많은 권한을 위임할 것을 주장한다. 그러나 내각이 제대로 국사를 끌어 나간다는 보장도 없다. 나라를 제대로 다스리는 문제는 제도와 사람의 문제라는 양면성을 내포하고 있으나 근본적으로는 사람의 문제인 것이다. 다시 말하면 CEO가 얼마나 높은 글로벌 교양수준, 글로벌 마인드를 갖추고 훌륭한 리더십을 가지고 있느냐에 달려있는 것이다.

6. 일반 지도자가 갖추어야 할 자질

대통령뿐만 아니라 모든 사회 지도층 인사 그리고 일반 국민의 의식 수준도 전반적으로 향상되어야 한다. 21세기 세계화시대, 무한경쟁시대에 들어서면서 인성교육이 제대로 된 글로벌 교양을 갖춘 훌륭한 국민이 많으면 많을수록 그 국민은 세계 경쟁에서 승리자가 될 것이다.

비록 기업경영과 주로 관계되는 이론이긴 하나 스티븐 코비는 지도력의 원칙에 대한 시대적 구분을 제1차 세계대전 전까지, 제2차 세계대전 이후 그리고 최근 상황을 기준으로 인성 중심의 이론을 전개한다. 그에 의하면 제1차 세계대전 전까지는 품성 윤리 중심의 지도력, 즉 근면, 협동, 봉사, 중용, 명예를 중시하였으며, 제2차 세계대전 후에는 개성이 중시되면서 기업조직과 외형에 더 비중을 두었으며 최근에는 이미지를 더 중시하게 되었다는 것이다. 좋은 이미지를 가진 사람은 다음의 10가지 기본원칙을 생활화함으로써 타인으로부터 존경을 받게 된다는 것이다.[35)]

① 설득력	② 인내심
③ 상냥함	④ 학습력
⑤ 수용력	⑥ 친절함
⑦ 지식 습득 자세	⑧ 자제력(인내심)
⑨ 일관성 유지	⑩ 성실함

한 시민의식 관련 연설에서 "새로운 천 년에는 인간을 존중하고 정직하며 자연과 조화할 줄 아는 사람이 많은 나라가 지도적 역할을 하게 될 것이다."라고 이영덕 전 총리가 역설했다.

마틴 루터 킹(Martin Luther King)은 리더십으로 사랑, 이해, 친밀감 등 16개 덕목을 제시하였는데 대표적인 두 가지를 들면 다음과 같다.[36)]

① 대중의 말을 경청해야 한다.

② 리더십은 지배가 아니라 자극이다.

데이비드 라이(Lei)는 뛰어난 지도자 상을 다음과 같이 열거하였다.[37)]

① 공상가가 되라

② 진보적 의식

③ 사람에 대한 책임

④ 단호함, 정직, 명쾌

⑤ 경쟁 독려

⑥ 일벌래 금물

⑦ 매일 개선

⑧ 결과 중시

⑨ 사람의 감정 중시

종합적으로 말하면 생각을 많이 하고 정직하게 처신하고 사람을 잘 관리하여야 한다는 의미이다.

이상에서 동·서양의 여러 가지 다른 리더십을 살펴보았다. 흥미로운 사실은 서양의 저명한 여성 예절학자 매릴린 핀커스가 리더십을 설명하면서 "노자"의 이론인 "리더가 지켜야 할 보물(덕목) 3가지"를 다음과 같이 소개하고 있다. "첫째, 깊은 애정 간직, 둘째, 근검, 셋째, 천하에 감히 나서지 않는 것이라는 것이다. 즉, 인간관계는 애정을 가지고, 근검을 통하여 공금을 아끼고, 겸손하면 용감한 리더십을 발휘할 수 있다는 것이다."[38] 핀커스는 노자의 말이 주는 교훈을 남의 말에 귀를 기울이고, 미소를 잃지 않으며, 남을 인정하고, 충고를 기꺼이 받아들이며, 경청하는 방법과 때를 알게 되며, 자신의 새로운 위치를 잘 받아들이는 것이라 했다.

* 21세기의 지도자는 미래는 "투명성과 정직성의 시대"임을 알고, 이를 모든 사람에게 인식 시킬 수 있는 능력의 소유자여야 한다. - sck -

7. 지도자가 갖추어야 할 교양

매리린 핀커스(Marilyn Pincus)는 예절과 교양을 지키는 행위는 자신감(self-confidence)과 매력(attraction)의 표현이라고 했다. 그는 특히 비즈니스 에티켓을 몸에 익히고 활용하는 것이 사회에서 유리한 고지를 점령할 수 있는 성공의 지름길이라고 했다.[39)]

즉, 누구에게나 그리고 매사에 자신 있고 떳떳하게 처신할 수 있다는 의미로서 남에게 매력 있게 보이도록 처신하라는 것이다.

무어(Moore) 교수는 교양이란 남에게 선(good)과 올바른 행실(right)을 보여주는 행위라 했다. 남에게 좋은 일을 베풀고 올바른 행동을 하라는 것이다. 자신감이 없이는 올바르고 정직하고 떳떳한 일을 하기 어렵다. 남에게 선행을 베푸는 일도 아무나 할 수 있는 것은 아니다. 교양인으로서 처신하겠다는 마음가짐이 중요하다. 교양인으로서 올바른 행동을 할 때 매력적인 인간으로 인식되는 것이다.

프란시스 베이콘은 "낯선 사람에게 품위 있고 예의 바른 것은 세계 시민임을 보여주는 것이다"라고 했다. 앙리 브로드쇼(Henri Broadshaw)는 "바른 예절과 지식이 인간을 만든다"라고 했다. 올바르게 배우고 예절을 갖추는 것이 세계화시대의 교양인이라는 의미이다.

교양인의 조건은 리더십의 조건 만큼이나 보는 관점에 따라 다양하다. 세계화시대에 살아남기 위한 국민이 갖추어야 할 인성, 생활예절, 윤리 등 국제 교양을 갖춘 교양인의 조건을 여러 학자 및 필자의 의견을 종합하여 정리하면 다음과 같다.

① 상호 존중(mutual respect)(승-승, win-win)(S. Covey)
② 이타적 사고(altruist)(well behaved-behave morally)(White Jr.)
③ 양보 정신

④ 프라이버시(privacy) 존중

⑤ 인내심(tolerance－고통감수)

⑥ 이기심(ego) 지양(정직성)

⑦ 윤리적 공동체 정신

⑧ 이성적 사고

⑨ 합리적 사고

⑩ 선정(善正－right and good)(Moore)

⑪ 겸양지덕(공자)

⑫ 책임감(responsiblility)

⑬ 반성(reflection)(충고 수락)

⑭ 감수성(sensitivity)

⑮ 공감(sympathy)(David Hume)

데이비드 흄(David Hume) 경은 인간이 갖추어야 할 덕목으로 공감, 인간애, 동료심 중심의 윤리학을 주장하고 진정한 공감(sympathy)은 타인이 성공할 때 기뻐할 줄 알고 고통 받을 때 괴로워할 줄 아는 사고라고 했다. 우리 속담에 "사촌이 땅을 사면 배가 아프다"는 말이 있듯이 남이 잘되면 시기 질투하는 한국인 사고에 경종을 울리는 표현이다.

로사베스 메스 켄터(Rosabeth Mess Kenter)는 세계화시대의 인간의 조건으로 교양 외에 현대인이 갖추어야 할 능력으로 3가지(3C)를 열거한다.

① 아이디어(concept－idea)

② 경쟁력(competence－ability)

③ 연고－인간관계(connection－human relations)

위의 이론에 추가하여 필자는 갖추어야 할 교양 조건으로 4가지(4R)를 추가한다.

① 옳음(正)(right)

② 이성, 도리(reason)

③ 진실(reality)

④ 반성(남의 의견 경청)(reflection)

권터의 이론은 우리 사회에 만연하고 있는 출세 조건으로서의 실용적 능력과 인간관계(배경)를 의미한다 할 것이다.

글로벌 생활교양은 미래의 지도자, 인재가 알아야 할 교양이며 배워야 할 교양이다. 글로벌 교양을 아는 사람은 지도자나 인재가 될 수 있는 소양을 갖추는 것이다. 따라서 글로벌 교양을 갖추고 낙관적으로 노력하는 사람은 인재가 되고 지도자가 될 수 있다.

마틴 설리그만(Martin Seligman)이나 카네기(Dale Carnegie)의 인간 성공론을 보면 근심, 걱정을 극복하고 낙관적으로 노력하면 성공한다(낙관적 인간이 성공한다)고 하였으며 일본의 에구치 가즈히꼬는 열성과 유머감각이 있는 인간이 성공한다고 주장한다.

8. 목민심서에 나타난 공직자의 자질 조건

19세기 초 다산 정약용의 "목민심서(牧民心書)"는 현대판 공무원의 복무지침과 자질조건으로 임명부터 퇴직까지 그리고 각 부서의 다른 업무지침, 손님 접대 등 의전에 이르는 광범위한 분야에 걸쳐 지침을 제시하고 있는 고전 중의 하나이다. 목민은 백성을 다스리고 대한다는 의미로 목민관(牧民官)은 당시의 공무원이다. 목민심서의 내용 중에서 "율기육조(律己六條)"는 공직자의 청렴성 등을 규정한 윤리강령이라 할 수 있다. 그 내용은 다음과 같다.(목민심서, 박일경 역저 p.43)

① 몸가짐을 바르게 함 [칙궁 - 飭躬]

② 청렴한 마음가짐 [청심 - 淸心]

③ 가정을 바르게 함 [제가 - 齊家]

④ 공무로 오지 않는 객은 접수 안 함 [병객 - 屛客]

⑤ 공공 재산을 절약함 [절용 - 節用]

⑥ 즐거운 마음으로 베품 [낙시 - 樂施]

이상은 사회 지도층으로서의 관리인 공무원이 지켜야 할 마음가짐인 청빈성, 친절, 모범적 생활태도 등을 가르치는 귀중한 고전으로 현대 공직자들에게 귀감이 되는 내용이다.

공직자(일부)의 문제

공복정신(국민편에서, 국민을 위한, 국민 고충 처리 정신의 부족)

무사안일(업무 책임 전가, 해당 규정 부족 핑계, 불합리한 비현실적 법규, 개선, 개혁의지 부족)

보신주의(부처이기주의, 학연, 지연, 종교연 의식, 상관 눈치 보기, 무소신, 좋은 자리 집착 의식)

적당주의(골치 아픈 일 회피 성향, 소극적 업무 처리, 담당이 아니라는 무책임 의식)

주인의식 부족(적당히 근무하고 즐기기)

9. 외교관이 갖추어야 할 덕목

여기서 참고로 니콜슨의 외교론(Diplomacy)에 나오는 이상적 외교관의 조건을 열거하면 다음과 같다.(Diplomacy, 신봉룡 옮김, p.103~104)

성 품

① 침착성 ② 상냥함
③ 인내심 ④ 진실성
⑤ 정확성 ⑥ 관용
⑦ 겸손 ⑧ 덕성
⑨ 신중성 ⑩ 인자함
⑪ 매력 ⑫ 충성
⑬ 애국심

능 력

① 지능 ② 지식
③ 통찰력 ④ 근면
⑤ 용기 ⑥ 지략

이상적 외교관은 탁월한 지식과 능력을 갖춘 훌륭한 인품을 갖춘 인격자여야 한다. 이는 모든 지도자들이 갖추어야 할 조건이라 할 수 있다.

최근에 생긴 좋은 교육자료의 예

알렉산더 버시바우(Vershbow) 주한 미국대사가 미국산 쇠고기 수입 반대 여론과 관련하여 2008년 6월 3일 유명환 외교통상부 장관을 면담하고 "한국정부의 미국산 쇠고기 수입고시의 연기조치에 실망(disappointed)했다." "쇠고기 수입을 반대하는 한국 국민들이 과학에 관하여 더 배우기 바란다(to learn)"고 말한 내용이 언론에 보도된 것에 대하여, 국회의원과 시민들의 항의와 비난이 일어나자 그는 이틀 후 사과발언을 했다고 한다. 이에 관하여 앞에서 배운 외교교양과 비교, 분석해보자.

첫째는 대사의 진실한 마음이 아닐지라도, 시민들을 무시하는 오만한 태도에서 나온 발언으로 생각될 수도 있다. 둘째는 평소에 느낀 대사 개인의 감정의 의도적 표현으로 해석될 수도 있다. 셋째는 외교 매너, 에티켓을 벗어난 경솔한 태도라고 할 수 있다. 넷째, 이임을 앞둔 대사로서 개인적인 업적, 공과문제와 관련하여 현지 반응에 대한 실망 내지는 섭섭한 마음에서 본국 정부의 평가문제를 의식한 고의적 발언일 수도 있다.

발언 의도가 어느 항목에 해당되든지 간에 두 가지 관점에서 얘기할 수 있다.

첫째는 선진 외교관이 당연히 알고 가능하면 지켜야 할 고전으로 알려진 니콜슨의 외교론(Diplomacy)에 열거된 외교관의 자질조건 12가지 중 5가지에 어긋나는 행동인 것 같다. 즉, 침착성, 인내심, 정확성, 겸손, 신중성 등에 상반되는 행위에 해당된다고 볼 수 있다.

둘째는 대화이론에서 나오는 표면영역(front region) 즉, 공공장소에서 공개적으로 할 수 있는 말과 이면영역(back region) 즉, 무대 뒤와 같이 보이지 않는 곳에서 흉보는 식의 발언을 구별하지 못하는 데서 나온 행동이라고 생각할 수 있다.

그는 이렇게 말을 했어야 한다. "실망" 용어 대신, "유감스럽게 생각한다". 과학에 대하여 더 배워야(to learn) 한다는 말 대신, 쇠고기의 안전성이 과학적으로 문제가 없다는 점을 "이해해 주면 좋겠다"란 표현이 적절했다. 외교관은 불쾌한 일에도 표정을 지어서는 안 된다. 그 단어가 diplomatic의 의미에 포함되어 있는 것이다.

10. 히딩크 리더십이 남긴 교훈

월드컵으로 부상한 거스 히딩크의 리더십이 국내의 주요 연구 기관의 연구 대상이 되었다. 삼성연구소에서도 히딩크의 리더십을 기업 최고 경영자(CEO)들이 배워야 한다는 연구 결과를 내 놓았다. "히딩크 리더십의 교훈"이라는 보고서에는 다음과 같은 HI-Five라는 원칙과 전략의 실천 덕목을 내 놓았다.

⁋ 2가지 원칙(HI)

① 꿋꿋함과 소신(hardiness)

② 선수 선발의 공정성(impartiality)

⁋ 5가지 전략

① 기본 준수(fundamentals)

② 혁신 추구(innovation)

③ 가치 공유(value sharing)

④ 전문지식 활용(expertise)

⑤ 공공성(publicity)

이상 히딩크식 성공 요인을 분석하면 다음과 같은 특징이 있다. 우리나라 사정에 비추어 가장 중요한 부분이 공정성과 기본 원칙의 준수이다. 기술이나 전문 지식의 함양과 활용은 누구나 노력하면 가능한 것이다. 그러나 공정성과 기본 원칙을 지키는 것은 대단히 어려운 일이다.

선수 선발 과정에서 부정이 없었다는 것이다. 학맥, 지연, 파벌, 연고, 정교, 배경 등 외부 영향에 물들지 않고 소신껏 목표를 추구한 것이다. 이것은 서양인이기 때문에 가능한 것이다. 히딩크가 한국 선수 훈련을 맡으면서 맨 처음 시정 조치를 한 것이 복장 통일, 단체급식 등 시간 엄수, 휴대폰 수시 사용 금지, 금주(냉장고의 소주병 제거 등) 조치를 단행하고 철저한 체력 강화훈련을 단행한 것은 서양식의 스파르타식 교육의 적용인 것이다. 그는 한국식의 자유 분망한 적당주의 훈련으로는 소정의 성과를 올릴 수 없다고 판단한 것이다.

히딩크가 떠난 후 한국축구는 다시 하향세를 면치 못하고 있다. 코엘류 감독이 새로 와서 기대를 했는데 베트남 등 약팀에게 어이없이 연속 패배를 당하고 많은 돈을 들여 해외파들까지 몽땅 동원했지만 불가리아팀에도 패했다. 그 원인은 무엇일까?

박지성의 기자회견 내용(조선일보 2003.11.20.)에서 그 원인의 일부를 알 수 있다.

"히딩크는 아버지", "코엘류는 선생님 같아" 좋다고 했다. 신문은 히딩크는 확실하게 요구하는 카리스마형, 코엘류는 선수를 믿고 맡기는 자유방임형이라고 주석을 달았다. 박지성은 선수 자신이 알아서 해야지 언제까지 남이 밥을 떠먹여 주느냐고 했다. 박지성 선수는 현명한 자질을 갖췄기 때문에 그렇게 생각을 한 것이다.

우리에게 주는 히딩크의 교훈은 그의 전문적 훈련 기술 능력이 작용했으나 서양적 사고에서 오는 공정성, 즉 정직하고 투명(분명)한 소신, 엄정한 태도에 기인한 것이다. 아무도 그의 소신(카리스마)을 꺾을 수 없었기 때문이다.

11. 바람직한 한국 대통령

한국의 경우 대통령은 적어도 다음과 같은 자질을 갖추는 것이 필요하다고 생각한다.

① 정직성(사리사욕이 없는)
② 투명성, 책임감, 소신
③ 정의감(투철한 사명감)
④ 감수성(측은지심; 하류층 이해)
⑤ 합리적, 이성적 사고 소유
⑥ 원칙중심(확고한 법치주의 정신 소유)
⑦ 부정부패 비리척결 및 범죄행위 근절을 위한 확고한 의지(친, 인척 포함)
⑧ 법, 제도 개혁 성향
⑨ 부처이기주의 조정 능력
⑩ 패거리 이익 집단에 대한 단호한 배척 의지(종교 편향성 지양)
⑪ 글로벌 생활교양 문화 창조 및 교육 확립의지(국제적 감각, 선진 국민의식, 글로벌 생활예절 윤리 등 교양을 갖춘 자)
⑫ 남의 입장도 생각하는 사람(자기중심주의 지양)
⑬ 희생정신 소유자(나라와 국민을 위한)
⑭ 비전, 예리한 판단력 소유
⑮ 국민과의 의사소통 능력(여론 파악)
⑯ 효율적 지휘통솔 능력
⑰ 진정한 애국자

대통령직은 돈 버는 직업이 아니다. 정치인, 공직자들도 마찬가지다. 우리나라 여론조사 결과 대통령이 갖추어야 할 덕목으로 정치 지도력 38%, 청렴성 27%를 꼽았다.(한국경제 2001.10.11)

공직자나 정치인들은 나라를 위하여 봉사한다는 자세, 즉 공복으로서 국민을 위하여 국민의 편에서 서비스를 베풀어 준다는 사명감의 소유자이다. 명예를 존중해야 한다. 돈을 벌고 치부하여 부자로 살겠다는 생각을 가지고 있는 사람은 공직에 나가면 안 된다. 돈 버는 직업은 따로 있다. 돈을 벌려면 기업인 또는 상인으로 나가야 한다. 바람직한 대통령은 사리사욕을 버리고 깨끗하고 명예롭게 퇴진하는 진정한 애국자로서 자손만대에 길이 빛날 수 있는 존경 받는 지도자여야 한다.

대통령은 동·서양적 사고를 알고 교양을 갖추고 장단점을 비교, 선별할 수 있는 능력의 소유자이어야 한다. 한국의 청렴결백한 선비정신, 서양의 합리적, 진보적, 투명성의 사고 등 훌륭한 인성을 구성하는 교양을 두루 갖춘 지도자가 필요하다. 정의사회 실천을 위한 강한 추진력을 겸비한 자로 이제 한국에는 역사관과 국가관을 가진 지도자가 나와야 한다. 그런 지도자만이 한국을 진정한 선진국으로 만들 수 있기 때문이다.

앞의 지도자 론에서 열거한 동·서양의 학자, 성인의 지도자의 자질 요건을 모두 갖춘다는 것은 불가능하다. 그러나 결단성, 판단력, 용기, 정직성, 투명성, 도덕성, 국제감각 등은 당연히 갖추어야 할 것이다. 지난 대선에서 한국 유권자들은 차기 대통령이 갖춰야 할 덕목으로 정치 지도력, 청렴성, 도덕적으로 깨끗한 대통령을 선호했다.(한국경제 2001.10.11)

많은 사람들이 대통령은 선거를 의식한 자랑, 인기전술에 연연해서는 안 되며, 외로움을 감수하고 비판적 측근을 중용하여 폭 넓은 의견을 수렴하고 올바른 판단으로 역사 앞에 자신을 투척하는 자세를 갖는 것이 중요하다고 강조한다.[40)]

또 지난 얘기지만 언론은 한국 지도자의 문제는 정책판단 기준에 지연, 학연, 혈연 문제가 강하게 작용하고 있고 각료들은 대통령의 눈치만 보고 대통령은 1분 이상 보고를 듣지 않는다고 꼬집었다. 정치논리 부족 및 국민설득 능력 부족도 지적되었다.(2002.9.8. 일간지) 결국 정치에 많은 문제만 있고 제대로 되는 것이 없다는 주장이다.

싱가포르의 리콴유 수상은 싱가포르를 현대화하는데 지대한 공헌을 하여 국민의 절대적 추앙을 받고 있다. 그 이유는 우수한 지식과 국가경영 능력 때문이라 한다. 특히 국사 결정시 각료와 함께 밤새도록 토론을 할 정도로 충분히 듣고, 정확한 판단, 정확한 결정, 정확한 시행에 철저를 기함으로써 모든 국사를 성공적으로 수행했다는 것이다. 뿐만 아니라 부정부패 비리의 여지를 용납하지 않는 철저한 법규, 처벌 제도의 확립을 통하여 나라의 발전을 뒷받침했다는 것이다. 이로써 성공한 지도자로 세계적으로 인정받게 되었다.

제프 케이츠는 그의 저서 "오너십 솔루션"에서 로널드 하이페츠의 글(The Work of Leadership)을 인용, 현대의 사회적 혼돈 속에서 리더십은 더욱 성숙된 비전을 제시해야 한다면서, 이제 학습과 적용이 계속되고 사람들이 도전에 대응하고 자신의 가치관을 조명하며, 앞날에 대한 전망을 조정하고, 새로운 습관을 채득할 수 있는 "무대와 환경"을 조성해 주는 것이다. 우리는 적응적 도전에 직면하고 있어 학습할 때는 학습 전략이 필요하고 적응적 도전에 책임을 지고 역량을 발휘할 수 있는 리더십을 필요로 한다는 것이다.[41]

미래의 지도자는 정직하고 투명하고 책임지는 노블리스 오브리주(noblesse oblige)여야 한다는 의미이다. 그러나 우리 사회의 문제는 자신이 잘못한 일에 대해 책임을 지는 사람이 없다. 잘못된 점이 무엇인지도 모르고, 알더라도 잘못된 점을 반성하고 뉘우치고 부끄러워하는 사람은 없고 오히려 뻔뻔하게 어물쩍 넘어가는 파렴치한 사람들이 많다는 것이 일반적 여론이다. 이러한 사람이 많으면 많을수록 나라나 국민이나 후진성을 면하기 어려운 것이다.

지도자의 역사관은 인류사회의 흥망성쇠의 변천과정을 살펴보고 앞으로 발전을 위한 체계적 구조조정과 견해, 비전을 갖고 소신껏 국정을 이끌어 나가려는 노력이다. 일국의 지도자는 왜 그 나라에 정치적 사회적 문제가 많은가, 왜 전직 대통령들 중에 실패한 대통령이 많은가, 우리 국민의 문제점은 무엇인가 등 많은 문제를 생각하고 고민하고 자신의 입장을 확고히 정립해야 한다. 역사관이 확립되면 국가에 대한 관념적 사상적 체계를 확립할 수 있을 것이다. 어떻게 하는 것이 그 나라를 바로 세우는 길이고 그 나라에 맞는 정치가 무엇인가를 생각하는 것이다.

일시적 감정적 충동적 대중주의(populism)의 기분에 들떠 우왕좌왕하다 보면 결국 정치는 일회용으로 끝나는 경우가 많다. 영원한 불씨는 없는 것이다. 과거 1974년 당시의 남미 아르헨티나의 페로니스트의 재등장도 결국 몇 년 못가서 실패하고 말았다. 지금까지도 그 불의 씨앗은 꺼졌다 켜졌다를 되풀이 할 뿐이다.

우리나라 정당은 어느 정당을 막론하고 이념과, 정책, 대외 정책 노선 등이 명확하지 않다. 전통이 없기 때문이다. 모든 정당이 그때그때 필요에 따라 '군대의 헤쳐 모여식'으로 조립되었기 때문이다. 특히 이념문제는 물론 남북관계의 변수에 따라 변할 수밖에 없으나 항상 가변적인데 문제가 있다. 모든 정책이 고정적일 수는 없으나 정책의 일관성은 유지되어야 한다.

외교에 관한 확고한 신념을 갖는 것이 중요하다. 외교관계를 감정적으로 생각하면 안 된다. 예를 들어 한·미관계를 발전적 차원에서 보는 것이 중요하다. 중국이 경제대국으로 특히 우리의 최대 통상파트너로 부상한다 해서 미국과의 관계를 과소평가하거나 등한시하는 것은 위험한 생각이다. 중국은 중국대로 우리의 중요한 동반자가 되어야 하며 일본, 러시아와의 우호관계도 돈독하게 유지하여야 한다. 그러나 미국과의 동맹관계는 현재뿐만 아니라 통일 후에도 지속되어야 한다. 크고 넓은 장기적 비전을 갖는 지혜가 필요하다. 글로벌 마인드에 기초하여 우리 실정과 국익에 맞는 틀을 만들어 나가야 한다.

이상에서 살펴보았듯이 대통령이 갖추어야 할 조건은 한두 가지가 아니다. 국민이 잘 살게 경제를 재건하는 것도 중요하다. 그러나 한국 대통령의 자질조건을 한 마디로 말하면 무엇보다도 자신이 부정부패 비리를 범하지 않는 정직성을 소유하고, 모든 사람의 정직성과 투명성을 확보하기 위한 강력한 지도력을 발휘하고, 퇴임 후에 진정한 애국자로 모든 국민의 존경과 추앙을 받을 수 있는 인성과 글로벌 마인드의 소유자여야 한다.

에드워드 홀(Edward Hall; 인류학, 하버드대)의 지도자론에 의하면, 상류층에 위치하는 사람들이 주목하는 것은 중·하층에 위치한 사람들과는 다르다. 조직의 규모를 막론하고 한 조직이 존속하기 위해서는 그 지도자를 바꾸는 기술뿐만 아니라 새 지도자의 머리를 바꾸는 기술을 개발하지 않으면 안 된다. 즉, 지위가 낮을 때에는 조직 내부로 향해 있던 관심을, 지도자가 되면 조직의 방침을 계획할 수 있을 정도의 원대한(global) 전망(국제 감각, 비전)으로 바꾸어 놓아야 한다.[42] 지도자나 국민에게 글로벌 마인드가 얼마나 중요한 것인가를 강조하는 대목이다.

Leader(지도자)의 자세(단어 풀이)

L — Listen(경청, 긍정)
E — Explain(설명, 자상)
A — Assist(조언, 협조)
D — Discuss(협의, 회의)
E — Evaluate(평가, 칭찬)
R — Respond(호응, 보답)

제3장 인성 교육과 글로벌 생활교양

각종의 후진적 병폐가 많은 나라는 왜 그런가? 여러 가지 원인이 있으나 인성교육 실패가 주요 원인이다. 교양교육의 목적은 개개인의 인성을 함양하는데 있다. 세계화시대의 교육은 인성교육, 자아실현 교육, 창의성 교육이 인문학의 중심이 되어야 하며 이는 글로벌 생활교양 교육을 통하여 가능하다.

1. 인성교육 부재의 나라

교양교육의 목적은 개개인의 인성을 함양하는데 있다. 교육의 목적은 출세하고 돈 벌고 치부하는데 있는 것이 아니다. 니일 포스트만은 이러한 자본주의적 치부현상인 현대 고도의 기술 지배사회(technopoly)의 부작용에 대한 대처 방안으로 다양한 정치 활동, 사회정책도 필요하지만 가장 중요한 대안이 교육이라고 주장한다. 미국도 혁명이나 개혁이 필요할 때마다 교과과정을 변경한다는 것이다. 그는 현대교육이 실패한 이유를 도덕적, 사회적, 지적, 구심점이 없다는 데 두고 있다. 교과과정에 돈 버는 지식과 기술만이 존재할 뿐 채택할만한 사상이나 태도의 부재 현상을 들면서 인간성의 고양을 통한 지성과 창의성 함양을 주장한다.

미국 스텐포드대학교의 존 헤네시(John Hennessy) 총장은 "교육이란 인간으로서 비판적으로 생각하는 방법을 배우는 것"이라고 표현했다. 즉, 비판 능력을 배양하는 힘을 키워주는 행위를 말한다. 교육기관은 단순한 기능 보유 훈련기관이 아니며 인간이 새로운 과제에 대응해서 나아가는데 필요한 자산을 스스로 얻을 수 있는 총체적 능력을 배양시켜 주는 것이다.(조선일보 2001.8.3.)

배움의 목적은 입시위주, 학벌위주, 출세, 치부, 명예획득, 권력장악, 우월성의 기쁨 등 극히 이기주의적 사리사욕을 자극하는데 있는 것은 아니다. 따라서 반사회적 사고방식이 국민 뇌리에 자리 잡고 있는 한, 선진조국 건설, 일류국가, 세계의 중심국 실현 등은 요원할 수밖에 없기 때문이다.

배이컨(Bacon)은 인간이 이성을 잃고 타락하는 원인을 4개의 우상에 빠지기 때문이라 한다. ① 동굴의 우상으로 인간은 동물적 본능에 빠져 투쟁적 환경을 조성한다. ② 종족의 우상으로 인간이 우월주의에 빠져, 만물의 영장을 자처하면서 생태환경 파괴를 자행한다. ③ 시장의 우상으로 귀신 신앙, 허위사실 유포, 언행 조작을 믿고 나쁜 관행에 빠진다. ④ 극장의 우상으로 연극, 영화 사기행위를 자행하고 또 속는다. 인간 이성의 상실과 타락은 결국 인간을 부정, 부패, 비리, 사기, 윤리, 도덕의 타락에 빠지게 할 수밖에 없다는 의미이다.

한국인의 교육열은 세계에서 가장 높은 수준에 있고 사실상 고등교육을 받은 인적 자원과 훈련된 근로자원이 결합하여 한강의 기적이라는 경제 발전을 이룩하는 데 결정적 역할을 한 것도 사실이다. 한국적 교육열의 긍정적인 결과이다.

문제는 경제가 성장하면 성장할수록, 인간의 교육수준이 높아지면 높아질수록, 지식층과 사회 지도층들이 많으면 많을수록, 종교인수가 증가하면 증가할수록, 부정, 부패, 비리, 사기 등 각종 만행이 증대되고 있다는 것이다. 이러한 사실은 한 마디로 현대 자본주의 포스트모던 사회발전의 부정적 결과라고 하겠으나 결론적으로는 인성교육의 실패에 기인하는 것이라고 해야 할 것이다. 학교, 사회, 종교, 가정교육의 책임이며 과거의 지도자, 지도층 그리고 학부모들의 책임이 아닐 수 없다. 교육이 내용보다는 점수를 받기 위한 형식적 암기와 입시 위주의 교육에 기인한다. 시험 준비를 위한 암기 위주의 교육은 학생의 지능지수(IQ) 개발에는 기여할 수 있었다고 할 수 있으나, 인성의 기본이 되는 감성지수(EQ), 도덕지수(MQ)의 배양에는 실패한 것이다. 즉, 창조적 사고, 교양 마인드의 생산에는 실패한 것이다. 한 마디로 인성교육의 실패에 기인한다.

중국인 석학 자오 푸산(趙復三)은 서양 교육의 주안점은 아동 개성의 개발을 통하여 사회적 다양성을 고무시키는데 기여하였으나 지나친 개인적 이기주의를 고무시킴으로써 현대 사회에서의 개인주의는 악이 되었다고 주장한다.[43)]

2. 인성교육은 왜 중요한가?

국민 모두가 배움의 목적, 교육의 목적이 무엇인지에 대한 문제의식을 가져야 한다. 역사적 지성들은 현대 사회의 병폐적 현상에 대한 초월적인 정치, 종교, 사상의 존재는 교육의 개선을 통해서 가능하다고 역설한다.

공자는 교육을 "도(道)"를 통한 사회질서 확립이라고 주장했다. 플라톤은 철학의 중요성을 강조하고 철학으로 왕을 만드는 교육으로 삼았다. 키케로는 교육을 통하여 구속과 압제로부터 해방시켜야 한다고 주장했다. 루소는 교육을 통하여 사회적 독단, 질서, 부(富), 자연의 속박으로부터의 해방을 주장했다. 제퍼슨은 교육을 통하여 자유를 지키는 법을 배워야 한다고 주창하고, 존 듀이는 끝없는 변화의 세계, 혼란과 모호의 세계에서 학생들이 흔들림 없는 본분을 유지하도록 해야 한다고 주장했다.[44)]

교육학(pedagogy)이라는 용어를 처음 사용한 헤르바르트(J.F.

Herbart)는 교육의 목적은 윤리학에, 교육 방법은 심리학에 기초한다고 하였다. 고대 스파르타는 애국정신 함양, 아테네는 자유인 양성, 소피스트 교육관은 인간의 본성을 기반으로 한 개인지상(個人至上)주의였다. 소크라테스는 교육의 목적을 무지의 자각, 지식이 미덕임을 강조했다. 아리스토텔레스는 이성적 삶, 행복한 삶(Eudaimonia)을 교육의 목표로 했다. 키케로는 인문주의적 교양을 가진 웅변가 양성에, 중세 기독교 시대 교육은 신 중심주의로 순결, 청빈, 복종에 중점을 두었다. 중세의 시민교육에서는 서민층을 위한 직업교육 중심이었다. 중세 교육의 중심 개념을 신 중심이라 하면, 르네상스 시대의 중심 개념은 인간 중심주의(Homogentrism)이다.

지금까지 인성교육은 윤리 도덕 텍스트에 의하여 이루어지는 것으로 이해되어 왔다. 현대적 인성교육은 글로벌 마인드(국제적 공감, 선진 시민정신)의 확립 교육으로 가능하다. 왜냐하면 글로벌 마인드는 21세기 세계화시대의 인성을 의미하기 때문이다. 글로벌 마인드 교육은 남을 배려하고 존경하며 윈 - 윈(win - win) 정신에 입각한 더불어 사는 지구 공동체 윤리에 기초해야 한다. 글로벌 마인드 교육은 장기적으로 훌륭한 바른 인간(인재, 人材)의 양성을 위한 제도 확립 노력과 정치, 경제, 사회, 종교 전반에 걸친 각계각층의 적극적 동참 의식과 노력이 수반될 때 소기의 성과를 거둘 수 있을 것이다.

3. 인성교육 없는 선진국은 없다

한국의 유치원에서는 외국어, 수학, 국어 등 주로 입시준비 식의 교육을 중심으로 한다. 그러나 미국 등 선진국의 글로벌 스탠더드 식에 의하면 유치원 교육부터 인성교육을 중심으로 한다. 6세의 미국 어린이가 하루에 "고맙습니다, 미안합니다, 실례합니다"라는 표현을 10~20번 사용한다.(중앙일보 "업그레이드 코리아 프로" 2002.8) 이에 비해 한국 어린이는 잘해야 한두 번 정도 사용하면 많이 한다는 것이다. 미국 부모들은 "잘했어, 하지마" 등의 말을 많이 하는데 비해 한국 부모들은 "공부 열심히, 1등 해야지"라는 말을 주로 한다. 서양 어린이는 잘못하거나 말을 안 들으면 화장실 등 보이지 않는 곳에서 손등을 맞기 일수이나 한국 어린이는 맞으면 더 운다는 것이다.

어린이에 대한 교육은 선진국일수록 그리고 좋은 집안일수록 더욱 엄격하게 이루어진다. 미국 어린이들은 사리판단으로 정당하지 않은 경우 "unfair"라는 말을 많이 하는데 이는 일상생활의 불문율로 되어 있다는 것이다. 이것이 미국 성인들도 잘못되었다고 생각되는 부당한 일을 습관적으로 지적하는 표현이라고 했다.(홍순영 전 외교부장관)

스티븐 코비는 과거 200년 간 인간 성공에 관한 저작물을 연구한 결과 미국 건국 후 최초 150년간에는 성품윤리(character ethics), 즉 인성에 관한 책이 대부분이었으나 그 이후 50년 동안에는 내용이 없는 피상적 내용으로 되어 있었다고 지적했다. 그는 성품과 성격의 차이를 설명하면서 성품윤리(character ethics)를 1차적 감정, 성격 윤리(personality ethics)를 2차적 감정이라고 명명하고 언행일치, 겸손, 충성심, 절제, 용기, 정의, 인내, 근면, 소박, 순수성, 황금률 등을 성품윤리의 범주에 포함시키고 성공을 위한 기본원칙으로 정의했다. 성품윤리의 변형으로서의 성격윤리는 인간관계 증진에 필요한 성격으로 기만적 조작, 조직적 사고를 내포한다고 주장한다.[45]

나라를 바로 세우는데 있어 경제의 중요성 못지않게, 지금까지 언급한 국민의식의 고양을 위한 교양교육, 인성교육의 중요성에 대하여는 되풀이해서 강조해도 지나침이 없을 것이다. 이러한 교육은 하루

아침에 이루어지는 것이 아니다. 중장기적으로 계속하고 지속적으로 반복하여야 그 효과가 나타날 것이다.

4. 인성교육을 위한 방법

금세기의 석학 럿셀(B. Russel) 경은 인류의 생존을 위해서는 세계 시민교육이 요청된다고 강조하였다. 세계시민 교육의 의미는 21세기 세계화시대에 필요한 국제 생활교양 교육을 의미하는 것이다. 현대의 인성교육은 글로벌 생활교양 교육을 통하여 완성할 수 있으며 21세기 밀레니엄시대, 지구촌시대, 세계화시대에 대처하고 적응할 수 있는 손색없는 글로벌 교양인을 양성하는데 중점을 두어야 한다.

로크(J. Locke) 같은 실학주의 교육 사상가들은 교육의 목적을 교양인으로서의 신사 양성에 두고 신사의 구비 조건으로 도덕, 지혜, 교양, 지식을 들고, 교육방법의 원천은 경험과 관찰력임을 주장했다. 따라서 단순한 이론적, 학술적, 형식적, 용어 암기식 교육방식을 지양하고 경험과 실례, 범례 등 설명을 통한 감수성, 공감성, 창조성 유발에 중점을 두어 국민적, 거국적 차원의 교육을 실시해야 한다.

에밀(Emile)에 나타난 루소(Rousseau; 1712~1778)의 교육사상은 자연적 인간, 즉 인간 존중에 토대를 두고 자유와 평등을 추구하는 "도덕적 자유인"을 양성하는데 있다.

"현대의 폭력, 테러, 부정, 부패, 비리 사회를 극복하고 하나의 새롭고 아름다운 현대화를 만들어야 한다"는 일종의 유토피아적 현실주의자로 알려진 울리히 벡(Ulrich Beck: 독일 뮌헨대 교수)의 성찰적 이론에 의하면 실현이 어렵다고 생각되지만 이 문제를 해결할 수 있는 관건은 글로벌 생활교양(Global Manners & Ethics) 확립과 그 지속적 교육을 통한 실현이라고 믿는다.

기든스는 하나의 사회가 존재하기 위해서는 도덕적 질서가 필요하나 반드시 전통적 도덕성에 집착할 필요는 없으며 다른 종류의 도덕적 틀(frame or paradigm) 형성의 필요성을 강조한다.[46)]

윤리, 도덕의 효율적 교육은 한 나라의 전통적 미풍양속과 현대적, 세계적, 예의범절, 윤리교육, 즉 글로벌 생활교양 교육의 접목으로 가능하다고 보며 이는 바로 다른 종류의 도덕적 틀이 될 수 있을 것이다.

이 세상에는 교육을 못 받은 사람(not educated person)도 많고 교육을 받은 사람(educated person)도 많다. 드러커(P. Drucker)의 말대로 현대가 새로운 교육인(new educated)의 시대라는 데 동감하며, 한 걸음 더 나아가 높은 교양인, 바른 교양인(well educated person)의 시대가 되어야 한다고 생각한다. 왜냐하면 현재까지 교육을 받은 많은 사람들이 교육을 못 받은 낮은 지위의 많은 사람들보다 더 높은 지배적 위치에서 더 많은 사회적 문제를 야기한 것이 사실이기 때문이다.

---

*The more you prospect, the more you prosper. - Steve Johnson -

*더 많은 것을 내다볼수록 더 많은 것을 이루기 마련이다. - 스티브 존스 -

5. 인성교육 없이 인문학도 없다

인문학이 한계에 도달하여 인문학을 살려야 한다는 주장이 제기되고 있다. 우리나라의 부정, 부패, 비리, 윤리, 도덕의 타락 등 심각한 현실 문제에 관한 세미나를 보면, 문제에 대한 근본적인 대책이나 방안에 대한 합의 도출 없이 각 전문분야 학자들이 자기분야 학문의 중요성만을 주장하는 경우가 대부분이다. 각 분야별 전문가들은 자기 분야에서 담당해야 한다고 주장하지만 구체적 교육 과목이나 내용 또는 방향 설정 없이 자신들이 해야 한다는 원칙만을 주장하는 것이다.

포스트 붐 대표 작가인 멤포 지아르디 넬리가 말한 문학이 지향해야 할 방향을 "부패와 위선으로 위장한 사회와 달리, 문학은 협동적이고 정직한 길을 향해 나아가야 한다. 문학은 이런 윤리를 회복하기 위해 끊임없이 싸워야 한다."라고 주장했다.[47]

선진 교양사회로 발전하기 위해서는 모든 학문의 발전 방향이 인간의 가치와 윤리, 도덕을 기초로 하고 전문 영역의 개발에 초점을 맞춰야 할 것이다. 학문도 학문을 위한 순수학문 연구에만 집중하면서 마치 자기 학문만이 더 중요하고 자기 전공학문 하나로 사회 전반적 문제를 해결할 수 있다고 주장하거나 생활수단으로서의 학문상의 헤게모니 싸움만 할 것이 아니라 어느 학문을 전공하든 고유의 전문성을 살리면서 인성교육, 즉 인간생활 중심사상과 인본주의에 기초한 윤리도덕 회복, 상호 존중, 예의 범절 교육이라는 인류의 대명제를 해결하기 위해 공동으로 대처, 해결한다는 숭고한 학문적 사명감을 정립, 실천해야 한다. 인문학의 가치와 중요성은 인성교육과 창조성에 있는 것이다.

"국가, 시민 단체, 가정, 개인 등 모든 체제는 다양한 논리와 구조체들이 모여야 온전한 삶의 질서를 만들 수 있다. 그 질서 속의 구성원이 의미 있는 가치를 올바르게 추구할 수 있도록 해 주는 것이 바로 인문학"이라고 김우창 교수는 주장한다.[48)]

21세기 글로벌 시대에는 인문학의 형이상학적 이론 중심 교육을 초월하여 인성함양 교육을 통한 자기 개발 능력, 창의적 사고 능력을 길러주는 초학문적 노력이 필요하다.

6. 글로벌 교양 중심 교육과 창의성 계발

인성교육은 지금까지 실시해 온 사회생활, 국민윤리 과목 정도로는 불가능하다는데 이견을 제기할 사람은 없다. 공자, 맹자 교육, 전통 예절 교육 등 한국적 교육방식만으로는 세계화시대에 중심국가로 성장하는 데는 한계가 있다. 한국적 예절과 서양예절, 관습 등 글로벌 교양을 비교, 소개 설명하고, 동 · 서양의 사고방식의 차이, 문화의 차이 등을 실례를 들어 흥미 있고 현장감 있게 교육하여 국제사회에서 중심적으로 활동할 수 있는 교양인으로서의 인재를 양성하여야 한다. 세계화시대의 공동체 사회의 지도적 삶을 살아가는 지혜를 불어넣어 주어야 한다.

인문학의 위기라는 말이 있다. 많은 나라가 경제과학, 기술개발 중심의 정책을 수행하다 보니 인문학의 실효성에 대하여 회의적이다. 인문학의 위기는 인성과 창의성 개발 부족에 기인한다. 필자는 창의성 이론을 "누에 고치이론"이라고 명명한다. 인문학은 "누에고치의 생산에만 치중하며, 누에고치는 누에가 만든 것이고, 누에고치를 생산하면 돈을 번다고 선전을 하는 정도의 교육을 해온 것이다. 아니면 난해한 형이상학적 구구한 이론 전개를 통하여 현실과는 거리가 먼 구름 잡는 얘기만 해 왔다. 누에고치를 무엇에 어떻게 사용하면 무슨 효용이 있는지를 제시하지 못하는 것이다. 누에고치를 하나의 아이디어 뱅크(Idea Bank-Account)로 봐야 한다. 즉, 모든 지식의 저장 창고로 봐야 한다. 누에고치의 효용성, 활용성, 사실성, 창의성, 장래성(미래성) 등 실효성의 발견이 있어야 한다.

헌팅턴은 인간이 어떤 문명에서 살고 있든 간에 인간은 다른 문명 속에서 살아가는 사람들과 공유하는 가치관, 제도, 관행을 확대하는 방법을 꾸준히 모색, 실천해야 한다고 주장한다.[49)]

프랑스 사회학자 피에르 부르디외는 "가장 선진적 문화 생산물"은 문학적, 예술적, 과학적 장(場) 등 소우주들이 경제적, 정치적, 종교적 권력에 대해서 자율성을 확보하고 있을 때만 나올 수 있다고 한다.[50)]

즉, 정치, 경제, 종교, 교육계 등 각계가 거국적, 자율적으로 협조를 해야 선진문화, 윤리, 도덕, 교양문화의 확립이 가능하며 폭 넓은 다양한 교양교육을 통하여 인성을 함양함으로써 궁극적으로 창의력 개발교육으로 연장될 수 있을 것이다. 그런 의미에서 이 책이 전하는 글로벌 교양의 메시지는 창의력 계발에도 도움이 되리라 생각된다.

이와 같은 새로운 교양문화의 확립을 위해서는 사회의 각계각층이 집단적, 파벌적 사리사용현상인 몰개성적 의식수준에서 벗어나야 한다.

르 봉(Le Bon)이 말한 일종의 집단적 군중 행동(mob behavior) 심리가 작용하는 사회적 전염병(social contagion) 현상의 발생도 국민 의식수준인 교양의 문제와 관련된다. 과거 의료, 관광, 철도, 지하철 등 주요 기업체의 노동조합이 임금 인상 투쟁을 했는데 일부 집단의 사리사욕을 위한 난동행위는 일종의 소위 몰개성화(deindividuation) 현상으로 변할 수도 있었다.[51)]

기업은 심각한 노동시위가 일어나지 않도록 평소에 근로자가 주인 의식을 갖고 함께 기업을 살려 나가려는 의욕과 동기를 불어 넣어 주는 노력을 해야 한다. 노사 간의 충돌요인을 사전에 차단하기 위한 상호 인내, 양보, 협동하는 상생의 노력이 있어야 한다.

우리는 지금까지 모든 분야의 여러 가지 문제와 각종 병폐를 제거하기 위한 방법을 찾기 위해 각계가 동원되어 회의, 세미나, 토론, 발표 등을 통하여 진지하게 논의하고 토론해 온 것은 사실이나 부분적, 피상적, 원론적, 이상적 공론에 그친 경우가 많으며 이렇다 할 만하게 시행 가능한 구체적 방안을 제시하지 못한 것 같다. 그것은 바로 글로벌 생활교양 교육을 통한 글로벌 마인드의 함양으로 가능하다.

글로벌 마인드는 값싼 동정적 정감을 의미하지 않는다. 단호한 냉정과 선별의 감각이다. 적당주의식 사고가 아니라 정의와 투명성의 공감이다. 합리적이면서도 분명하다. 관용과 엄격함이 동반되어야 한다. 인류가 더불어 사는 행복한 삶, 공동체적 삶을 위해 분명하게 선을 그어 분별하는 투명감각이다. 옳고 그름의 분별미학이다.

"발칙한 한국학"의 저자 스콧 버거슨(서울거주 자유 기고가)은 이방인에 대해 한국인은 지나치게 잘해 주거나 아예 무시하는 극단적 태도를 취하는 경향이 있다고 했다. 자기가 속한 소그룹에서는 공동체 의식이 탁월하나 큰 단위 속에서는 약하다고 평하며 또 다른 글로벌 마인드의 문제를 지적했다. 더불어 사는 마음으로 변화해야 한다.

---

* The intelligent man is one who has successfully many accomplishments, and is still willing to learn more. - Ed Parker -

*지성인이란 많은 훌륭한 일을 이룬 후에도 더 배우려는 의지를 지닌 사람이다. - 에드 파커 -

창의성(Creativity) 계발

창의성은 "생각의 힘"이다. 골몰한 생각(몰입(沒入); 칙센트 미하이의 용어; flow, immersion)의 산물이다. 정신집중, 감정이입, 삼매(三昧)의 과정이다. 불교의 참선(meditation; 명상) 과정과 유사하다. 참선은 깨달음에 이르는 과정이나 창의성은 발명, 창작으로 가는 과정이다.

창의성은 과학, 발명에만 적용되는 용어는 아니다. 인문학적 사고, 철학적 사유에서 나온다. 특정 사물이나 특정 분야에 대한 깊고 끈질긴 통찰력, 숙고의 결정이다. 창의성의 성공은 습득한 단순한 지식(knowledge)의 이해(understanding)로의 전환과 실행(realization)의 결과이다.

따라서 다음과 같이 1단계 4개 과정, 2단계 8개 과정을 각각 거처야 된다고 믿는다.

제1단계: ① 배우고 ② 보고 ③ 듣고 ④ 생각하는 단계(지식단계).

제2단계: ⑤ 느끼고 ⑥ 판단하고 ⑦ 실행하고 ⑧ 평가하는 단계(이해단계; 수확단계)

창의성 계발의 4가지 노력 4H(hard): ① think hard ② endure hard ③ try hard ④ repeat hard 결국 시행착오(trial and error)와 피드 백(feedback) 과정을 거처야 창의성은 성공한다.

제4장 글로벌 생활교양의 내용

글로벌 생활교양 교육은 윤리, 도덕, 인성을 회복함으로써 우리의 삶과 직접 관련되는 복합적인 현실 문제를 실용적으로 해결하는 능력을 갖추도록 하는 것이다. 글로벌 생활교양을 이해하기 위한 형식과 실제 내용에 관한 지식 습득의 필요성은 제 I 부에서 설명하였다. 그러므로 이 장에서는 글로벌 생활교양의 내용과 활용방안에 관하여 알아본다.

1. 글로벌 교양인의 조건은 무엇인가?

윤리란 사람이 사회적 관계에 있어 마땅히 행하거나 지켜야 할 도리로 도덕규범의 총체를 의미한다. 도덕의 사전적 의미는 사람으로서 행하여야 할 이법(理法)을 의미하며 그것을 자각하여 실천하는 행위이다.(한글큰사전, 신기철 저) 도덕은 어떤 사회에 있어 일반적으로 인정되어 있는 규범으로 그 성원이 사회에 대하여 또는 다른 성원에 대하여 해야 할 행위 또는 도리를 규제하는 규범의 총체를 의미하며, 법률 같은 강제력의 수반이 없는 개인의 내면적 행위이다. 윤리(ethics)와 도덕(morals)은 인간이 인간다운 생활을 하기 위한 도리와 규범이라는 의미에서 같은 의미로 이해된다. 즉, 인성을 완성하는 기본이 윤리와 도덕인 것이다. 따라서 윤리와 도덕은 인성의 완성을 통한 훌륭한 인간사회 재건에 절대적으로 필요한 요인이다.

한스 킹(Hans King; 종교신학, 튀빙겐대)은 세계윤리의 목표를 인간은 성, 인종, 사회적 지위, 정치, 종교, 나이, 언어에 관계없이 인도적 대우를 받는데 두어야 한다고 강조하고, 남들로부터 받고 싶지 않은 행동을 남에게 하지 말 것을 윤리의 출발점으로 할 것을 제의한다. 즉, 비폭력, 생명존중 연대와 정의, 질서, 관용과 진실성, 남녀 간 상호 존중과 협동 등, 고등종교의 공통적 윤리관을 목표로 하여야 한다고 주장하고 세계윤리 실천을 위한 국제기구 설립의 필요성을 인정한다.52)

니일 일리치(Neil Illich; 호주인. 역사신학, 펜실바니아대)는 도덕교육 무용론을 주장, 학생들에게 아무리 도덕을 가르쳐도 학생들의 도덕적 행동에 변화가 없다는 주장이다. 이에 대해 심성보는 자유주의적 도덕 교육과 공동체적 교육의 접목이 필요하다고 주장한다.53)

리차드 노만은 윤리학의 중요성을 감안, 윤리학 연구를 사회학과 정치 철학으로 유도해야 한다고 주장한다. 윤리, 도덕은 사회학, 정치 철학에 국한할 것이 아니라 종교, 문학, 심리학, 교육학, 언론, 법, 경제학 등 모든 인문, 사회, 과학까지도 윤리, 도덕, 철학을 중심으로 연구, 발전시켜야 할 것이다. 윤리, 도덕, 교육은 이론적, 논리적, 형이상학적, 철학적 연구에 의하여 달성되는 것이 아니라 리차드 노만의 이론대로 인간의 이성적 행복 추구를 위하여 실천적, 경험적 학습이 필요하며 도덕적 지식인은 인간의 실존적 사실에 대한 경험적 연구로부터 도출되는 것이다.

도덕적 지식인은 단순한 지식인이 아닌 윤리, 도덕을 갖춘 지식인으로 필자가 주장하는 글로벌 생활교양의 자질과 소양을 갖춘 인격자를 의미하는 것이다. 글로벌 생활교양인은 세계화시대, 더불어 사는 공동체 사회 건설을 위하여 필수 불가결한 역군이다. 칸트는 인간이 도덕적일 때 비로소 자유롭다. 내가 내 돈 내고 마음대로 먹는다는 자의로 한 행위도 자유로운 행위가 아니며 하나의 생물학적 조건이라는 것이다. 행위 자체가 지닌 도덕성이 중요하다는 것이다. 도덕성을 타인과의 관계에 있어서 어떻게 처신해야 하느냐의 문제라고 했다.54)

고대 그리스의 교육자 프로타고라스도 사회의 공동체적 기능을 위해서 도덕적 관습이 필요함을 강조하였다.

화이트는 "교육과 좋은 생활(education & good life)"이란 저서에서 "도덕적 행동은 비도덕성의 고통을 피하고 이타적 품성(altruistic proposition)을 갖춘 행위를 의미한다"고 정의한다. 윤리, 도덕의 확립은 인성의 완성 교육을 통하여 가능하며 인성의 완성 교육은 현대적 국제 감각, 즉 글로벌 생활교양 교육을 통하여 완성되어야 할 것이다.

2. 인간관계에서 지켜야 할 기본

트라시 마추스(Trasymachus)는 정의나 도덕 개념을 특정 계급 사회 내에서 자신들의 특권을 정당화하고 도덕적 우월성을 내세워 다른 사람을 통제하기 위해 제정한 규범, 즉 지배 집단의 피지배 집단에 대한 지배수단이라고 정의하였다. 이는 다소 극단적 표현이 아닌가 생각된다. 물론 지배층이 내세운 도덕성이 항상 공리주의적 형태를 나타낸 것은 아니다. 지배층들은 근로자의 근로성에 멸시감을 갖고 특정계급의 생활양식, 예절을 찬양하면서 이를 도덕적 범주에 포함하여 지키도록 하였다. 프로토콜이 17세기 프랑스 등 서양의 궁중 예절로부터 본격적으로 발전한 것도 그런데서 연유한다. 따라서 특정 귀족계급은 예절과 도덕을 혼동하는 경향이 있었는데 예절을 도덕적 차원에서 지켜야 한다는 것이다.

예의범절은 상대방에 대한 배려로 대인관계에 있어 많은 신경을 쓰는 겸양의 태도이다. 친절, 사려, 분별, 예의, 사교적 태도 등 교양에 비중을 두고, 화날 때 인내심, 억지력을 발휘하는 태도 이러한 문화를 에드워드 홀은 고맥락인(polychronic) 문화로, 대인 관계보다는 업무관계 위주의 문화를 저맥락인(monochromic) 문화라고 분류했다.[55)]

저맥락(low context) 문화는 주로 독립적, 이기적, 개인주의적 특성을 가진 서양인의 문화를 의미하며 미국, 스위스 등이 여기에 속한다. 고맥락(high context) 문화는 협동, 화합 정신의 집단소속 의식을 중시하는 동양인의 문화를 의미한다. 중국, 한국 일본 등이 주로 여기에 속한다. 중국인도 곤경에 처한 경우 태연하고 자녀의 잘못된 행동을 참아내는 인내심이 있는데 이는 가정이라는 집단을 의식하기 때문이라는 것이다. 다만 일본인 중에는 고맥락에 속하는 경향의 사람도 있다.

조용헌 교수(원광대학교)는 조선시대 선비들의 예(禮)는 서구적인 매너와 에티켓의 차원을 넘어서는 궁극적 관심(ultimate concern)의 문제로 질서에 대한 욕구의 소산으로 본다. 야만의 카오스를 문명의 코스모스(cosmos)로 전환시키는 방법을 바로 예의에서 찾았다 한다. 바로 예의 자각에서 상대방에 대한 배려와 시류에 영합하지 않는 직언, 정의감이 나왔다는 것이다.(조선일조. 2002.5.21)

공자에 의하면 예의(禮儀)는 인간관계의 기본이다. 고대 노예사회의 예의는 정치, 법률제도, 공식적 의식, 사회활동 등 제반 사회 규범의 중심이었다. 춘추전국 시대의 예의는 상호 존경과 겸손(양)이었다.(공건, 세상을 사는 공자의 지혜, p.89)

현대사회에서 인간의 예의는 인간 자체에 대한 판단 기준으로 작용한다. 즉, 인간의 존비귀천, 시비곡직(是非曲直), 종교, 신앙, 풍속, 습관 등의 생활 양상은 지도층을 포함한 각계각층에 대한 인간 판단, 즉 인격판단의 기준이 되는 것이다.

---

* It is not enough to have a good mind. The important thing is to use it well.

  – Rene Descartes -

* 훌륭한 정신을 보유하는 것으로는 충분치 않다. 중요한 것은 그것을 잘 활용하는 것이다.

  - 레네 데카르트 -

3. 글로벌 교양교육과 다양성

우리의 학교 교육이 이론중심, 시험중심으로 이루어지다 보니 일회용 지식으로 끝나는 경향이 많았고 삶에 대한 감수성 내지는 공감대 형성에 냉담함으로써 창의성, 자아실현능력 개발에도 실패한 것이다. 즉, 인성교육의 실패이다.

홍준기 교수는 보다 나은 삶을 우리와 동떨어진 공허한 이론에서 찾을 것이 아니라 일상 삶에서 만나는 문화적 현상으로부터 그 추동력을 얻어야 한다는 지젝의 이론을 소개했다.(중앙일보. 2001.5.24)

이제는 이론중심, 시험중심의 전통적 교육만으로는 우리의 근본적 문제 해결이 불가능하다는 생각이다. 방송강의도 문제 풀이, 해석중심의 사지선다형, OX 문제 중심의 입시위주 강의가 대부분이다 보니 사회적 문제 해결에는 도움이 안 된다.

유사한 이론은 김진석의 주장에서도 잘 나타나 있다. 그는 모든 대학의 철학과가 불필요하고 정치, 경제사회, 과학기술, 문화예술 영역과 혼합되어야 하며 노자, 공자, 칸트, 데카르트 등 고전연구의 끝없는 해석이 사회윤리, 도덕의 부재 현상을 초래하였다는 것이다. 즉, 동 · 서양의 텍스트 해석에만 빠져있지 말고 복합적인 현실 문제를 구체적으로 다루어야 한다는 주장이다.[56)]

필자는 글로벌 생활교양(global mind & ethics) 교육을 바탕으로 하여 에티켓(etiquette), 매너(manners), 프로토콜(protocol)을 배우고 윤리, 도덕을 회복하고 자아개발, 자아실현을 달성토록 함으로써 우리의 삶과 직접 관련되는 복합적인 현실 문제를 해결하는 도구로 활용해야 한다는 것이다. 21세기 무한경쟁 시대에 글로벌 지도자와 인재를 양성하기 위하여 특정 윤리, 도덕 교육을 초월한 동 · 서양의 다양한 문화, 학문, 사고방식을 바탕으로 세계인이 공감할 수 있는 글로벌 마인드 교육, 인성교육을 위한 정통 교양 과목으로 "글로벌 생활교양" 과목이 "기본"이 되어야 하며 그 구체적 내용에는 다음 사항이 포함되어야 한다.

- 에티켓, 매너(동 · 서양)(table manners, protocol 등)
- 준법 정신
- 질서, 규칙 준수(음주 문화, 각종 사고예방)
- 양보심(배려 정신)
- 봉사정신 함양
- 상생이론(win-win)
- 공동체 생활의식 고양
- 합리적 사고(분수의 인식)
- 정직성(투명성)
- 인내심(노력, 승부근성)
- 정의감(고발정신)
- 인간존중(인본주의) 사상
- 효(孝) 사상(전통 예절)
- 환경(자연)보호 정신
- 창의력 향상 교육
- 종교생활과 교양
- 여성지위와 교양
- 리더십과 교양
- 대화, 교섭과 교양

이상의 내용을 식사, 인사, 소개 등 인간관계와 관련되는 각종 매너, 에티켓 등 예의범절 양식, 의전(프로토콜) 등과 함께 윤리 도덕 교육을 병행하되 내용(마음)과 형식(절차, 실무)을 교육해야 한다. 프랑케나는 내용을 통한 도덕교육의 의미를 구 도덕성(old morality), 형식을 통한 도덕교육을 신 도덕성(new morality)이라 분류했다.[57]

따라서 국제 교양교육은 구 도덕성과 신 도덕성을 동시에 병행하여 "이론과 실제"를 감동적으로 교육하는 것이 효과적이다.

매킨타이어(MacIntyre)는 교육윤리학을 "행위의 옳고 그름을 판단하기에 앞서 도덕적으로 옳은 행동을 할 수 있는 품성 또는 덕행을 자연스럽게 몸에 배도록 해 주는 것이다"라고 정의했다.[58]

교육 윤리학을 글로벌 생활과 관련한 인성 함양, 즉 글로벌 생활 교양 과목으로 기본을 삼는 것이 앞으로 세계화시대를 대비하여 국내외적으로 지도적 인재를 양성하는 길이다. 왜냐하면 글로벌 교양은 다양한 인류의 생활, 삶, 즉 문화 다양성을 배워 익히는 학문이므로 그러한 다양성 교육은 인성 함양과 창의력의 보고이기 때문이다. 따라서 제대로 된 바른 교양교육은 국가 경쟁력 창출의 원동력이며 일류 선진국 진입을 위한 기본이 되는 것이다.

어느 일간지에 정신과 의사 한 분이 "정신건강을 지키는 7가지 수칙"을 발표했는데 신체건강 수칙이라기보다는 오히려 우리 생활의 매너와 에티켓, 예절, 인성의 중요성을 강조하고 있음을 알 수 있다. 그 내용은 다음과 같다.

① 감사하는 마음으로 산다.
② 반갑게 마음이 담긴 인사를 한다.
③ 하루 세 끼 맛있게 천천히 먹는다.
④ 상대의 입장에서 생각해 본다.
⑤ 일부러라도 웃는 표정을 짓는다.
⑥ 원칙대로 정직하게 산다.
⑦ 때로는 손해 볼 줄 알아야 한다.

이상은 마음을 비우고 자신을 낮추고 예의범절을 잘 지키고 사는 것이 건강하게 사는 방법이라는 것을 강조하는 것이다.

영국 교육부장관(David Blunkett)이 영국 학생의 시민정신 교육에 필요한 12개 기본사항(key word)을 다음과 같이 열거했다.(조선일보 2002.1.3)

① Awareness(상대방 배려)

② Concerns(관심)

③ Focus(집중-구체화)

④ Issues(문제의식)

⑤ Mission(사명감)

⑥ Partners(동반 정신)

⑦ Sharing(공유-나눔)

⑧ Sympathy(동정)

⑨ Talking(대화)

⑩ Understand(이해)

⑪ Value(가치관)

⑫ Volunteer(봉사 정신)

⑬ Open mind(열린 마음)

⑭ Global mind(선진 세계 시민 정신)

우리는 여기서 상대방을 배려하고 더불어 사는 공동체 의식을 고취하는 내용이 중심으로 되어 있음을 알 수 있다. 이상은 현대적 시민정신 교육이며 나아가서 교양인을 양성하는 기본이라 할 수 있다.

---

* Life starts with human relations, and ends with human relations.
* 인생은 인간관계로 시작해서 인간관계로 끝난다. - sck -

4. 어린이 교양교육의 중점 사항

나라의 어린이들을 교양을 갖춘 인재(人材)로 잘 키우지 않으면 인재(人災)로 망할지도 모른다. 인재(人才)도 필요하다. 그러나 여기서 말하는 인재는 공부를 잘하는 성적이 좋은 천재나 수재로서의 인재(人才)나 영재가 아니라 사회 모든 분야에서 훌륭한 활동을 할 수 있는 재목(材木)으로서의 인재(人材)를 의미한다. 어린이가 자기 적성에 맞는 능력을 키우고 자아를 실현하는데 필요한 자기개발 능력을 키워주는 교육을 해야 한다는 뜻이다. 미래의 장수시대(125세)에 대비하여 뜻 있고 보람 있는 삶을 영위할 수 있도록 끊임없는 자기개발의 필요성을 일깨워주는 교육이 되어야 할 것이다.

우리나라와 같이 어린이 교육에 몰입하는 나라도 드물 것이다. 어린이 조기교육의 후유증인 과잉 언어증(Hyperlexia)이라는 부작용을 초래할 정도로 교육에 몰입한다. 교육 내용이 지식(IQ) 위주로 돌다 보니 도덕지수(MQ)나 감성지수(EQ)의 결여, 즉 생각부족 현상으로 교양과 창의성이 결여된 교육으로 흐르기 일쑤이다.

우리 어린이들에 대한 부모의 교육에는 많은 문제가 있다. 어린이에 대한 과잉보호 내지는 과잉 사랑 때문이다. 영화관이나 음악회 등에서 어린이의 시끄러운 소동행위는 말할 것도 없고 지하철 승차 중 나타나는 어린이들의 행동은 보통 문제가 아니다. 그 예를 열거하면 다음과 같다.

① 지하철을 타고 앉아서 미친 사람같이 소리를 지르는 행위.

② 지하철 안을 자기 집 마당처럼 뛰어 다니는 행위.

③ 신발을 신거나 벗고 좌석에 올라가서 뛰는 행위.

④ 자기 집 침대처럼 좌석에 눕는 행위.

⑤ 좌석에 올라서서 손잡이를 붙들고 철봉을 하는 행위.

⑥ 어린이를 무등태워 지하철 선반을 잡게 하고 수선을 떠는 행위.

⑦ 몸을 가만히 두지 못하고 비비꼬며 장난치는 행위.

⑧ 젊은 부모가 어린이와 같이 장난치며 노는 행위.

이런 현상을 보고도 아무 말 하지 않고 그저 즐겁다고 웃고 방관하는 부모의 행위 또한 나은 점이 없다. "고슴도치도 자기 새끼는 예뻐한다"는 명언이 있다. 아스트리트 카이저는 어린이 교육의 문제는 모든 것이 엄마의 책임이라고 한다(아스트리트 카우저, 내 아이 마초로 키울 수 없다).

어린이가 자라서 듣게 되는 마치스트(남성 우월주의자; macho, 수컷에서 나온 말), 파샤(경처가; pasha) 등의 용어는 서양식 사고에서 나온 말이고, 공주병, 마마보이 등의 용어는 한국식 용어이다. 훌리건 식 폭력적 성격(기죽이지 말기식), 돈 없는 사람 무시하는 성격, 왕따 당하는 기질(독불 장군) 등을 가진 어린이들은 대부분 어머니의 영향을 받았기 때문이다.

홀(Hall)은 어떤 부모는 자식에게 무의식적 동일(Identification)시(자식이 부모와 같이 되기를 희망)를 강요함으로써 자식과의 의견 충돌을 야기하고 결국 문제아, 불량아를 생산하게 된다는 것이다. 부모의 동일시 증세가 바로 불안, 고뇌, 불화의 원인임을 알고 자식도 타인(他人)임을 인정, 모든 행동이 자식의 자아로부터 나오도록 하는 것이 자식에 대한 부모의 진정한 사랑이라고 설명한다.[59)]

결국 어린이는 부모의 교육에 달려 있다. 어떤 어린이는 집에 혼자 있지를 못한다. 고등학생이 되어서도 혼자 있지를 못하고 계속 밖에 나와 있는 엄마에게 전화를 해서 빨리 오라고 독촉한다. 어린이를 처음부터 유모차에 뉘어 딴 방에서 잠을 자게 했더니 처음에는 울다가 며칠 지나고 나니 혼자 자고 나중에는 독립심도 생겨, 사회생활도 스스로 해결하려는 성격이 생긴다. 역으로 다소 고집스러운 성격으로 발전할 가능성도 없지 않으나 자립정신을 심어줄 수 있는 것이다.

네트겐 슈타인은 어린이 교육에 있어 삶의 방식의 중요성과 관련해서 아이들이 무수히 많은 도덕 개념의 규칙을 터득하는 것은 삶의 방식에 의한다고 한다. 도덕 개념은 언어뿐 아니라 행동에 미치는 영향이 더 중요하다. 방학이 되면 많은 어린이들이 학교 숙제를 대행업체에 용역을 주어 대신하도록 해결하고 여행을 떠난다는데 어린이가 무슨 교훈을 받을 것인가? 최근 조사 결과 청소년들의 70%는 결혼할 때 부모가 신혼집의 임차 비용을 부담해야 한다고 생각한다는 것이다. 부모들의 황금만능주의를 고취시키는 행동의 영향이 아닐 수 없다.

최근 우리 어린이에 대한 경제교육의 중요성이 강조되고 있다. 어린이에게 경제 분야의 교육을 강조하는 것도 좋으나 글로벌 생활교양교육의 범주 내에서 실시해야 한다. 한국경제 특별 취재팀이 외국 어린이와 한국 어린이의 용돈 사용에 대한 문제점을 취재하고 결론적으로 용돈 교육 6계명을 제시했는데 그 내용은 다음과 같다.(한국경제 2003.1.6)

① 일정한 날 일정한 시간에 주어라.
② 약간 부족한 정도로 주어라.
③ 용돈기입장을 쓰게 하라.
④ 저축, 지출, 기부 등 부기식을 가르쳐라.
⑤ 용돈 사용에 간섭하지 마라.
⑥ 당연히 도와야 할 집안의 일과 용돈을 주어야 할 일을 구별하라.

스티븐 코비는 아이를 기쁘게 해 주기 위해 원하는 대로 해 줄 경우의 긍정적 측면과 부정적 측면을 설명한다. 부모의 인기가 상승하는 부모에 대한 긍정적 측면과 아이의 내면적 기준 설정에 문제가 생

기며 목표 없이 성장하게 되고 결국 무절제, 무책임한 성인이 된다는 부정적 측면이다.[60)]

외국에서는 공공장소 등 여러 사람이 모인 곳에서는 어린이가 잘못할 경우 부모는 야단치면서 교육을 시킨다. 어린이가 장소와 때에 따라 행위를 함에 있어 교양을 갖추도록 평소에 교육을 시키는 것이다.

글로벌 교양을 가르침에 있어 어떤 행위가 교양 있는 행위이고 어떤 행위가 교양 없는 행위인지를 스스로 판단하고 선택할 수 있는 능력을 배양하는 것이 중요하다. 즉, 감정 이입과 선택 이론을 통한 교육이 필요하다.

미국의 정신과 의사이며 심리학자인 윌리엄 그라써(William Glasser)는 "선택 이론" 이라는 저서에서 인간이 무엇을 할 것인지에 대한 판단, 모든 활동과 생각은 자신이 선택한다는 것이다. 자신의 선택을 결정하는데 있어서는 외부의 영향인 외부 통제가 존재하지만 좋고 나쁜 것의 선택은 자신에게 달려 있다는 이론이다.[61)]

자기 스스로 좋고(good), 옳은(right) 행위를 선별적으로 행할 수 있고 나쁘고 잘못된 일을 자제할 수 있는 능력을 길러 주는 것이다. 사리 판단을 위한, 분별 의식과 실천 능력을 기르는 것이다.

일본의 시민교육의 중점은 "남에게 폐가 되지 않도록 행동하는 것"을 생활 원칙으로 삼는 것이라 한다. 미국에서는 어린이가 나쁜 말(bathroom language)을 사용하면 처음에는 경고 조치하고, 다음에는 격리 조치하는 등 벌칙이 엄해진다.

포스트 엘리자베스는 어린이 에티켓 교육 방법으로 다음과 같이 4가지를 제시한다.

① 인내심 교육(patient instruction)

② 일관성(consistency)

③ 엄격함(firmness)

④ 사례 예시(examples)

또한 미국에서 어린이 교육을 할 때 지켜야 할 법(rule) 4가지를 다음과 같이 설명한다.

① 정당하게 노는 방법(to play fair)

② 차례 지키기(to take turns)

③ 함께 노는 방법(to share playthings)

④ 자기 물건 소중히 하기와 동시에 남의 물건도 소중히 하기(to take care do their own toys as well as those that belong to other children)

어린이에게 엄격한 교육 태도를 취하긴 하나 어린이에게 무조건 No(안돼)라는 금지 명령은 삼가는 게 좋다는 것이다. 예를 들어 위기 사항, 교통위험, 화재 등 재해위험이 있을 경우에는 사용 가능하나 금지를 지시할 때에는 그러지 마라, 그러면 안 되지, "왜냐하면 우리 집도 아닌데 사람이 많은 곳에서 떠들면 방해가 되고 교양 없는 사람이 되는 것이다"라는 식으로 설명해서 이해를 시키라는 것이다. 프로이트 말대로 어린이는 5살쯤 되면 자기이해가 가능한 자율적행위자가 되기 때문에 잘 설명하면 알아들을 수 있다는 것이다.

노벨 물리학상 수상자인 에릭 코넬 교수(Erick Connel; Colorado 대)가 방한하여 "나는 왜 과학자가 되었나"라는 제목으로 강연을 했는데 그는 처음에는 물리학도로서 장래에 대한 실망이 컸으나 훌륭한 스승 두 분의 말에 감명을 받아 물리학에 전념한 결과 오늘의 영광을 얻었다는 것이다. 즉, 첫 번째 스승은 자신의 부친으로 어릴 때 자신에게 "손톱으로 달을 가릴 수 있지 않니, 달이 지구에서 40만 km 떨어져 있다고 생각하면 달이 얼마나 큰지 알 수 있지"라고 던진 질문과 두 번째는 고교 교사가 "인류가 기계적인 세계에 살고 있다"는 말에 전 세계가 하나의 기계라는 아이디어를 얻고 생각을 하게 되었다는 것이다.(한국경제 2002.10.23) 이것은 감수성의 덕분이다.

즐거움, 기쁨, 슬픔을 느낄 수 있는 감성, 불쌍한 사람을 보고 느낄 수 있는 감수성을 길러주는 교육이야 말로 이기주의를 극복하고 남을 생각하는 이타심(利他心)을 기초로 하는 공동체 정신을 함양하는 방법이다. 어린이 교육은 창의성과 감수성, 즉 사유의 정신을 길러 주는 것이 되어야 한다. 기죽지 않는 교육, 돈 버는 교육만 시키다 보면 결국 비정상적 세상을 살아가는 방법만 배우게 되고 그런 투쟁사회 속에서 평생 동안 싸움과 고생만 하는 인간다운 삶이 아닌 동물적 삶을 살 수밖에 없을 것이다. 매슬로(A. Maslow)가 말하는 소위 자아실현(自我實現)을 위한 교육이 있어야 한다.

따라서 우리 어린이들을 손색없는 글로벌 교양인, 바른 교양인으로 길러야 한다. 고등교육을 받은 자칭 교양인은 많다. 그러나 높은 수준의 교양인은 많지 않다. 낮은 수준의 교양 그리고 보통 교양인이 대부분이다. 이기적 자기중심적 교양인이 많다. 높은 교양인, 바른 교양인(well educated person)을 많이 양성하여 그들이 훌륭한 글로벌 지도자, 글로벌 인재(人材)로서 나라를 이끌어 가는 중추적 역할을 할 때 미래의 일류 선진국과(글로벌 코리아) 달성이 가능할 것이다.

어느 날 위도를 휴가차 방문한 한 어른에게 텔레비전 아나운서가 소감을 묻는다. 답변은 간단하다. "공기도 좋고 맑고 좋네요"라는 대답이 전부였다. 아름다운 경치와 시원한 바다 환경 속에서 느끼는 감동이 어찌 맑은 공기뿐이랴. 느끼는 감수성과 표현력의 한계 때문이다.

5. 글로벌 인재 교양론의 확립

글로벌 교양교육의 중요성에 비추어 글로벌 교양론은 확립되어야 한다. 하나의 학문이 과학으로 성립하기 위하여 특정 주제에 대한 지식 획득을 목적으로 하는 연구 방법 사용이 가능해야 하며, 이론적 사고와 명제에 대한 논리적 평가가 가능해야 한다는 것이다. 글로벌 생활교양론은 이러한 조건을 갖추고 있으며 사람의 삶 중에서 중요한 관습 내지 행태를 다루는 의미 있는 학문으로 정립, 발전이 가능하다고 본다.

글로벌 생활교양은 국제 생활윤리를 내포하는 하나의 실용적 학문으로서 독자들의 일상생활은 물론, 사회생활 적응과 직장생활에서 탁월한 기량을 발휘하는데 기여할 것이다.

현대의 석학 움베르토 에코(Umberto Eco)는 9 · 11뉴욕 테러 사태와 같은 문명의 교류와 충돌 과정에서 야기되는 고통과 대가를 줄이는 방법은 늦긴 했지만 초 · 중 · 고등학교 등 공교육에서 문화인류학을 가르쳐야 한다고 주장했다.[62] 문화인류학은 중요한 교육과목임에는 틀림없으나 그 범위가 너무 광범위하고 애매한 분야로서 우리나라 교육방식의 문제점이라 할 수 있는 역사중심 또는 이론중심의 우를 되풀이 할 가능성이 많다.

뿐만 아니라 사회학에서 정치학이 나온 것과 같이 현대 사회학이 모든 것을 효과적으로 커버할 수 없을 것이므로 글로벌 교양은 별도 영역의 학문으로 충분히 발전될 수 있다고 생각된다.

칸트가 말하는 소위 국제적 도덕 법칙, 정언명령(categorical imperative)으로 확립하여 세계에 내 놓을 수 있는 학문의 하나가 글로벌 생활교양론(Global Mind & Ethics-global life education)일 것이다. 모든 사람이 글로벌 마인드를 갖춘 바른 교양인(well educated person)을 양성하기 위한 총체적 지혜이다. 바로 글로벌 인재 교양론의 성립이 가능할 것이다. 글로벌 생활교양은 일관성 있는 보편화가 가능하고 인류가 목적 지향적으로 따를 수 있도록 도덕화 할 수 있을 것이다. 즉, 칸트의 "보편적 필연성을 가진 도덕법칙"으로 정립될 수 있을 것이기 때문이다.

* Knowing is not enough, we must apply, Willing is not enough, we must do.
- Johan Wolfgang von Goethe -

* 아는 것만으로는 충분치 않다. 활용해야 한다. 자발적 의지만으로 충분치 않다. 실행해야 한다. - 요한 볼프강 괴테 -

註 (II부)

1) 스티븐 코비, 성공하는 사람들의 7가지 습관, 감경섭, 김영섭 옮김, 김영사. p.80.
2) 사뮤엘 헌팅턴, 문화가 중요하다. p.193.
3) 2001. 12. 12. 베이징 유상철 특파원기).
4) 앤서니 기든스 해설, 프로테스탄티즘 윤리와 자본주의정신. 베버, p.291.
5) 강성두, 기독교란 무엇인가, p.11.
6) 조계종 포교원, 불교교리 2, p.28.
7) 보각스님, 중앙승가대학 교수.
8) 백상창, 기독교와 정신분석, pp.22~23.
9) 제임스 헌터, 서번트 리더십, p.145.
10) 강성두, 기독교란 무엇인가. pp.169~175.
11) 로버트 램, 서양문화의 역사, 이희재 옮김, 298~299.
12) 안옥선, 불교윤리의 현대적 해석. p.408.
13) 인간 이해력 논고. 1960.
14) 신준봉 기자글.
15) 강성두, 기독교란 무엇인가. p.40.
16) 앙드레 글뤽즈만 소개 고종석 컬럼. 2000.8.7. 한국일보.
17) 미국 심리학회지; APA.
18) 자콥브로노스키, The Western intellectuals. pp.110~116.
19) 라인홀드 니버, Moral man and immoral society, p.138.
20) 마빈 해리스, 문화의 수수께끼. p.129.
21) 유재봉, 최승희, 심리학개론, p.302.
22) 앤터니 기든스, 현대사회학, p.187.
23) Christina Somers, "Who stole Feminism?" 책을 소개, 2002. 4.22. 조선일보.
24) 2002.12.18. 한국경제, 박수진 기자.
25) "세계문화와 조직"에서 여성적 사회와 남성적 사회의 주요 차이점을 일반적 규범, 가정, 학교, 직장(1부), 정치와 사고방식(2부)에 상세 설명하고 있으나 소개를 생략한다. p.145. p.156.
26) 경희대학교 성폭력 상담실 발간 자료.
27) 금장태, 퇴계의 삶과 철학, pp.240~241.
28) 에드워드 홀, 문화를 넘어서, p.139.
29) 이범준, 신승권, 정치학, p.119.
30) 맹자, 이 난세를 어이하리. 이시헌 평역, p.27 p.31.
31) 이극잔, 정치학.
32) 브레인 리, 권력원칙, 장성민 옮김. p.29.
33) William J. Ridings and Stuart B. Mciver. 김형곤 옮김, "Rating the Presidents", 2000.
34) 도본후 유지, 오다노부나가의 카리스마 경영, p.19~20.
35) 블레인 리, 장성만 옮김. 권력원칙, 김영사. p.175.
36) 도널드 필립, Donald Philip, 김강수 옮김, 시아출판.
37) 성공를 위한 100가지 특별한 방법. 김정수 옮김. 느낌있는 나무.

38) 성공하는 사람들의 비즈니스 예절, 장희경 옮김. pp.52~53.
39) 성공하는 사람들의 비즈니스예절, p.20.
40) 장명수 칼럼, 한국일보, 2001.1.12.
41) Jeff Cates, The Ownership Solution.김용범 외 6인 옮김, 푸른길, 2000.
42) 에드워드 홀, 문화를 넘어서, 최효선 옮김. p.138.
43) 기소르망의 대화, 20세기를 움직인 사상가들, p.157.
44) Neil Postman, Technology, p.241.
45) 스티븐 코비, 성공하는 사람들의 7가지 습관, pp.22~29.
46) Giddens와의 대화, 제3의길, p.26.
47) 송병선 대담, 중앙일보, 2001.2.8.
48) 김우창 "궁핍한 시대의 시인", 1977
49) 새무엘 헌팅턴, 문명의 충돌, p.440.
50) 한국일보 인터뷰. 2000.9.18.
51) 유재봉, 심리학 개론, 몰개성화 현상 설명, p.449.
52) 고범서의 대담. 2000.9.23. 조선일보. Hans King, 가톨릭 신학자 겸 종교학자, 튀빙겐대학 명예교수
53) 심성보, 교육 윤리학 입문, p.323.
54) 강영안, 칸트의 도덕철학. p.74.
55) 문화를 넘어서, p.72. p.120.
56) 동양담론 논쟁, 교수신문, 2001.7.23.
57) 프랑케나, 윤리학, W.K. Ethics, 1973
58) 박이문, 교육윤리학, 1994. p.147.
59) 에드워드 홀, 문화를 넘어서, p.339.
60) 스티븐 코비, 성공하는 사람들의 7가지 습관, p.80.
61) The Choice Theory, 1998. "행복의 심리" p.2. p.407.
62) 김성도 교수와의 대화, 중앙일보, 2002.5.15.

Global Mind

제 Ⅲ 부

세계화와 글로벌 마인드

21세기 세계화시대, 무한경쟁시대는 "변화"의 시대이다. 글로벌 교양 마인드로의 변화가 요구된다. 교양은 인간의 품성과 인성을 기르고 높이는 마음의 근원이다. 글로벌 생활교양은 국내외 사회활동에서 성공을 보장하고 리더가 되는 인재(人材)를 양성하는 기본적 도구이다. 따라서 글로벌 교양을 배우고 익히면 창의력이 생기며 자기계발을 통한 자아실현의 성취가 가능하다.

교양인은 단순히 고등교육을 받은 사람이 아니라 바른 교양인(well educated person), 계몽된 교육 정신의 소유자이다. 글로벌 마인드는 정치, 경제 발전은 물론 국력 신장, 일류선진국 달성의 원동력이다. 글로벌 마인드는 세계로 통하는 마음의 통로이다.

제1장 세계화, 경쟁과 변화

세계화란 무엇이며 어떻게 대처해야 하는가? 세계화와 글로벌 생활교양과는 어떤 관계에 있는가? 세계화는 원하든 원하지 않든 다가오는 불가피한 현상이다. 세계화의 거센 파도를 어떻게 잘 극복하고 파도타기의 즐거움을 향유하느냐는 그 나라의 국민과 국가 그리고 정부에 달려 있다. 변화의 지혜가 필요하다. 경제, 문화(교양), 언어 등의 분야에서 슬기로운 대책이 필요한 시대이다.

1. 세계화는 왜 문제인가?

현대의 세계를 흔히 지구촌(Global Village)이라 한다. 지구촌의 의미는 세계가 첨단 과학기술, 교통, 정보통신 등의 발달로 세계 모든 사람들의 생활영역이 과거의 넓은 지구로서의 세계 개념에서 좁은 세계 개념, 즉 지구가 일일 생활권으로 좁아지고 있다는 의미로 한 마을과 같은 작은 단위의 지구로 축소된다는 의미이다. 세계화(globalization)라는 용어의 의미는 "세계가 시공을 초월하여 일일 생활권으로 지구촌화되어가는 과정"을 의미한다고 할 것이다.

즉, 세계화는 세계의 지구촌화로 인하여 한 지역에서 발생하는 사건이 신속하게 다른 지역에 영향을 미침으로써 전 지구적 차원의 상호 의존성이 심화내지 강화되는 현상이다.[1)]

어떤 제도나 문화가 표준화되기 위해서는 국가 또는 지역 간의 통합, 일치 내지는 공통화 되는 과정을 필요로 한다.

우익적 이데올로기 측면에서는 세계화 현상을 전 세계가 하나로 되어가는 효율적 시장경제의 통합 과정이라고 긍정적 시각으로 본다. 세계화가 이루어진다 해서 세계가 하나의 국가로 성립될 수는 없으며 더군다나 하나의 단일 정부 하에 세계가 통일된다는 의미도 아니다.

세계화 과정에서 국가와 국가 간의 제반 관계보다는 다자관계 중심으로 변천, 발전되는 것이다. 즉, 일 개 국가 단위가 아닌 지역 단위를 거처 세계 단위로 확대되면서 세계가 하나의 공동체적 단위로 변모해 가는 현상이다. 경제, 통상, 금융, 투자협력, 과학 기술 등 경제 분야와 예술, 습관, 전통 등 문화 분야 그리고 정치 · 경제와 문화, 언어의 3개 분야에서 세계화가 이루어지고 있는 것이다. 세계화는 다가오고 있는 피할 수 없는 거센 파도이다.

세계화의 과정은 지구촌의 모든 인간생활에 필요한 경제적, 윤리적 규범들의 표준화 과정으로 종국적으로는 국경의 철폐 과정을 의미한다. 단, 세계 정부의 존재 가능성은 하나의 공상적 영역으로 부인한다.(한국일보. 고종석 2002.9.)

세계화 현상에 대한 저항은 만만치 않다. 세계화는 경제적 측면에서는 선 · 후진국 간의 빈부 격차를 더욱 심화시키며 문화나 언어적 측면에서는 미국화 내지 영어의 세계적 지배를 의미하므로 결국 미국화 내지는 미국에의 예속을 의미한다는 주장이 있다.

영국 TV는 2,000년이 지난 고대 로마 제국과 현대의 초강대국인 미국 간의 유사점을 비교하고 방영하여 큰 화제가 되었다. 과거의 로마는 최고의 훈련, 장비, 최강의 군대로 지중해 전역을 지배했고 미국은 최신 장비, 최강의 군대를 세계 132개국에 배치하고 있다. 로마 제국의 도로망은 군대, 물자 이동의 중추적 역할을 했는데 현대 미국의 인터넷 등 첨단 정보 장비는 세계를 연결한다. 로마의 의복, 목욕, 난방 문화가 지배적 문화였다면 미국의 콜라, 맥도널드, 영화, 문화도 세계를 대표한다. 과거 한때 라틴어의 전성기가 있었다면 현재는 영어가 세계공용어화 되고 있다. 그러나 고대 최강의 제국인 로마

도 결국 멸망했다는 주장이다.(중앙일보 2002.9.25)

10여 년 전 시장경제 채택으로 급속한 경제성장을 보이고 있는 중국은 2020년경에 최대의 경제 대국이 될 것이며 브릭스(Brics; 브라질, 러시아, 인도, 중국) 여러 나라도 수십 년 후에는 선도적 대국으로 성장할 것으로 미래학자들은 예상하고 있다.

그러나 프랑스인 문명 비평가 기 소르망(Guy Sorman)은 조선일보와의 인터뷰(2007.10.4.)에서 중국이나 EU 등은 성장에도 불구하고 미국이 조셉 슘페터(Joeph Schumpeter)의 창조적 파괴(destructive creation)를 통한 혁신, 발전을 계속하는 한 "21세기도 여전히 미국의 세기"가 될 것이라는 주장은 공감을 얻기에 충분하다.

최근에는 세계화가 식량위기 대비 등 각국의 자원보호경향, IMF 등 미국 영향의 상대적 감소, 외국인 입국규제 등 각국의 이해관계를 바탕으로 한 개별 국가권력의 주장 강화 경향으로 지구온난화를 위한 협력 등 국제관련 공동 이슈에 대한 해결이 어렵다는 이유에서 세계화가 퇴보되고 신민족주의(new nationalism)가 대두되고 있다는 주장이 나오고 있다.

그러나 여기서 말하는 세계화의 의미는 각국의 정치, 경제, 문화적 이해관계의 대립, 지구촌의 일일생활권 개념으로의 시 · 공간적 축소 현상은 계속될 것이라는 전제 속에서 나라 간의 치열한 경쟁, 즉 무한경쟁시대를 대비한 국가경쟁력 동원의 필요성을 강조하는데 있다.

세계화의 정의를 어디에 두든 다음과 같은 철저한 대비가 필요하다.

① 세계화는 "변화"를 의미한다. 싫든 좋든 어떤 형태로든 "세계 재편의 시대"를 맞고 있다.

② 세계화시대는 협력과 무한경쟁이란 양면성의 시대이다. 변화 없이 경쟁에서 승리할 수 없다.

③ “변화”의 시대는 변화로 대처해야 한다. 슬기로운 변화의 지혜가 절실히 요구된다.

2. 서구화, 서양화, 현대화, 국제화의 차이점

앞에서 알아보았듯이 세계화의 문제는 간단하지 않으며, 현실적으로 복잡한 양상을 보이고 있다. 세계화는 선진국 또는 강대국의 세계적 지배 현상 내지는 빈곤국, 저개발국의 부강국가로의 예속 현상으로 미국의 세계제패 현상이라는 주장도 있다. 따라서 미국의 소위 신자본주의 정책에 반대하는 주장도 만만치 않다.

헌팅턴(S. Huntington; 정치, 전략가, 하버드대)에 의하면 서구라는 말은 서구 크리스트교 국가권역을 이르는 말로 표현화되었다. 따라서 서구문명은 역사적으로 유럽문명을 의미하며 근대의 유로 아메리카 문명 혹은 북대서양문명인 것이다. 근대화(modernization)가 반드시 서구화(westernization)를 뜻하는 것도 아니다. 비서구사회도 자기의 고유문화를 포기하지 않고 보존하면서, 또 서구의 가치, 제도, 관습을 전폭적으로 수용하지 않고도 근대화할 수 있고 그렇게 발전해왔다.[2)]

이러한 예는 아마도 일본이 해당될 것이며 한국 같은 나라도 그렇다고 할 수 있다. 그러나 이런 나라들은 사실상 정치, 사회, 문화, 생활방식 등 많은 분야에서 서구화되었다고도 할 수 있을 것이다.

세계화를 근대화로 보느냐 또는 서구화의 시각으로 보느냐는 관점에 따라 경제발전에 미치는 영향이 다를 것이다. 즉, 세계화를 서구화 또는 서양화로 보는 시각에서는 발전보다는 서양 강대국 영향의 지배화로 볼 수 있기 때문이다.

미국 문화의 장 · 단점을 들어, 미국을 강대국으로 만든 힘은 미국식 사고와 생활방식의 합리성과 실용성, 청교도 정신의 근면성, 끈기와 인내, 개인적 재능의 개발과 교육의 힘에 근거를 둔다고 이형식 교수(건국대학교)는 말한다. 단점으로는 미국의 폭력적 피해를 입는 나라들은 마약의 엑스터시에 도취되어 미국화(americanization)되어 가고 있으며 자국 문화의 저질화 내지는 말살 가능성을 우려한다는 것이다.

최근 미국의 정치, 경제적 독주와 함께 일어나고 있는 세계화 영향으로 미국 신제국주의에 대한 관심이 학자들 간에 높아지고 있다. 미국이 통치권을 혼자 독식하려는 경향, 안보를 위해서는 유엔에서조차 대국의 고유한 권한을 침해당하지 않으려는 점에서 제국주의적이라고 역사학자 폴 존슨의 말을 인용, UPI가 보도한 바 있다.[3)]

좌파의 입장은 세계화가 지구촌의 빈부 격차를 더욱 크게 할 뿐만 아니라 사실상 미국의 세계지배, 즉 비무력적 방법에 의한 미국화 과정을 의미한다고 주장한다. 알렝 뒤랭(Allen Duren)은 이를 맥도널드세계(Mc Monde)라고 명명하고 사실상 햄버거세계의 지배를 뜻한다고 주장한다.

세계화에 대한 NGO의 반대 이유인 문화말살(Killing culture) 현상과 관련하여 "세계화의 이름을 미국화로 밀어 붙일 경우 경제기반이 약한 제 3 세계나 아시아 국가들은 경제적으로 예속된다. 경제적 예속과 함께 고유문화가 함몰되는 도미노적 몰락이 일어나게 된다고" 김경일은 주장한다.[4)]

세계화 조류에 능동적으로 대처하기 위한 국가 간의 협력, 지역 단위의 협력 추진으로 지역공동체로 변모, 발전되면서 각국 간에 협력, 교류가 활발하게 이루어지는 반면에 그만큼 국가 간의 경쟁도 치열할 수밖에 없다는 사실은 아이러니라고 하지 않을 수 없다. 인류는 바야흐로 앞으로 다가오고 있는 일일 생활권의 세계 속에서 낙오되지 않고 더불어 살아가기 위해서 그리고 선진국 대열에 들어서기 위해서 모든 분야에서 치열한 생존경쟁이 이루어지는 무한경쟁시대에 돌입한 것이다.

1) 세계화의 부작용

세계화 추세 속에서 세계화와 빈곤 문제는 불가분의 관심의 대상이다. 세계의 빈곤문제 해결 없이는 진정한 세계화의 성공도 없고, 따라서 세계화의 의미도 없다고 해도 과언이 아닐 것이다.

세계은행 총재인 제임스 울펜손은 최근 한 연설에서 지난 "10년간의 세계화는 대세로 자리 잡고 있으나 세계화의 성격이 불명확하다. 빈곤 퇴치와 글로벌 통합의 촉진이 주요 과제가 되어야 한다. 즉, 글로벌 통합이 우리 인류 모두에게 이익이 되는 방향으로 이루어져야 한다. 전세계 절대 빈곤층은 1990년 29％에서 1998년 23％로 떨어지는 등 지속적 감소를 보여 왔다. 1960년 이후 후진국 사람들의 수명도 두 배로 늘었으며 문맹도 절반으로 줄었다. 글로벌 통합의 혜택을 고루 분배하는 것이 중요하다"라고 역설했다.[5)]

알렝 뒤랭(Allen Duren)은 지구촌 전체에서 상류층은 20％, 하류층은 80%나 되는데 세계화는 이러한 빈부의 격차를 심화시킬 뿐이라고 우려한다.

클린턴(B.Clinton: 미국 전 대통령)은 한 연설에서 미국에 대한 테러 행위 등 당면 문제는 미국이 과거 수백 년 동안 저지른 과오 때문이라고 지적하고 자신들과 다르게 생겼다는 이유로 인디오들의 땅과 금광을 탈취하고 그들을 학살한 대가를 이제 치르고 있는 것이라고 역설했다. 정책 입안자들도 미국은 지구촌 사람들이 미국에 대하여 어떻게 생각하고 있는지 신중하게 고려해 볼 시기가 되었으며 미국의 적들에 대해서도 좀 더 주의를 기울여야 한다. 세계의 빈곤문제 해결, 채무탕감, 의료복지 등 개도국에 대한 배려가 필요하다고 역설했다.[6)]

세계화 과정에서 고려될 수 있는 부작용으로는 민족, 종교상의 갈등, 지역에 따른 교육수준 등 많은 문제가 있을 것이다.

2) 임금, 빈부 격차의 해결 문제

임금격차는 나라에 따라 다르나 극심한 차이는 미국 같은 선진국에서 흔히 볼 수 있는 현상이다. 월 스트리트 저널 보도에 의하면 세계적 대기업인 GE의 웰치 전 회장이 5년 전 벌어들인 월급은 세금 납부 후에도 141만 달러(약 17억 원)나 되었다고 한다.

또한 질레트 면도기회사의 제임스 길츠 회장의 2002년도 연봉은 270만 달러였다. 미국 기업의 CEO들은 수백, 수천만 달러의 연봉을 받는데 미국의 국민 소득 4만5천 달러 수준을 생각할 때 일반 근로자와의 임금 격차는 엄청난 차이가 있음을 알 수 있다. 또 임원들은 스톡옵션을 비롯하여 활동을 위한 여러 가지 경제적 특혜를 누린다는 점을 감안할 때 사실상 임금의 격차는 상상을 초월한다.

미국의 일부 대기업들은 몇 년 전 수천수만 명의 직원을 감원하면서도 CEO들 간에 이익금을 분배하는 현상을 연출하였다.

우리나라의 경우 2007.6. 언론 보도에 의하면 S은행장의 연봉은 7억2천만 원, H은행장 6억8천만 원, 기타 은행장 약 5억 원 이상, 지방 은행장은 수억 원이다.

조선일보 보도(2008)는 S 전자 임원의 경우 2008년도 연봉은 성과급 포함 10억 원대라며, 퇴직의 경우는 20억에 가까운 거액을 받을 것이라 했다.개인 국민소득 2만 달러라는 우리나라에도 빈곤층이 300만에 이른다는 가슴 아픈 현실을 알아야 한다. 뿐만 아니라 정규학교를 다니지 않는 청소년 수도 247만 명이나 된다니 기막힌 일이 아닐 수 없다.

그런가 하면 강원랜드 카지노에서 77일 간 40억 원을 지출한 도박꾼도 있고 몇 달 동안 1인 당 20억 원을 배팅한 대도박꾼들도 있었다. 또한 기업주 20여 명이 카드로 27억 원이나 소비하면서 해외를 드나들고 귀금속을 매입하고 자신 명의의 재산은 전혀 없는 것으로 신고된 경우도 있었다.(한국일보 2002.9.20)

세계적 선수와 기업가의 능력을 인정할 줄 아는 것이 자본주의의 긍정적 측면이긴 하나 많은 사람으로 하여금 일확천금을 꿈꾸게 하여 각종 범죄행위를 야기할 수 있는 부정적 측면도 있다.

아프리카와 중남미 고산지대 등의 빈민들은 한 달에 100달러 이하의 봉급으로 생계를 꾸려 나가고 있다는 사실을 세계가 알아야 한다. 임금의 격차는 존재해야 한다. 그러나 격차의 한계선은 있어야 하는 것이다. 예를 들어 최저임금과 최고임금 간의 격차를 10~15배 정도로 하는 것 등이다.

CEO는 근로자를 배려해야 하며 근로자는 CEO를 존중하는 상부상조의 정신이 필요하다. 이것이 바로 더불어 사는 공동체 사회를 만들어 가는 길이다.

기 베르호프 스타트 벨기에 총리가 보낸 서한에서 세계화를 둘러싸고 세계화 지지자와 반세계화 주장자 간에 대립이 심화되고 있으나 세계화는 증명된 빈곤퇴치법이라고 주장하면서 미국이나 구주 등 선진국의 "동정 속의 위선"은 제거되어야 하며 빈곤국가의 목소리를 경청해야 한다고 주장했다.[7)]

세계의 백만장자는 총 950만 명으로 알려져 있는데 미국, 캐나다에 300만 명, 아시아 여러 나라에 260만 명이 있다.

미국인들은 애완동물 시육에 연간 410억 달러(38조 원)를 소비한다. 이제 미국을 비롯한 여러 나라들이 세계의 극빈층을 적극 지원해야 할 때라고 생각한다.

이제 세계화의 과제는 미국 정부와 미 국민이 세계의 주도적 선진국이라면 세계화에 기여하는 진정한 길을 찾는 것이 중요하며 미국과 같은 선진강대국의 많은 부를 그들만이 즐길 것이 아니라 소비를 줄여서 세계의 빈곤층에 대한 적극적 관심과 지원을 아끼지 않아야 할 것이다.

높은 수준의 월급을 받는 능력 있는 CEO들도 집문서 저당, 피나는 노력과 능력을 발휘하여 실적을 올림으로써 임금을 받는 것은 당연하나 너무 많은 임금은 스스로 사양하고 하급 근로자와의 임금 격차를 줄이는데 솔선해야 할 것이다. "내가 번 돈 내가 마음대로 먹고 쓰는데 감히 누가 무슨 말을 하느냐"는 식으로 생각하면 곤란하다. 개인 간의 임금격차는 국가 간의 임금격차로 나타나며 상·하층 간에 심각한 위화감을 조성할 뿐만 아니라 비극적 현상을 초래할 수도 있다.

3) 제3의 길의 문제

촘스키(Chomsky: 미 MIT교수, 언론학)는 미국의 세계화 정책의 기조인 신자유주의는 가난한 자로부터 부자를 보호하기 위한 이론으로 사기업을 통한 시공을 초월한 이익추구 행위로서 인권, 정의, 부의 공정분배라는 단어는 세계화라는 단어에서는 부족하다는 것이다.[8)]

경제지상주의에 입각한 소위 신자유주의적 세계화를 배척하고 단점을 보완하는 이론으로 중도좌파의 이론에 토니 블레어(Tony Blair)의 제3의 길이라는 이론이 있다. 제3의 길은 성장 위주의 경제정책을 지양하고 복지를 동시에 추구함으로써 경제적 효율과 사회적 형평을 도모하자는 이론으로 독일, 프랑스 등 유럽에 영향을 미치고 있다는 것이다. 그러나 이는 일종의 사회민주주의와 자유주의를 통합한 신진

보주의(new progressivism)적 세계화 이론으로 사실상 신자유주의의 일종이라고 좌파는 주장한다. 즉, 제3의 길도 복지정책 추진으로 세계의 빈곤문제를 근본적으로 해결할 수는 없다는 것이다.

3. 문화의 세계화

세계화는 반드시 서구화를 의미하는 것은 아니다. 서구화와 세계화, 국제화는 구별되어야 한다. 일반적으로 글로벌 문화를 근대화 또는 현대화로 해석하는 경향이 있으나 글로벌화가 반드시 현대화나 서구화는 아니다.

헌팅턴은 비서구 사회도 그들의 고유문화를 보존하면서 제도, 관습, 교육에 있어서 서구적 가치를 전폭 수용하지 않고도 발전이 가능하다고 주장한다. 경제적 측면에서의 서구화는 일종의 현대화라고 할 수 있으나 문화적 측면에서의 서구화는 현대화라고 할 수 없다.

존 톰린슨(John Tomlinson)은 문화의 세계화는 문화적 제국주의가 전지구화(globalization)에 의해 대치되면서 전 지구상의 모든 지역 간 상호연결, 상호의존 관계로 재편되는 과정으로 본다는 것이다.

국제화(internationalization)는 경제와 문화적 측면에서 동시에 이루어지는 개념이라 할 수 있다. 국제화는 경제적, 문화적 세계화가 국경을 초월하여 넘나드는 개념으로 유럽연합처럼 물리적이 아닌 사실상의 교류를 통한 국경의 붕괴현상인 것이다.

문화는 동·서양을 막론하고 국가, 지역, 민족을 초월하여 독특한 다양성을 가지고 있으므로 인도주의적, 자연 친화적 보편타당성 있는 문화적 가치는 존중되어야 한다.

그러나 결국 동양, 중동, 아프리카 등의 여러 나라에서도 서양 문화의 영향을 받아 왔고 또 받을 수밖에 없다. 경제적 세계화의 제 문제인 민족주의, 대중정치(populism), 보호주의, 지역주의(regionalism)의 강화 등 역효과가 초래되고 있기는 하나 세계화는 진행되고 있다.

4. 언어의 세계화

세계화의 진행과 더불어 부상되는 현상이 언어의 세계화 현상이다. 인류 역사상 과거의 한때, 즉 고대에서 중세 기간 중에는 라틴어가 서양의 세계어로 공용화되었고, 그 후 수세기 동안 프랑스어, 스페인어 등이 주로 서양에서 세계어로서 세력을 다투어 사용된 적이 있고, 지금도 광범위하게 사용되고 있으나 근대에 들어와 영어가 지배적 언어가 되었다.

인류사회가 발달하고 국제 교류가 증진되면서 세계 각국을 연결하고 문화교류를 촉진하는 효과적인 의사소통의 도구로서 광역소통어(Language of wider communications)의 필요성이 대두된 것이다. 특히 21세기 세계화시대를 맞이하여 세계 모든 인류가 상이한 언어 장벽으로 인한 의사소통의 어려움을 극복하고 편리하게 사용할 수 있는 공통언어로서의 세계공용어가 필요하게 되었다.

영어권 지식인들은 "세계는 영어다"라고 주장한다. 언어학자 조슈아 피셔맨(Joshua Fishman)은 세계의 많은 언어 중에 국제어로 상용될 수 있는 언어의 구비 조건을 첫째, 특정 인종집단에 속하지 않을 것, 둘째, 특정 종교집단의 언어가 아닐 것, 셋째, 특정 이데올로기집단에 속하지 않을 것 등을 주장하고 그런 의미에서 영어 같은 언어의 국제공용어화 가능성을 주장했다.[9] 프랑스어나 스페인어도 세 가지

조건을 구비하고 있으나, 현실적으로 영어가 지배적으로 사용되고 있음을 부인할 수 없다.

영어의 세계공용어화에 대하여 가장 적극적으로 반대하는 나라가 프랑스였다. 프랑스 정부는 1994년 국내법 제정을 통하여 식음료 등 수입 외국 상표의 프랑스어 표기를 강행하려는 조치를 취한 바 있으나 EU의 반대에 봉착했다. 그러나 프랑스인들 자신도 사실상 영어에 익숙해 있다는 것이 일반적 견해이다. 한국에서도 일부 단체에서 한글의 과학적 우수성을 예로 들어 세계언어로서의 자격이 있음을 주장, 세계적 보급운동을 펼치자는 주장도 있는데, 그 뜻은 좋으나 현실적으로 불가능한 일이다. 세계화시대의 언어로 이미 영어가 기득권의 자리를 잡고 있는 이상, 결국 어느 나라의 언어도 영어의 영역을 능가하거나 대체할 수는 없을 것이다. 영어는 영국이나 미국만의 고유 언어가 아니라 이미 세계어, 국제어로 사용되고 있다.

새뮤엘 헌팅턴은 영어가 인도나 중국 등에서 문화적 흡수 현상에 의해 방언화되거나 특정국 문화로 흡수될 것을 우려한다. 또 다른 영어로 변형, 발전될 수도 있다는 뜻이다. 중국에서는 만다린, 산동 등 지역에 따라 언어가 상이한 점, 본토 스페인어와 중남미 스페인어의 차이점이 있음을 이해한다면 세계 많은 나라가 영어를 사용함으로써 영어의 방언화가 이루어지는 현상은 언어학적으로 볼 때 자연스러운 언어의 변형, 발전 내지는 전파과정이다. 최근에는 뉴욕 중심의 영어가 표준화되어가는 경향이라고 한다.

싱가포르는 1950년대에 영어를 집중 교육한 결과 1975년에 40대 영어 구사자가 27%, 20세 미만은 90% 이상이 영어를 구사하게 되어 현재 큰 성과를 거둔 상태이다.

앞에서 말한 대로 프랑스가 특히 영·미 문화보다 프랑스 문화와 언어의 우수성을 주장하는 자존심이 강한 국민임에도 불구하고 2002

년 초등학교 5학년생부터 영어 등 외국어 교육을 의무화하였다. 그 후 영어교육의 강화 필요성을 느껴 국민의 81%가 영어교육의 확대를 찬성함에 따라 2008년 들어 초·중등학교에서 본격적으로 영어 몰입교육에 열을 올리기 시작하였다. 세계적 추세를 반영한 조치이다.

우리나라의 경우 이민이 아닌 한국 거주 자녀로서 순수 조기유학을 목적으로 2006년도 한 해에 외국으로 나간 초·중·고 유학생은 3만 명에 이르며 대학 과정 이상의 해외유학생 수도 2007년 20만 명을 돌파하는 등 매년 증가 추세이다.

2008년 신정부가 집권하면서 여러 가지 교육 문제의 근본적 개선, 개편뿐만 아니라, 특히 앞으로 초등학교는 2010년부터 현행 1~2시간의 영어수업이 3시간으로 강화되며, 2013년까지 초·중·고등학교의 영어교육 강화를 위해 부족한 영어교사 23,000명을 매년 단계적으로 채용하고 소요예산 4조원을 투입할 계획이라고 한다.

세계는 미국, 유럽(EU), 아세아(중·일·한국 등)의 3개 세력으로 재편되고 있다. 무한경쟁 시대의 거센 파도에 순응하는 "변화 속도"의 조절은 바로 선진국 진입의 속도와 일치할 것이다.

비영어권 지역에서는 영어를 선호하고, 영어권 지역에서는 중국어 선호 경향이 나타나고 있다. 영어공용화 논쟁은 계속되겠지만, 세계화시대에 국제공용어의 필요성은 나날이 증대해 가고 있으며, 전세계 정보의 80%가 영어로 소통되고 있는 현실을 알아야 한다.

5. 무한경쟁의 거센 파도

우리나라는 세계화에 대비한 고등학교 교육과정의 세계화 정책 목표로 네 가지를 들었다. 첫째, 자주적 민주국가, 둘째, 자유로운 민주국가, 셋째, 정의로운 복지국가, 넷째, 수준 높은 문화국가라는 정도로 설명한다. 정책 구호는 그럴 듯하나 과연 그런 정도로 막연히 설명하여 교육 효과가 있는지 의문이다.

앤서니 기든스(Anthony Giddens; 사회학자, 캠브리지대)는 "세계화를 경제전쟁의 심화라는 의미에서 볼 것이 아니라 인간생활의 사고방식의 변화로 이해해야 한다"고 말한다. 모든 인류가 코스모폴리탄(cosmopolitan) 사회 속에서 기존의 결혼, 가정, 민족, 국가 등에 이르기까지 익숙한 제도를 파괴하는 대변혁의 충격을 겪는 사회에서 혜택을 받을 수 있는 적응 방법을 배워야 한다고 주장한다. 선진국의 복지개혁, 유럽 연합(EU)의 방향 등은 세계화의 필연적 과정이라는 것이다.[10)]

임홍빈 교수의 지적 같이, 세계화 역시 자본주의나 모더니즘 같은 현대의 모든 것을 지배하는 힘으로서의 문명사적 변화의 조류라면 앞으로 우리에게 던져진 세계화라는 주사위를 어떻게 슬기롭게 능동적으로 대처해 나가느냐의 문제는 우리의 조절 능력에 달려 있는 것이다.

세계화는 좋든 나쁘든 원하든 원하지 않든 피할 수 없는 불가피한 당면 과제이다. 세계화는 결과적으로 미국화되어가는 과정이라고 단정할 수는 없으나 정치, 경제, 사회, 문화 등 다방면에 걸쳐서 직, 간접으로 미국의 많은 영향을 받게 될 것이며, 나라에 따라 정도는 다르겠으나 미국화(americanization)되는 양상을 보일 것이다. 앞으로 50년 간은 미국의 지배시대라는 주장도 있다. 중국이 자본주의 경제체제를 도입하면서 계속적으로 경제성장을 이룩할 경우 10~20년 안에 경제대국으로 성장할 것이다. 중국이 경제대국으로 성장한다 해서 반드시 미국과 대결이 불가피하다고 할 수는 없을 것이다. 오히려 큰 나라들 간의 공존을 위한 경쟁적 협력체제가 모색될 가능성이 크다.

우리나라의 일부 청년층은 반미주의자들이 주장하는 미군철수를 지지한다. 북한도 과거 반미에서 협상으로 전환하고 있다. 감정과 편견에 억매여서도 안 되며 이불 속에서 활개치는 식이 되어서는 안 된다. 우리나라는 영토가 광대한 대국도 아니고 자원이 풍부한 자원국가도 아니다. 석유 한 방울 나지 않는 나라이다. "누울 자리를 보고 다리를 뻗으라"는 속담이 있다. 미국이 기침만 해도 우리 경제는 독감에 시달리고 중국에서 바람만 불어도 한반도는 황사로 오염된다는 사실을 직시해야 한다. 한반도가 통일이 된 후에도 미국과의 긴밀한 우호관계는 물론 중국, 일본 등 인접국과의 우호관계를 유지하는 것이 나라의 발전과 안보를 위해 중요한 것이다. 무한경쟁의 세계화시대에는 무모한 감정적 태도를 버리고 올바른 지혜를 가지고 대처해야 한다. 그 지혜가 글로벌 마인드라고 할 수 있다. 우리의 국익(national interests)이 무엇인지를 먼저 알아야 한다.

과거 독일에서 미군이 철수할 때 각부 장관들이 독일 주둔 미군 철수 시 경제적 타격을 우려하여 미군 철수 반대운동을 한 때 전개한 적이 있다고 한다. 맹목적 친미는 문제이지만, 현실을 모르는 무모한 반미운동은 경제뿐만 아니라 모든 분야에서 큰 손실을 초래한다는 사실을 직시해야 한다. 일본 같은 선진 대국이 왜 친미 일변도로 나가는지를 알아야 한다.

무한경쟁 시대의 거센 파도를 잘 타서 살아남아야 하는 문제는 그 나라 국민과 국가 그리고 정부에 달려있는 것이다. 파도타기의 즐거움을 향유할 수 있어야 한다. 주체적, 능동적으로 세계화의 조류를 타고 어려움을 극복해 나가야 한다. 경쟁에서 이겨야 한다. 우리는 훌륭한 전통적 고유문화의 보존과 문화의 정체성(identity)을 잘 보존하면서 국제 생활문화를 창조, 발전시켜 나가지 못하면 거센 파도에 휩쓸려 낙오되고 말지도 모른다.

한 · 칠레 간의 자유무역협정(FTA)(2003)만 해도 그렇다. 우리만 못하다는 중남미 멕시코, 칠레 등 여러 나라가 자유무역협정 체결에 열을 올린 것이 십여 년 전인데 우리는 처음 시작하는 칠레와의 협정 추진에 있어서도 농민의 반대 등 어려움이 많았으며, 이어서 2008년 2월 미국과 체결된 자유무역협정은 쇠고기 수입에 많은 문제가 제기되어 반대시위가 오랫동안 계속되었다. 32개국과 협정을 체결한 멕시코의 협정 당사국에 대한 무관세 특혜 조치와 비당사국인 한국산 자동차에 대한 관세 인상으로 우리의 시장이 타격을 받게 되었다면 이 또한 세계화의 시대정신에 맞지 않는 것이다. FTA는 국가 간의 이익 추구의 한 방편이다. 쉽게 표현하면 궁합이 맞는 국가 간의 '짜고 치는 고스톱'이다. 여기에 끼지 못하는 국가는 결국 따돌림을 당해 큰 손실을 보게 될 수도 있다. 우리도 10여 년 전에 세계에 눈을 뜨고 준비를 점진적으로 착실히 했어야 했다.

최근 세계적 투자은행인 골드만삭스는 세계미래전망에서 2050년에는 한국의 1인당 국내총생산(GDP)은 9만 292달러를 기록함으로써 미국(9만 1,683달러) 다음으로 세계 제2위의 부자나라가 될 것이라는 매우 고무적인 통계를 제시했다.(조선일보 2008.8.14)

이런 목적 달성은 저절로 되는 것은 아니다. 개인주의적, 이기주의적 사고와 투쟁적 사고방식을 지양하고 남을 존중해야 한다. 상부상조 정신, 공동체 의식, 윤리, 도덕을 바탕으로 하는 기본교양 마인드, 국제감각, 선진 국민의식에 기초하여 모든 국민이 합심, 단결하여 국익을 생각하면서 경제발전에 총력을 기울일 때 일류 선진국 대열에 진입할 수 있는 것이다. 무한경쟁 시대에서 승리하기 위해서는 개인, 기업, 국가 모두가 한결같이 변해야 한다. 모두가 새로운 도약, 발전을 향한 변화를 감수해야 한다. 글로벌 마인드로의 변화이다. 변화가 없이는 불가능하다.

제2장 국민 의식과 교양 수준

우리 국민의식을 분석해 보면 우리는 단점도 적지 않지만, 반면에 근면성, 명석한 두뇌, 끈질긴 노력 근성, 재주, 명랑성 등 훌륭한 장점과 능력을 더 많이 가지고 있다. 따라서 개인적으로는 우수한 글로벌 인재가 될 자질이 많다.

한국에 오래 거주하여 생활에 익숙한 각계각층의 외국인들은 한국인의 장 · 단점을 알고 한국인의 의식개혁 문제에 관하여 많은 조언을 한다. 한국이 발전할 수 있었던 원동력을 높이 평가하면서도 한편으로는 여러 가지 후진성을 벗어나지 못하는 이유를 지적한다.

1. 외국인이 본 한국인의 의식 수준

1) 한국 거주 외국인들의 의견

한국에 거주하는 외국인들은 한국문화의 우수성, 친절한 인정, 근면성 등 장점을 들어 한국에서의 생활을 즐기면서도 한편으로는 한국인의 질서의식 부족 등 생활방식, 사고방식의 문제점을 지적했다.

① 마이클 브리스(메리트 버슨 마스텔러사 부사장)

· 한국인들은 법을 위반하고 나서 단속에 걸리면 재수 없다는 식의 사고방식을 가지고 있다.

· 과도한 과세 처분에 변호사를 사용하지 않고 실력자에게 전화로 부탁해서 사태를 수습하려 한다.

② 제프리 존스(주한 미상공회의소 소장)

· 정실에 매인다.

· 법은 지키지 않아도 된다는 식의 사고방식을 가지고 있다.
· 특별 단속기간 실시가 사실상 무용지물이다(그때뿐이다).
· 미국인이 한국인보다 더 정직한 것 같이 보이는 것은 법을 엄격히 집행함으로써 투명성이 유지되기 때문이다.

③ 진원쉐(金文學)(일본 히로시마대 연구원)
· 공동체 의식이 없다.
· 인성교육이 없기 때문에 문제가 많다.
· 정 우선이다.
· 분수를 모르는 사람이 많다.
· 빨리빨리 문화가 계속되고 있다.
· 대충대충 처리하는 경향이 있다(적당주의).

④ 이케하라 마모루(오사카 라센관 공업회사 고문)
· 부정부패가 만연되어 있다.
· 질서회복이 필요하다.
· 교육제도 개선이 필요하다.
· 장기적 안목이 부족하다(비전의 부족).
· 지도층의 기본이 결여되어 있다.
· 형식적 구호로 그치는 경우가 많다.

외국인들은 한국인들이 지나치게 정실에 치우치는 경향이 있고 결과적으로 복잡한 사회문제를 야기하는 것을 지적한다. 이러한 외국인의 견해는 일반적으로 수긍이 간다.

우리의 문화를 정(情)과 한(恨)의 문화라고 한다. 이러한 현상은 심청전, 춘향전, 홍길동전 등 한국 고전작품에 나오는 갈등의 문제가 모두 한과 정의 문제와 얽히게 되며 뜨거운 정이 한으로 변질되는 경우가 많기 때문이다. 이런 점을 감안하여 외국인이 우리를 보는 여러 가지 다른 시각에 대하여 생각하면서 좋은 점은 살리고 나쁜 점은 개선해 나가야 할 것이다.

2) 외국기관의 의식수준 평가

한 나라의 국민의식 수준평가 기준이 되는 요인은 부패지수, 교육수준, 의료제도, 복지제도 등 광범위하나 여기서는 일부 기관의 특정 사항에 대한 평가를 알아보자.

주식 관련 사항을 기준으로 한 평가

한국의 주식 부정행위의 등급은 세계 47개국 중에서 39위를 차지한다고 한다. 이래 가지고 어떻게 개인 소득 3만 달러 시대를 열수 있을까? 거품경제 4강이 될까 두렵다. 일부 대기업의 주가 조작을 통한 거액 챙기기는 다 알려진 사실이다.

정치 행태와 관련된 평가

국제통화기금(IMF)이 2002년 4월 발표한 각국의 정치 불안과 정부 역할에 관한 조사 결과에 의하면 한국은 아프리카, 중동, 중남미 등과 함께 후진국 수준이다. 108개 국가 중 94위로 불안정한 나라 중에 하나이다. 폭력시위, 정치불안(각료 교체), 부정부패 등 종합적인 자료를 기초로 한 것이다.

부패지수를 기준

국제투명기구(IT)가 2002년 4월 발표한 국가별 부패지수 통계에 의하면 한국은 뇌물수수에 있어서 세계 91개 국가 중 42위다. 그리고 덴마크, 스위스, 스웨덴, 화란, 호주, 캐나다 등 선진국이 상위를 차지한다. 주한 미국 상공회의소가 조사 발표(2002.4.) 한 비즈니스 환경 평가에 의하면 한국은 싱가포르, 홍콩, 동경, 상하이 등 아시아 5개 국가 중에서 제일 하위라는 것이다. 2007년 9월 투명기구 통계는 한국의 부정 부패등급이 조사 대상 180개 국가 중 43위에 머물러 개선되지 못하고 있다.

2007년 말 대선을 앞두고 강력한 부정선거 방지법 시행으로 선거운동에 있어 부정비리 근절에는 성과를 거두었으나, 모 여교수 문제와 고위층의 부정비리 행위, 일부 재벌기업 회장의 회계부정사건 등 정치, 경제, 사회 각계의 비리사건들은 아직도 우리나라 부패지수 개선에 장애요인이 많음을 입증하는 것이다.

2. 인간 의식구조의 문제

1) 부정부패의 발생 근원은 무엇인가?

문명의 발달은 사회발전과 경제성장을 이룩하게 되고 생활수준이 향상되면 인간생활은 편리해진다. 하지만 한편으로는 인간의 무모한 욕구를 충족시키기 위한 부패현상도 증가하게 된다.

아담 스미스(Adam Smith)는 인간은 태어날 때부터 교환, 부 획득 본능을 가지고 있는 경제적 인간이라 했다. 케플러의 기술주의 문화를 시작으로 니일 포스트만에 이르는 도구문화는 바로 인간이 기술문명의 발달로 소유욕을 비롯한 각종 욕망을 달성, 쟁취하기 위하여 혈안이 되어 있다는 의미이며, 결과적으로 현대사회의 제반 모순을 야기 한다는 것이다.

사회적 부패현상은 고대 이집트, 이스라엘, 그리스 등 모든 나라에서 독재, 민주, 봉건, 자본주의 시장경제, 자유경쟁 사회에서뿐만 아니라 기독교, 이슬람, 힌두교, 불교 등 모든 종교 국가에서 과거부터 현재까지 나타나는 현상이다. 사회학자 머튼(Robert. K. Merton)의 이론에 의하면 높은 수준의 정치적, 사회적 부패현상은 경제성장을 주목적으로 하는데 기인하나 그런 접근을 강력하게 제한하는 문화수준이 부패를 조장한다는 것이다. 부유하지는 않지만 높은 성취동기를 지니고 있는 국가들이 가장 부패하기 쉽기 때문이다. 가령 러시아와 한국과 터키는 높은 수준의 경제적 성취 수준을 보이고 있지만, 동시에 부패요소가 많은 나라에 속한다.[11]

경제발전은 수단, 방법을 가리지 않는 성장위주의 정책과 무리한 성취욕의 발로에 힘입은 바 크지만 극심한 부정부패의 동반현상을 벗어나지 못했다. 그 원인을 보면 인간 내면에 있는 여러 가지 욕망현상에 기인하는 것이다.

황금만능주의

인간문화와 생활, 인간의 이성이 기술과 기교라는 도구의 지배를 받는다 하여 도구문화라는 용어를 사용하는 학자가 있다. 닐 포스트만(Neil Postman; 교육철학)은 그의 저서에서 현대 산업사회에서 기술의 발전은 도구문화를 창조하였고, 그 결과 인간사회가 치열한 생존 싸움을 한다는 것이다. 그는 문명의 이기로서의 도구가 문화를 공격, 문화 자체가 되고자 하므로 인류의 전통, 사회적 습관, 신화, 정치, 의식, 종교 등 인간사회가 생존을 위한 투쟁을 전개한다는 것이다. 모든 형태의 인간문화와 생활이 기술과 기교에 종속되는 현상을 테크놀로지현상이라고 했다.[12]

인간은 아마도 인간이 창조해 낸 각종의 도구, 즉 화폐(금전욕)

그리고 조직으로서의 도구, 조직사회에 대한 지배욕, 명예욕 등에 노예가 되어 욕망 쟁취 싸움에서 벗어나지를 못하는 것이다. "관료주의(white colour) 시대는 부패, 독재 등 나쁜 짓을 다 하는 지옥 같은 환경 속에서 살고 있다"는 루이스(Lewis)의 지적을 오늘을 사는 우리가 한 번쯤 음미해야 할 것이다(위와 같은 책, 민음사 역).

안서니 기든스(A. Guiddens)도 그의 저서 "현대 사회학"에서 현대사회에서의 화이트 컬러 범죄(white collor crime)와 권력층 범죄(crime of the powerful)의 심각성을 지적하고 있다(을유문화사 p.161).

개인주의(individualism)

새뮤엘 헌팅턴(Samuel Huntington)은 개인주의는 14~15세기부터 서구에서 발전되었으며 17세기 폭 넓은 확장기를 거쳐 20세기에 서구사상의 핵심적 덕목이 되었다고 했다. 인간의 개인주의 발달은 인간의 기본적 욕구 내지는 욕망에 기초한다 할 것이다.

과거 전통사회에서 인간의 기본적 욕구는 의식주였으나 현대에는 학(學; 배움. 지식. 정보), 교(交; 사교, 친교, 성교)가 추가되었다. 인간의 기본적 욕구가 해결되자 인간은 그 이상의 욕망을 가지게 되었다. 산업사회로 접어들면서 자본주의 발달과 과학 발달의 소산인 풍부한 재화가 인간의 풍족한 삶과 향유를 제공하게 되었으나 아이러니컬하게도 인간은 그 속에서 인간 고유의 특성, 즉 자아를 잃고 만다.

다산 정약용은 인간의 본성을 기호(嗜好)로, 즉 욕망으로 정의하고 본성 자체가 부(富)와 귀(貴)를 추구하는 욕망을 갖는다고 주장한다. 그럼으로써 인간을 인의예지의 본성을 지닌 도덕적 존재로 보는 성리학의 전통적 입장과 견해를 달리했다.

18세기 이래 서양사회의 기본적 목표는 개인의 잠재능력의 성취를 최대화하는데 두었다. 개인적 행복의 추구는 인간의 존재 이유(raison de' etre)인 것이다. 서양식 사고에서는 개인은 이기적 성공을 통하여 자기를 실현한다.[13] 이러한 서양적 사고가 결국은 자기중심적, 황금만능주의를 초래한 것이며 부정부패, 비리의 근거를 제공하는 것이다.

"인간은 인간에 대한 늑대이다(Homo homini lupus-Freud)"라는 프로이트의 말은 인간의 본능적 공격성은 원리적 본능성으로 영구적 불가피한 현상임을 의미한다. 공격적 본능성은 인간이 악행을 유발하는 동기가 될 수 있다. 예를 들면, 대구지하철 방화 참사 사건도 이러한 인간의 악행, 바로 인재(人災)에 연유한 것이다. 이에 대해 노만은 불가피한 본능은 아니라는 입장이다. 인간은 양심의 가책(remorse)과 죄책감(guilt)을 느끼기 때문이라고 주장한다.

테일러는 근대성의 결과가 인간의 도덕적 이성의 비인간화, 즉 동물화를 초래하게 되었으며 이웃과 사회에 대한 인간의 관심 부족 나아가서는 타인과의 관계를 위협함으로써 결국 공동체 의식을 파괴한다는 것이다. 따라서 오늘의 이러한 개인주의 시대는 ① 자기중심 시대(me-generation) ② 자기도취(중심) 시대(narcissism) ③ 과잉허용사회(permissive society)라고 정의하였다.[14]

사회학자 울리히 벡(Ulich Beck)은 "현대의 새로운 개인주의는 대처리즘이 아니고, 시장 개인주의도 아니며, 원자화도 아니다. 그와 반대로 그것은 제도화된 개인주의(institutionalized individualism)를 의미한다. 가족, 직장에 대한 고려 없이 자신을 개인으로 설정토록 유도한다. 즉, 개인으로서 스스로 계획하고, 이해하고, 설계하는 것이다"라고 소개한다.[15]

개인주의적 체질이 강하여 모든 것을 자기 식으로 생각하는 국민이 많으면 많을수록 단결력도 부족하고 국가적 경쟁력도 약할 수밖에 없다.

이기주의

모든 인간은 자기 보존적 이기주의적 성향을 가지고 있다. 이러한 이기주의적 본능을 얼마만큼 억제할 수 있느냐 하는 문제는 인간만이 생각할 수 있는 것이다.

토마스 모어는 일찍이 중세에 유토피아 공화국에서 지배층들이 자기들의 이익만을 추구하고 노동력을 착취한다고 시장조작의 문제점을 예언했다.

영국 시인 오든(Wystan H. Auden)은 "서로 사랑하지 않으면 멸망하리라"(We must love one another or die.)라고 했다. 즉, 인간 상호 간의 대립 및 이기주의를 버리고 남을 배려하는 공동체 사회가 중요하다는 의미이다.

아담 스미스(Adam Smith)는 "모든 인간은 각자가 자기 이익을 추구한다. 자유시장경제 체제는 민주주의와 같이 선(善) 의지와 도덕성에 기반을 두어야 하며 이러한 두 가지 덕목이 없으면 파괴 또는 멸망한다고 하였다.

홉스는 인간은 자기통제 능력 부족으로 이기적 욕구에 따라 행동할 가능성이 많기 때문에 도덕적 질서를 계속 유지하기 위해서는 절대권력에 의한 처벌과 보상이 필요하다고 주장한다.[16)]

이상 열거한 인간의 사고방식과 행동양식을 나타내는 소위 주의(ism)와 인간의 마음속 깊이 깔려있는 본연의 마음, 즉 근성에 관한 여러 가지 현상을 다음과 같이 세분할 수 있다.

주 의	근 성
황금만능주의	사기근성
이기주의	오리발근성
집단이기주의	오기근성
자기중심주의	미꾸라지근성
적당주의	파벌근성
편의주의	투기(도박)근성
	투쟁(싸움)근성
	비난(헐뜯기)근성
	보신근성

한비자(韓非子)는 부(富)와 관련된 비리 현상은 "이기심"에서 나온다고 주장하고, 법술(法術)이 최선의 통치 방법임을 주장하였으며 진시황(秦始皇) 통치에 강력한 영향을 미쳤다는 것이다.(한비자. 허문순 역.p.8)

성 품

사람의 성품의 바탕을 성선설의 입장에서 볼 때 대부분이 선하고 착한 성품을 가진다고 할 수 있다. 그러나 사람의 부정비리, 살인 등 각종 범죄행위는 악한 마음, 또는 극성근성에 기인한다.

극성근성은 동물적 본능이며 이성의 상실, 인내심의 상실 현상이다. 극성은 극단주의와 마찬가지로 일종의 광기에서 나온다. 근본주의도 광기의 한 현상이다.

푸코(Fuco)에 의하면 인간의 광기(狂氣)는 자연현상이 아니라 문명현상으로 고전주의가 지나고 17세기 합리주의가 도래하면서 지식이 중요시되어 지식의 권력화가 초래되었다. 그러면서 식자가 권력자가 되어 거지, 부랑자, 방탕자, 난봉꾼, 동성연애자 등을 감금, 처벌함으로써 발생하는 이성상실 현상으로 인간성에 대한 신념은 하나의 발명품에 불과하다는 입장으로 탈구조주의의 시발점을 이룬다는 것이다. 인간학대, 인종차별 등 인본주의, 인도주의의 상실 현상에 대한 우려의 표현이라 할 것이다.

우리에게는 좋은 극성과 나쁜 극성의 양면적 극성근성을 가지고 있다. 이제 우리는 나쁜 극성을 버리고 좋은 극성을 살려야 한다.

2) 부정 비리는 어떤 사람이 범하나?

아리스토텔레스는 "그리스 교육에 있어서 산 사람이 죽은 사람보다 나은 것처럼, 교육 받은 사람은 교육 받지 못한 사람보다 우위에 있다"라고 했다. 그 뜻은 지식이나 이성적 판단, 창의성, 지능지수 등에서 우월성을 표시한 것으로 수긍이 가나, 인간의 선 · 악 행위에 있어서 배운 사람이 반드시 못 배운 사람보다 낫다는 보장은 아닐 것이다.

교육을 받은 사람과 교육을 받지 못한 사람은 구별된다. 고등교육을 받은 소위 유식자들은 머리가 좋아서 출세도 많이 한다. 또 지능적으로 부정부패 비리를 범하고 치부하는 재주가 있다. 그러나 많이 배우지 못한 사람들은 부정부패 비리를 범하여 이익을 챙길 수 있는 지위나 기회가 덜 주어지는 것도 사실이다. 덜 배운 사람이 어떤 의미에서는 순진, 순결(purity)하고, 단순(simplicity)할 정도로 정직한 사람이 더 많다는 사실은 아이러니가 아닐 수 없다.

소크라테스는 "참된 도리를 알면 지식은 덕이 되고 덕은 지식이다"라고 했다. 옮음이 무엇인지를 알면 그 지식은 미덕이 된다는 의미이다. 바른 행실, 정행(正行)을 모르는 사람은 "교양인도 아니고 지식인도 아니다"라는 의미로 해석된다.

중남미 사람들은 어린이가 잘못된 행동을 할 때에 야단치는 말이 있다. 교육을 잘못 받은 놈(mal educado; mal educated)이라는 표현이다. 교육을 못 받은, 무식(not educated)한 사람이라는 표현은 사용하지 않는다. 그 이유는 경제사정으로 교육을 못 받은 원주민(Indio)이 많기 때문이다. 인디오들은 순진하고 복종적이고 정직한 사람들로 이해된다.

노자(老子)의 무지(無知)는 무욕(無欲), 즉 욕심이 없는 상태에 해당한다.[17] 무지는 바보(ignorance)도 아니고 무식함도 아니다. 우리의 경우 부정부패의 주범들은 주로 교육을 잘못 받은 고등교육자(25세 이상 34% 대졸 고학력자)들이다.

미국 심리학자 윌리암 글라써는 이러한 종류의 망국적 부정부패의 주범 같은 인간을 "반사회적 인격장애자"라고 지칭한다. 인간이 개인의 자유, 자신의 힘에 의존하여 행동하고, 타인의 욕구를 배려함이 없이 사기, 기만, 사취 등 제반 만행을 일삼는 것을 의미한다. 한마디로 인격장애자란 모든 문제 인간의 총칭을 의미한다고 할 수 있다. 숭례문 방화사건도 여기에 해당된다.

3) 부와 권력욕의 문제

고소득자, 부유층과 일반 서민층 간의 불평등의 간격이 점점 커지는 것은 사회적 문제이다. 현대사회의 불평등 정도를 측정하고 불평등 현상의 발생 이유를 설명하는 이론으로 뮬더(Mauk Mulder; 네덜란드 사회심리학자)의 "권력의 거리(Power Distance)" 이론이 있다.[18]

권력의 거리가 큰 사회에서 불평등 정도가 높아지는데 다음과 같은 이유를 든다. 첫째, 운동선수가 프로로 전향해 돈 버는 방식, 둘째로, 정치가의 권력을 이용한 부 축적 행위, 셋째, 사업가의 권력 획득을 위한 공직 진출 행위 등이다. 정상적인 보통 사회에서는 개인의 신체적 기능, 능력과 권력, 부, 지위가 반드시 함께 동반하지 않는다는 것이다.

어떤 사람은 우리 사회의 경제성장, 소득과 분배의 형평성 문제에 대한 정책에 관하여 부유층에 대한 압력이 될 수 있어 부당하다는 의견이다. 클라이슬러 자동차 한국 지사장 웨인 첨리는 미국이 무질서하게 보일지 모르지만 부(富)의 축적은 엄격한 기준, 규율, 도덕성에 기초하여 이루어지고 또 사회에 환원하는 기부문화 때문에 미국의 부자는 존경을 받는다는 것이다. 권력의 거리가 큰 나라와 작은 나라와는 분명히 많은 차이가 있다.

공자는 부귀론에서 "부귀함과 존귀함은 인간의 소망이다." 그러나 "의롭지 못한 부는 뜬구름과 같은 것이다"라고 말했다.[19] 이는 정직하고 성실하게 일해서 돈을 벌어들이는 건전한 자본주의적 치부를 인정하나 부정부패 비리에 의한 치부를 부정하는 의미이다.

정직하게 열심히 노력해서 정당한 임금을 받아 착실히 살아가며 저축을 해서 살 수 있도록 정부가, 제도적 환경적 보장을 해 주어야 한다. 기업인이나 노동자가 서로 공존 공영하는, 더불어 사는 사회를 창조해야 한다.

4) 부정 비리가 많은 나라들의 도덕 수준

부정부패 비리와 사회적 범죄 행위는 어느 나라에나 다 있다. 미국에서도 엔론 게이트 사건으로 부시 대통령을 비롯하여 각료, 의원 등 많은 고위층 인사가 관련되어 정부가 타격을 받은 일이 있고 학교 등에서 총기난동 행위로 죄 없는 인명의 희생 사건이 계속 발생하고 있다. 앞에서 언급한대로 영국에서도 외국인 영어 연수생 2,000여 명의 등록금을 떼먹고 문을 닫고 도망갔다는 뉴스도 그런 것이다.

1905년도에는 조선황실 자금의 $\frac{1}{3}$을 매관매직을 통하여 조달하였다고 하며, 고관인 M 대신의 장인은 비단인지 베인지 200필을 진상하고 광양군수로 임명되었다고 한다. 일본의 한 · 일합방 후에는 일본 관헌에 뇌물을 주고 출세하는 것이 유행되다시피 했다고도 하니 어디 뇌물수수 관행이 어제 오늘의 일이라 할 수 있겠는가?

부정부패와 사회적 무질서 현상은 국민의식 수준의 문제이다. 한 마디로 말하자면 윤리도덕 문화의 상실에 기인하는 무관심과 방심에서 오는 현상이다. 새뮤엘 헌팅턴 편저 "문화가 중요하다(이종인 역)"에서 마리아노 그론도나(Mariano Grondona)의 글을 설명하고 있는데 그 중 "도덕심의 3가지 기본적 수준"을 다음과 같이 말하였다.[20)]

① 가장 높은 수준의 도덕심(성인, 순교자 등의 이타적, 희생적 자기 부정적 도덕심).

② 중도적 입장의 합리적 이기주의(자기의 복지를 사회적 책임, 법률의 범위에서 추구하는 자).

③ 가장 낮은 수준의 도덕심(범법자 등 타인 권리, 법규 무시 행위자)

이상의 3가지 범주 중에서 ①~②에 해당되는 나라는 부정비리가 없는 나라라고 할 수 있다.

그는 또 경제발전에 순응하는 문화와 반항하는 문화로 구별하는데 부도덕과 불법이 판치는 가장 낮은 도덕 수준의 사회에서는 "정글의 법칙"이 존재할 수밖에 없다는 것이다. 망국병에 걸린 국가는 합리적 이성이 지배하는 인간사회가 아니라 동물들이 사는 약육강식(弱肉强食)의 세상과 다름이 없다는 의미이다.

민주사회는 권력과 부(富), 사회권위가 개인 몇 명 또는 특정계층, 학연, 지연에 의한 독과점의 방식으로 점유되어 있는 사회가 아니라 이런 가치들이 분산되어 있는 다원적인 구조와 통제와 규제를 최소한으로 하는 개방사회, 평등사회가 되어야 한다. 따라서 민주주의가 발달하려면 부단한 제도개혁(법체제의 정비, 새로운 법 제정)과 의식개

혁을 추진해 나가야 한다.[21)]

모든 국민이 하루 빨리 글로벌 센스를 느껴서 글로벌 마인드를 갖추어야 한다. 그리고 글로벌 스탠더드, 선진제도를 확립하여 잘 지켜나가는 것이 선진국으로 가는 길이다.

3. 인간 화합을 위한 덕목과 실천

이상에서 살펴 본 것과 같이 인간사고의 여러 문제들을 해결하고 더불어 함께 행복하게 살 수 있는 덕목에는 다음과 같은 내용을 들 수 있다.

1) 공동체의식의 함양

인간은 혼자 살 수 없고 더불어 살아가는 공동체사회의 구성원일 수밖에 없다.

아리스토텔레스의 "인간은 사회적 동물이다"라는 명언과 오토 기에르크(Otto Gierke, 1841~1921)의 "인간존재의 본질은 사람과 사람의 결합"이라는 명언이 바로 그런 의미이다.

멕시코의 세계적 문인 카르로스 푸엔테스(Carlos Fuentes)는 "타자와 함께 사느냐, 아니면 홀로 고립되느냐?"라는 의문을 던지고 문화적으로든 인간적으로든 간에 고립은 죽음을 의미한다. 그러나 만남은 탄생 그리고 때로는 부활을 의미한다고 했다.[22)]

공동체 의식을 함양하기 위해서는 인간관계에 있어 상대방을 이해하고 존중하는 사고방식, 더불어 살아가는 지혜를 갖추는 것이 중요하다. 스티븐 코비의 대인관계 리더십의 6원칙(패러다임)의 하나인 윈-윈 철학(win - win, 勝 - 勝)은 상호이익을 추구하는 협력의 장으로서 불교의 상생(相生)원리, 자타불이(自他不二) 정신에 해당된다 할 것이며 인간은 누구나 이러한 공동체적 상부상조의 삶의 태도를 가져야 한다.

나만 이기고 남은 죽는 승·패(win - fail) 같은 소위 제로섬 게임(zero sum game)의 권위의 장이 아닌, 항상 남을 생각하고 남과 더불어 산다는 좋은 성품을 갖는 것이 필요하다. 좋은 성품은 남을 관용, 배려하는 용기를 갖는 성격이다. 좋은 성격은 성숙한 성품의 소유자로부터 나온다. 양보심과 즐거움을 갖는 마음의 여유야말로 풍요의 심리이다. 이러한 풍요의 심리는 대인관계의 승리를 가져온다고 코비는 주장한다. 그는 이러한 win - win의 감정의 본질이 각자가 가지고 있는 감정은행 계좌(Emotional Bank Account)에 예치되어 있다고 설명한다. 감정은행 계좌에서 어떤 패러다임을 꺼내서 사용할 것인가는 각자의 마음에 달려 있다 할 것이다. 이 이론은 불교 교리와 일치한다. 이 은행 계좌 이론은 산스크리트어로 알라야(Alaya: 장, 藏)라는 단어에 해당되는 것으로 불교 교리에서는 인간이 지은 과보나 업(業)의 저장 창고를 의미한다. 따라서 업장(業藏)에 어떤 업(선업 또는 악업 등)을 저장하는가는 각자의 행위에 달려 있다는 것이다.

공동체 의식은 바로 나도 잘살고 남도 잘살고, 나도 유익하고 남도 유익한, 즉 항상 남을 생각하면서 더불어 사는 삶은 교양인의 삶의 방식이다.

2) 봉사정신과 기증문화의 장려

캐나다의 교육자이며 종교 지도자 엘든 태너(N. Elden Tanner, 1898~1982)는 "봉사는 내가 지구상에서 살아가는 특권에 대해 지불해야 할 일종의 세금이다"라고 했다.[23)]

봉사활동에 있어서 일본과 비교할 때 일본인의 36%가 봉사활동

경험이 있으나 한국인은 2.8%에 불과하다고 한다. 봉사문화와 관련하여 노먼(Norman)은 "인간의 위대한 가치는 자신의 신체적 안락의 희생을 감수하면서 타인을 돕거나 사회운동에 참여하는 것"이라고 했다.[24)]

정약용의 "목민심서"의 애민육조(愛民六條)에는 공직자 등 지도층이 노인을 잘 봉양하고, 어린이를 사랑하고, 병든 사람을 잘 보살피고, 재난 당한 사람을 잘 구제해야 한다고 가르치고 있다.

지난 2008년 1월 서해 태안의 유조선 기름유출 사고와 관련, 시민 수십만 명의 헌신적 봉사로 조속히 기름을 제거하고 빠른 회복세를 보인데 대하여 유엔기구가 세계의 모범적 재난수습 조치의 모델로 평가한 것은 국민 봉사 정신의 성과라고 할 수 있다.

봉사라는 것은 말과 같이 쉬운 일이 아니다. 누구나 봉사하고 싶은 생각이 있어도 마음대로 되는 것이 아니다. 남을 생각하는 배려의 마음, 자신의 고통을 참는 인내심, 봉사에 대한 환희심, 남을 도와주는데 대한 기쁨, 즐거움을 느낄 줄 알아야 한다.

기증(give)문화는 본래 이타심(利他心), 상생정신, 자기희생 정신 등 남을 배려하는 마음, 공동체 정신에 근거하여 발동하는 문화로, 어원은 미국 등 서양 선진국 국민의 재산기증 행위에서 나온 말이다.

미국의 갑부 홀링스워드(Hollingswords)는 약 5억 달러의 전 재산을 학교 및 자선 단체에 기증하면서 "돈을 벌게 해 준 사회를 위해 반드시 재산을 환원하고 싶다"는 훌륭한 심정을 토로했다. 이것이 바로 기증문화의 근본정신인 것이다. 그는 평소에 옷도 허름하게 입고 검소한 생활을 했고, 평소 수시로 기부 행위를 하면서도 익명으로 했다고 한다.

엔론사의 케네스 레이 회장(에너지황제; CEO)은 6천만 달러(약 780억 원)가 넘는 자신의 퇴직금을 종업원의 복지기금으로 기증하기로 해서 화제가 되었다.(2001.11.17. 일간지)

선진 외국인의 경우는 유산을 물려받은 사람들도 많겠으나 대부분은 어린 시절부터 자립정신을 길러왔기 때문에 부모의존도가 적을 뿐 아니라 부모의 자손의존도 또한 적으므로 부모 자식 간의 재산문제 등, 경제적 부담이 적을 수밖에 없다. 따라서 많은 재산을 축적하면 일부분을 자손에게 투자하고 대부분은 사회에 환원하는 것이다. 소위 로마의 천 년을 지탱해온 윤리 도덕적 교양인 노블레스 오블리주의 일면이라 할 것이다.

우리의 경우는 사회적으로는 사회보장제도가 미비하므로 재산이 없으면 노년에 생활보장이 안 되고, 부모가 자손에게 상속해 줄 재산이 없으면 자손들로부터 홀대 당하기 일쑤이니까 사망할 때까지 살려면 재산을 축적할 수밖에 없는 실정이다.

과거의 우리 조상들은 명문가일수록 어려운 사람을 배려한 사례가 많았다. 조선시대 거상 임상옥도 말년에 재산을 환원하고 가객으로 여생을 보내면서 "재물은 평등하기가 물과 같고 사람은 바르기가 저울 같다(財産平如水 人中直似衡)"라는 게송을 남겼다고 한다.

조용헌은 "명문가 이야기"에서 교양인으로서의 조선 선비상으로 경주 최(崔)부자(富者)의 예를 들었다. 최 부자집의 전통은 과거를 보되 진사 이상 하지 말 것, 재산은 만 석 이상 모으지 말 것, 사방 1백 리 안에 사는 사람을 굶게 하지 말 것 등 가훈을 들었다. 즉, 재산이 많으면 사회에 환원해야 한다는 의미에서 기증(기부)문화라고 할 것이다.

그런데 우리나라에도 최근 훌륭한 기증인들이 하나 둘씩 점점 많아지고 있는 것은 고무적인 현상이 아닐 수 없다. 훌륭한 분들이 많이 나온다면 우리에게도 희망은 있다. 그분들은 교육을 많이 받은 분이든 받지 못한 분이든 진정한 도덕인이요, 교양인으로 존경을 받아야 한다.

2002년 8월 장마로 인한 수재 복구를 위해 강태원이란 독지가가 평생 모은 사재 270억 원을 선뜻 내 놓았다. 일주일도 안 되어서 황필상이란 분이 또 사재 2백억 원을 한 대학교에 기증했다. 2008년 6월에는 정석규 사장(79)이 180억 원을 학교 등에 기증하면서 명언을 남겼다. "돈은 분뇨와 같은데 한 곳에 많이 모이면 악취가 나지만, 골고루 나눠주면 비옥한 땅이 되어 좋은 수확을 할 수 있다"고 했다. 노량진시장에서 젓갈장사를 하는 류양선 할머니(76)는 수십억 원을 대학에 기증했다. "나누어주는 기쁨을 알면 지구상의 모든 돈이 내 돈이 된다."는 말이 그분의 명언이다. 1,300여억 원을 학교와 재단에 기부한 부산의 송금조 회장, 100억 원을 대학에 기증한 이용희 씨, 578억을 기증한 한의학 박사 류근철 등 여러분이 있다. 기증하고 싶어도 재력이 없어 못하는 분, 있어도 결정을 못하는 분도 많을 것이다.
그 후 2009년 이명박 대통령 200억, 2010년 신영균 500억, 이어서 정몽준 일가 5천억. 정몽구 5천억, 안철수 1,500억 이종환 600억 등 기증자 발표가 이어졌다.

3) 정직과 부정직

인간사회에서 발생하는 여러 가지의 부정, 비리 현상은 정직하지 못한 부정직의 산물이다. 부정, 비리는 부정직의 산물이요, 질서와 기본은 정직의 산물이다. 플라톤은 "상인에게도 정직이 미덕"이라 했다. 우리의 병폐를 치료할 수 있는 약은 정직밖에 없다. 정직은 양심으로부터 나온다.

프로이트(Freud)에 의하면 양심은 비이성적 형태의 도덕성이며 두려움과 분노의 감정에 지나지 않는다. 프롬(Fromm)은 인간주의적 양심 행위는 외면할 경우 죄책감을 느끼는 행위라고 정의한다. 듣지 않고 귀를 막는 행위, 못들은 척 하는 행위, 명령을 거역하는 행위 등이다. 모든 행위가 교양과 관계되는 것이다.

미래는 좋든 싫든 **"투명성과 정직성이 지배하는 사회"**가 될 것이다. 첨단 정보화 시대는 개인, 기업, 국가 등의 모든 비행은 결코 숨기거나 감출 수 없으며 계속 노출되고 폭로되고 척결될 것이다. 그렇게 되어야 한다.

우리는 정직에 관한 국민헌장 제정도 검토해야 한다. 미래 사회에서는 정직하고 성실한 사람은 성공해야 한다. 그렇지 못한 사람은 사회에서 퇴출되는 사회가 되어야 한다. 정직과 투명성이 보장되고, 법과 원칙이 준수되는 사회가 선진사회이다.

21세기 선진 복지국가가 되기 위해서는 경제발전에 진력하면서 경제발전 수준에 걸맞은 생활 화, 즉 국민의 의식과 교양수준을 고양하여 부정, 부패, 비리 없는 바른 교양인들의 사회를 만드는 것이 일류 선진복지국가를 이룩하는 길이다.

* You may be disappointed if you fail, but you are doomed if you do not try.

- Beverly Sills -

* 실패하면 실망할지도 모르지만, 시도조차 하지 않으면 죽은 몸이나 마찬가지다.

- 베벌리 실즈 -

제3장 선진국의 질서유지 정책과 교양

선진국일수록 질서유지 정책은 엄격하다. 최악의 정부도 무능한 정부보다 낫다. 마키아벨리는 유명한 "군주론"에서 인간을 정치목적으로서의 악(惡)으로 보고 인간은 선(善)을 강요하지 않으면 악하게 된다고 주장하였다. 그러면서 악에 물들어 타락하면 법률도 소용없다고 주장하고, 공화국 건설은 타락한 문명인보다 소박한 사람과 하는 게 더 낫다고 주장한다. 마키아벨리의 이론은 비록 19세기적 사상이기는 하나 부정비리가 많은 현대사회의 교훈이 될 수도 있을 것이다.

1. 선진국은 왜 부패가 적은가?

선진국이라고 부정부패가 없을 수는 없다. 미국 같은 선진국에서도 도덕성의 타락 같은 후진적 요소는 항상 존재한다. 조지 소로스는 "미국의 회계부정을 근본적으로 막으려면 규칙보다는 도덕적 원칙이 필요하다"고 강조했다. 성공에만 가치를 부여하는 미국기업의 문화는 사회를 매우 불안하게 만든다는 것이다. 그의 견해는 법적제재 조치보다는 윤리 도덕의 문제에 더 비중을 두는 것이다.(한국경제 2002.7.2)

다만, 선진국에서는 공직자의 도덕성을 확립하기 위한 의식구조 및 제도적 장치와 국민의 확고한 부패척결 의지가 상승작용을 함으로써 선진국을 유지하는 것이다. 이제 선진 각국의 예를 알아보자.

미 국

미국은 2001년 12월 증권 투자자를 속여 1억 달러의 손해를 초래케 페레스키아라는 한 증권 중개인에게 4억 달러의 벌금을 부과했다. 사기 친 금액보다도 몇 배를 더 손해 보게 하고 중벌에 처한 것이다.[25)]

영국의 킹스 칼리지(King's College) 수감연구센터 조사에 의하면 세계 최대 부자 나라인 미국의 감옥에 들어 있는 죄인의 수가 2008년 2월 현재 232만 명에 달한다고 한다. 미국이 수감자 수에서 세계 최고의 국가인 것이다.

각국의 인구 10만 명 당 재소자 수 통계를 보면 미국 690명, 러시아 670명, 남아공 406명, 태국 342명, 폴란드 210명, 한국 133명, 영국 133명, 일본 48명 등으로 되어 있다. 미국의 인구 1인 당 살인사건 발생 비율은 여타 선진국보다도 5~6배 많으며 특히 마약 사범이 많기 때문인 것으로 알려졌다.(조선일보 2002.8.14)

· 세금을 축소 신고할 경우 10년 후에도 처벌 가능(한국은 일정기간 지나면 공소시효 소멸로 처벌 불가능).
· 신용 카드는 인간신용의 척도로서 그 중요성이 인식되어 있으며 은행 대출금을 갚지 않으면 7~10년 간 부채유지, 평생 신용 불량자 딱지가 붙도록 한다.
· 집 안의 나무를 마음대로 절단할 수 없다(멕시코의 경우 폭우로 쓰러진 정원의 나무를 철거하는데도 구청에 신고하면 특수 차량이 와서 제거함).

네덜란드

고위 공직자가 16년 간 재직하면서 한국 돈 4백만 원 상당의 판공비를 개인적으로 지출했다는 혐의로 공직을 사퇴했다.

독 일

· 무임승차 시 정상요금의 30배를 벌금으로 지불.
· 독일 통일의 공로자인 쉬미트 수상은 10만 달러 불용혐의로 공직을 사임했다.

싱가포르

· 교통법규, 길거리 침뱉기, 노상방뇨 행위 등 질서, 규칙 위반하면 과중한 과태료 부과.
· 운전 중 핸드폰 사용하면 1천 싱가포르 달러(약 70만원) 벌금.
· 속도위반하면 200 싱가포르 달러 벌금.
· 신호위반하면 230 싱가포르 달러 벌금.
· 리콴유(李光耀) 전 총리가 뇌물수수로 적발된 장관에게 재판회부를 통고하자 그 장관은 자살의 길을 택했다.

호 주

· 호주 선관위는 정당, 정치인의 사용 영수증까지 현장 조사를 통해 확인한다.

우리도 선진국 같이 각종 비리 비행을 척결할 수 있는 엄격한 근본적 대책을 마련해야 한다. 적당한 단속조치로는 효과를 거둘 수 없다.

2. 선진질서 확립 방법은 무엇인가?

우리가 흔히 말하는 선진국 문화에도 야만적인 면은 많다. 미국 학교에서 자주 일어나고 있는 총기난동사건은 서부 영화의 무법천지를 연상케 한다. 유럽의 일부국가의 축구경기장에서 발생하는 훌리건들의 폭동사건과 스킨헤드 등 백인우월주의자들의 인종차별 난동 등은 이해하기 어려운 일이다.

핀란드가 세계 최고의 청정국가인 것은 청렴과 근면을 강조하는 청교도 정신에 근거한 투명사회 정립 때문이며 이는 90% 이상이 신자인 루터교의 제대로 된 교리교육과 신앙에 기인한다는 것이다. 핀란드의 특징은 "유리알 행정" 즉, 투명성과 사회의 "공개성(openness)"으로 부정부패의 예외를 인정하지 않는 제도이다. 노점상까지도 신용카드를 접수할 정도이며 모든 상점이 영수증 제도를 철저히 이행한다고 한다. 부정부패가 원천적으로 봉쇄되는 사회이다.

영국은 2008년 12월 운전 중 휴대폰 사용으로 교통사고가 증가되자 현재까지의 벌금형(7만 원 정도)을 최고 징역 2년형으로 대폭 강화하였다.

우리나라도 캐나다나 싱가포르, 유럽의 여러 나라 같은 선진국 수준으로 제도적 개혁과 법의 개정 강화 조치가 적극적으로 이루어져야 한다. 정직하고 성실하지 못한 사람은 세계화시대에 어디에서도 환영받지 못한다는 사실을 인식시키는 교육이 필요하다. 의식의 변화를 만들어야 한다.

교통사고에 대비하여 운전자의 생명보호를 위해 안전벨트 착용을 의무화하고 위반할 때에는 벌금까지 부과하며 강제로 단속하게 되자 할 수 없이 준수하는 것이 한국적 의식구조이다. 벌금 강화 외에 실형을 구형하는 등의 강력한 조치가 필요하다.

특히 부정선거 방지를 위해 뇌물수수자에게 벌금 50배 부과 등 강력한 조치 강구로 2007년 말 대선을 깨끗한 선거로 이끈 것은 잘된 일이나, 2008년 4월 국회의원 선거에서 전국구의원 자리가 마치 매관매직 행위의 대상인 것 같은 인상을 준 것 같은 사건의 발생은 일부 정치지도자들의 교양수준을 의미한다.

칸트가 주장하는 "공평무사한 이성"의 판단으로 악행에 대해서는 그 악행에 비례한 불이익을 주는 처벌이 가능토록, 도덕 질서 확립 제도를 마련하고 선행에 대하여는 보상을 하는 도덕적 질서의 확립이 필요하다. 글로벌 생활교양 교육을 통한 선진질서를 확립해야 하는 것이다.

교육을 당근이라 한다면 교육효과를 보장하고 높이기 위하여 법률, 제도개혁 등 강력한 조치를 강구하는 것이야 말로 채찍이라 할 것이다. 당근과 채찍(carrot and sticks)이 상승작용을 할 때 시너지 효과가 발생하여 성공할 수 있다. 이것이 한국적 실정에 맞는 필요한 교육정책이다.

3. 신고정신이 왜 중요한가?

서양에서는 주차위반을 하면 이웃 간에도 신고를 한다. 집안의 잔디가 길면 이웃 간에도 신고를 하여 벌금을 물리거나 잔디를 자르도록 한다. 이웃 간에 신고를 하는 것은 우리 관습으로 생각하면 야박한 일이기는 하나 서양 사회에서는 일반적인 일이다. 우리나라에서는 거주지 도로변에 마구 주차를 하는데 구청에 신고를 하면 단속반이 와서 주차위반 범칙금 영수증을 부착하나 계속 주차 위반을 한다.

필자가 과거 스페인에 근무할 당시 유명한 관광지 톨레도에서 일요일에 어느 관공서 주차장에 차를 세웠는데 견인되어 벌금을 낸 적이 있다. 외교관이라도 한 치의 예외가 없었다.

우리는 신고정신도 없고 정의감도 없다. 질서가 지켜질 수 있는 환경과 분위기가 부족하다. 또 하나 예를 들면 필자가 1980년 마드리드에서 근무할 때 어느 슈퍼마켓에 가서 쇼핑을 하고 물건을 놓고 차를 기다리는데 어느 차가 후진을 해서 물건 위를 덮쳤다. 나는 그 차의 뒤 부분을 손으로 두들겨 차를 세웠는데 차 주인이 차를 정지하고 나와서 왜 차를 치느냐며 시비를 걸었다. 시비가 계속되고 있을 때 다른 차 안에서 그 광경을 보던 사람이 나와 그 사람의 잘못을 지적하며 나의 편을 들어 상황은 끝났다.

지하철 승차 때 노인과 젊은이 사이에도 시비가 일어난다. 이럴 때 잘잘못을 지적하고 말리는 사람이 없다. 남의 일로 시비를 당하면 오히려 손해를 보기 일쑤이며 잘못하면 경찰에 끌려가 곤욕을 치를 수도 있기 때문일 것이다. 이것이 우리의 현실이다. 잘못, 비행, 부당 행위를 지적하고 옳은 사람에 편들어 주는 정신도 사회를 바로 잡는 길이며 정의가 살아나는 길이다. 정의가 살아나고 보장되는 제도적 관행이 확립되어야 한다.

4. 삼진아웃 정책이란 무엇인가?

한국은 진정한 자유민주주의 국가가 되서 지나치게 관대한지 모르겠으나 부정, 부패, 비리를 범한 범법자에 대해 너무나 관대하다. 엉뚱한 사람을 잡아들이기도 잘하고 적당히 하면 잘 풀어주기도 하고 범법자와 기관원 간에 공존공생 같은 관계인지 모를 정도로 석방, 가석방, 보석, 사면 등 관용과 자비를 베푼다. 이러한 결과는 범죄행위를 조장하는 결과도 된다. 병 주고 약 주기 식이니 결국 범죄행위와의 숨바꼭질이 계속되는 것이다.

결국 역대 정부가 집권 시마다 듣기 좋은 구호로 외치던 범죄와의 전쟁이란 말은 한낱 구호로 그치고 말았으며 결국 효과 없는 소모전으로 끝난 것이다.

홉스테드(Hofstede)는 인간행동의 불확실성을 기준으로 불확실성 회피 경향이 약한 나라와 강한 나라를 구분하여 국민의 심성을 구분하고 불확실성 회피 경향이 강한 나라에서는 불안 수준이 높으므로 불확실성의 예방을 위한 수단으로 "법률과 규칙"이 필요하다는 것이다.

반대로 불안 수준이 낮은 불확실성 회피 경향이 약한 나라에서는 법과 규칙보다는 윤리, 도덕, 관습에 의존하는 경향이 많다. 독일, 이태리, 한국은 불확실성 회피 경향이 강한 나라이며 영국은 약한 나라이다. 한국과 독일은 보수적 성향이 강한 엄격한 성문법의 지배를 받고 있으며 영국 같은 불문법 지배 국가에서는 인내심과 마음의 여유 속에서 규칙 없이도 사회질서가 잘 지켜지고 있다. 따라서 한국과 같은 독특한 국민성을 가지고 있는 나라에서는 ① 편협성 ② 외국인 혐오심 ③ 광신적 종교관 ④ 빗나간 정치적 맹신 등의 현상이 분명히 나타난다.

각종 범법자에 대한 사면조치에 있어서 미국과 한국의 통계를 비교하면 차이가 많다. 미국의 경우 사면조치는 20년간 629건 정도라 한다. 이는 레이건, 부시, 클리턴 등 3대 정부 집권 중의 기간이다.

우리는 2008년 8월 15일 광복절을 맞아 대소의 범법자 34만 여 명(대기업 임원 74명 포함)을 특별사면 했는데 이렇게 많은 사면조치도 한국적 현상의 하나라고 할 수 있다.

한국 재벌 S기업, H기업 회장 등 거액의 비자금조성 혐의, H기업, K회장의 폭력행위 등으로 수감되었다가 휠체어를 타고 모두 석방되는 장면을 보고 미국의 한 언론은 "한국의 휠체어 사면문화"라고 비평했다고 한다.

미국에는 재범자에 대한 누범 가중처벌 제도로서 삼진 아웃 법(Three Strike Out)이 있는데 중범 재범자는 두 배 이상의 형을 가중처벌하고 3범인 경우 25년 형 이상으로 중형에 처한다는 것이다. 따라서 선진국일수록 처벌법규가 엄격하다는 사실을 알 수 있다.

(주: 삼진 아웃 법은 1994년 4월 캘리포니아 주에서 처음 채택되어 현재 24개 주에 확산, 적용되고 있다. 그 예로 콜로라도(Colorado) 대학교의 음주 삼진 아웃제가 있다고 하며 내용은 학교 교정 내에서

음주를 할 경우 초범은 벌금 100달러, 재범의 경우 부모에 통고, 3범은 한 학기 정학, 4범은 퇴학 등 엄격한 규정을 적용한다.)(일간지 보도)

5. 사형제도는 필요한가?

현대를 사는 우리는 인간의 생명이 어떻게 태어났는지에 대하여는 간단하게 생각한다. 부부 간 또는 이성 간의 단순한 생산행위로 생명이 태어난다고 생각하기 때문에 인간을 살해하고 생명을 가볍게 보는 것이다.

미생물이든 인간이든 한 생명의 기원을 과거로 거슬러 올라간다면 약 320만 년 전 태어났을 당시의 인간의 선조(Homo Habilis)일 것이다. 그 조상이 아담과 이브든 또는 어떤 원시인이든 간에 인간의 씨가 싹트면서 시작되어 현재까지 계속되고 있는 것이다. 그토록 오랜 영겁을 이어 내려온 하나의 생명줄이 현재 살아있는 존재이며 끊어지는 순간이 죽는 순간이다. 자손이 없으면 거기서 그 씨는 끝나는 것이다. 인간의 생명이 얼마나 귀중하고 값진 존재인지를 인식하게 된다.

인간의 범죄행위 처벌과 관련하여 수년 전부터 국회는 인권보호 정신 내지 인본주의사상에 입각하여 사형제도폐지 법안을 국회에 제출, 법안 제정을 추진 중이다. 사형제도폐지 법안에 관하여는 찬·반 이론이 분분하다. 찬성이론도 반대이론도 이유 있는 주장임은 사실이다. 1천 명 대상으로 조사한 결과 67%가 사형제도 폐지를 반대했다고 한다. 사형제도 유지를 찬성하는 편이 아직은 더 많다. 또 세계에서 112개 국가가 사형제도 폐지, 83개 국가가 사형제도 유지국이라 하며, 사형제도 폐지국이 증가하는 추세임은 분명하다. 우리의 경우 1997년 김영삼 정부 당시 23명이 사형 집행되었으나 그 후에는 집행되지 않아 2008년 3월 현재 58명의 사형수가 미집행 상태로 남아 있으므로 사형제도는 사실상 폐지된 것이나 마찬가지이다.

유럽 정부 간 기구인 유럽회의(1949년 창설; 회원국 45국)는 2003년 7월 1일 러시아, 아르메니아, 터키, 아제르바이잔 등 4개국을 제외한 41개국이 세계 최초로 "평시와 전시를 불문하고 사형 제도를 폐지키로 한 의정서"에 합의함으로써 유럽을 사형제도 없는 지역으로 만들었다고 한다.(조선일보 2003.7.3.)

UN총회는 2007년 12월 18일 사형제도의 궁극적 폐기를 목표로 국제사회가 사형집행을 유예할 것을 촉구하는 결의안을 채택하였다.

사형제도 폐지에 대한 찬반 이론을 다 열거할 수는 없고 또 열거할 필요도 없다. 문제는 사형제도가 있다 해도 범죄행위가 계속 증가되어 온 것은 사실이고(다소 감소된 점도 있겠으나) 사형제도가 없어진다 해서 범죄행위가 증가한다고 반드시 단정할 수도 없을 것이다.

그러나 범죄행위의 예방과 방지, 감소를 위해서 처벌법규의 강화가 더 절실하다고 판단된다. 흔히 적용되는 불구속기소나 병보석 등 적당히 봐 주기식 제도의 감축 내지 폐지가 더 필요하며, 기소시효기간 연장, 각종 범죄 처벌법규의 대폭 강화, 형량의 대폭 증가 등으로 전반적인 보완조치가 필요하다고 본다.

미국 같은 선진국에서도 비록 주에 따라 다소 다르긴 하나 사형제도가 있는데도 불구하고 478년형 등 물리적으로 형기완료가 불가능한 형기 선고제도를 채택하고 있는 것은 중벌주의를 강조하는 제도로 미국이라는 거대한 대국의 질서를 유지하기 위한 적합한 조치라고 보아야 할 것이다. 중국이 마약사범을 비롯하여 많은 범인을 사형에 처하는 제도, 특히 공개처형 같은 제도는 민주주의, 인도주의, 인본주의에 반하는 행위로 결코 바람직한 제도는 아니다. 그러나 그 나라

나름대로의 인구 13억이란 많은 인구, 거대한 국가를 통치하는 방법의 하나인 것이다.

국제사면위원회 발표에 의하면 인구 4백만 명의 싱가포르는 1991년 이후 4백여 명을 교수형에 처했다고 한다. 선진국형의 질서를 유지하고 있는 원인의 하나이다.

미국의 수필가 소로(Henry David Thoreau)는 "악(惡)의 잎을 수천 개를 잘라버리는 것보다는 나무뿌리를 송두리째 파내는 것이 낫다"라고 주장했다. 이는 미국식 사고방식의 표현이라 할 수 있다.

"최악의 정부도 무정부적 자연상태보다는 낫다"는 홉스의 주장에 이해가 가는 대목이다. 부정비리, 사기가 만연하고 있는 나라에서는 그의 표현이 적합한지도 모른다.

원칙과 투명성이 존중되고 지켜지는 사회가 선진사회이다. 원칙과 투명성은 인간행동의 지침으로 영구, 불변의 가치를 갖는 근본이다(스티븐 코비). 원칙이 지켜지지 않는 나라에서는 부정, 부패, 비리, 사기, 퇴폐행위, 무질서, 밀수 등 각종 비리가 판칠 뿐이다.

인간의 생명은 고귀한 것이다. 그 무엇으로도 결코 바꿀 수 없는 것이다. 생명 하나하나가 태고부터 내려오는 선조의 생명 사슬로 끊임없이 이어져 내려온 귀중한 생명의 고리이다. 지상 최대의 고귀한 인간 생명을 끊음으로써 그 생명의 대를 영원히 끊는 행위가 바로 살인 행위요 사형이라는 사실을 상기할 때 사형제도가 얼마나 잔인하고 불합리하고 잘못된 제도인지를 쉽게 이해할 수 있다. 그런 의미에서 사형제도의 폐지는 원칙적으로 바람직하다. 그러나 사형제도의 폐지로 생길 수 있는 살인사건 등 각종 사건의 증가 같은 부작용에 대비하여 선진국 수준의 강력한 대안이 선행되어야 할 것이다.

제4장 동·서양의 교양교육

1. 고대 서양교육에서 배우는 교양

현대에 사는 우리는 고대의 교육 내용을 살펴 볼 가치가 있다. 따라서 온고지신(溫故知新)이라는 고사성어가 의미하듯이 고대 서양교육의 장점을 알아야 한다.

이 책은 교육학을 연구 대상으로 하지는 않으나 글로벌 생활교양 교육의 필요성을 제시하는 데에도 목적이 있다. 그러므로 여러 문명국가들과 우리나라의 교육 내용을 다음과 같이 간단히 비교해서 살펴보는 것이 이해에 도움이 되리라 생각된다.

로버트 램(Robert Ram: 문화 역사가)은 고대 민족들의 예술, 종교, 정치적 위업을 아무리 평가해도 이상을 사려 깊게 추구하는 "진정한 문명의 역사는 그리스에서 시작되었다"라고 주장했다.[26)]

당시에는 비록 현대적 교육기관이 없어서 가정교사 또는 부모에게서 사교육 형식의 교육을 받았다. 특히 실용적, 창의적 사고를 키우고 인격을 수양하기 위한 윤리교육에 중점을 두었다.

1) 고대 그리스 교육의 교양인 양성 정신

고대 그리스 교육은 역시 가정교사, 교수나 부모로부터 교육을 받았다. 일반 과목으로 글쓰기, 읽기, 산술, 미술, 시, 음악, 무용, 윤리

온고이지신(溫故而知新)

"옛 것으로부터 새로운 것을 배운다"는 고사성어로 바로 "변화의 철학"을 의미한다고 해석할 수 있다.

도덕, 교양, 수학, 철학, 수사학(웅변술)을 교육하고 상상력, 창의력, 특히 사고력 중심 즉, 개인의 능력배양 및 인격(ethos) 도야에 중점을 두었다. 뿐만 아니라 자신을 아는 올바른 사고(right thinking)를 가진 훌륭한 교양인으로써 정감(pathos)과 논리(logos) 능력도 동시에 갖추도록 하였다.

아리스토텔레스는 "산 사람이 죽은 사람보다 나은 것처럼 교육 받은 사람이 교육을 받지 못한 사람보다 우위에 있다"라고 하여 교육의 중요성을 강조하였다. 플라톤은 아이들은 놀이하듯 자유롭게 가르치라고 주장했다. 그러나 사리 분별 능력을 가르쳐야 한다. 자연스럽게 자유로운 분위기에서 교육해야 한다는 의미이나 자유방임적 방종교육을 하라는 의미는 아니다.

2) 로마 교육의 인재양성 정신

로마시대의 교육은 의무, 규율 존중 및 순응 교육, 용기 배양 등 국가안보를 위한 실용적 가치를 중심덕목으로 교육시켰다. 과목을 보면 무술, 창술, 말 타기, 수영 등 외세 침략으로부터의 방어, 생존을 위한 전쟁준비 교육에 중점을 두었으며 법, 역사, 글쓰기, 산수, 그리스, 로마 문화를 교육했다. 고등교육 과정에서는 수사학과 웅변술을 가르쳐서 참다운 웅변가를 만들었다. 참다운 웅변가의 자질로 도덕성, 넓은 교양, 자신감의 언변능력을 갖추는 것으로 지도자를 양성했다.[27] 도덕성, 교양, 신념을 갖춘 인재(웅변가) 양성교육에 중점을 두고 있다고 할 수 있다.

외교론으로 유명한 니콜슨(Nicolson: 옥스퍼드 박사, 외교관, 정치가)은 "유럽의 가치(value of Europe)"에서 로마는 유럽정복 기간 중에도 경제, 과학, 기술보다는 법과 질서, 법규의 준수 원칙을 교육시켰다고 한다.

키케로는 "무지는 가난한 사람을 현재라는 압제에서 벗어나지 못하게 만들었다"고 교육의 중요성을 주장했다. 에픽투데스는 "배운 사람만이 자유롭다"라고 역설하고 배움의 중요성을 강조하였다.

이상에서 알아보았듯이 로마는 질서와 법률 준수 등 국가 중심의 교육에 중점을 둠으로써 대제국을 건설할 수 있었으며 고대 그리스는 개성중심, 또는 개인존중 사상(humanism)에 중점을 두고 합리적 사고와 윤리교육, 지혜, 시민 공동체의식 함양을 통한 애국적 교양인을 양성함으로써 민주주의 발달과 찬란한 서구문화의 생성, 발전의 기원을 이루게 되었던 것이다.

INCA 교육의 정직한 근로자 양성 정신

11세기 중남미 잉카 제국 당시의 교육은 대단히 엄격했던 것으로 알려져 있다. 그들의 주요 교육 이념은 첫째, 나태하지 말 것(ama kella), 둘째, 도둑질하지 말 것(ama sua), 셋째, 거짓말하지 말 것(ama lulla)이었다. 정직하게 열심히 일할 것을 강조한 것이다. 잉카제국의 교육이념은 현대 우리 사회에 그대로 적용될 수 있는 훌륭한 교훈이다.

18세기 중남미의 독립영웅 시몬 볼리바르(Simon Bolivar)와 산 마르틴(San Martin), 빈곤과 사회 정의의 상징인 체 게바라(Che Guevarra), 그리고 호세 루이스 보르헤스(Jose Luis Borges), 가르시아 마르케스(Garcia Marquez) 등 많은 세계적 문호를 배출한 중남미 전통과 사상의 중심에는 잉카, 마야 등 토착문명의 영향을 배제할 수 없을 것이다.

2. 근대 교육에서 배우는 교양 덕목

1) 계몽기 교육(18세기)의 윤리, 도덕과 개성 개발

동양에서는 윤리, 도덕, 예의 중심의 교육이었으며 서양에서는 아동의 개성개발을 통한 사회적 다양성에 대한 인식을 고무하는데 두었으므로 개인의 잠재능력을 최대한 성취하는데 중점을 두었다.

2) 여러 나라 교육의 비교

⁋ 중국

유교주의 철학의 기본적 귀결인 귀족적 권위주의에 입각하여 교육의 주안점을 사회공동체 윤리, 도덕규범으로부터의 이탈 방지에 주안점을 두었다.

중국에서 부모와 교사의 도덕적 책무는 아동이 잘못을 저지르지 않도록 보장하는 것이다.

⁋ 한국

우리나라 교육의 주류는 유불선 3교에 근거한다. 삼국시대의 불교, 조선시대의 유교, 근세 개화사상, 기독교사상에 기초한다고 요약할 수 있다. 신라의 화랑도 정신의 기초가 된 원광법사의 세속오계는 충(忠), 효(孝), 신(信), 용(勇), 인(仁)을 모든 영역에서의 생활 덕목으로 제시한다. 또한 원효대사의 유심연기(唯心緣起)사상, 중도(中道)사상은 도덕교육의 근본이다. 조선시대 성균관을 통한 선비 대상의 인의예지(仁義禮智) 교육을 들 수 있다. 19세기 초 정약용의 "목민심서(牧民心書)"의 주요 내용은 예의와 교양을 가다듬고 예(禮)를 바탕으로 한다.

현대 교육에 있어서는 기독교문명의 영향이 매우 크다.

중국인 교수 진위안푸(한양대학교)는 한국은 동방예의지국으로 전통과 미덕을 보존하고 있다고 하면서, 남대문의 본래 명칭인 숭례문(崇禮門)을 예로 들었다. 숭례문은 예(禮)를 가장 숭상한다는 의미이며 또 언어상의 많은 경어가 발달한 것으로도 예의를 중시했음이 증명된다고 했다.(중앙일보 2001.7.22)

이처럼 우리 선조들은 인의예지, 충효사상, 도리를 중시했다. 동방예의지국의 자손임을 자랑으로 여겼다.

⁋ 영국

17세기 이후 영국 사회는 과거 좋았던 옛날의 영국을 대표하는 지주 계급과 불안정한 사회적 힘을 가진 청교도로 양분되었다. 거리낌 없이 소박한 삶을 즐기는 것과 엄격하게 통제되고 억제된 자기 규제와 관습적 윤리적 구속이라는 두 특징이 오늘날에도 영국 민족성의 모습으로 나타난다.[28)]

영국은 청교도 정신이 국민교육에 크게 기여하였으며 현대 자본주의 발전에 공헌하였다. 그러나 베버(Max Weber)는 청교도주의는 근대인이 헤어날 수 없는 "강철 감옥"을 만드는 역할을 했다고 보았다. 인간의 자발적인 삶의 향유를 무자비하게 빼앗아갔다는 것이다. 자본주의의 모순을 신랄하게 비판하는 말이다.

⁋ 독일

독일의 발도르프 교육이론에 의하면 개성발달을 중요시한다. 개인이 창조의 원천이라는 입장에서 개성의 발달이 중요하며 동시에 개인과 사회발전의 조화를 중시한다. 학교에서는 책임성, 자발성, 논리적 사고, 의사소통 능력, 창조력, 단결심, 공동체 협동정신 등을 교육의 중심으로 한다. 따라서 일반 대학교육에서는 학습과 연구의 일치를 강조하여 연구 활동을 장려하고 기술학교, 예술학교 등에서는 전문인력 양성에 중점을 둔다.

⁋ 덴마크

세계에서 의회 민주주의가 가장 발달한 우수한 민주복지국가인 덴마크 국민은 다른 서구 국가의 국민과 마찬가지로 개인주의적 사고방식을 갖고 있다. 특히 공중도덕, 교통질서 등 법규준수 의식이 철저하며 검소하고 합리적 사고를 가진 국민이다. 교육 목표를 근면, 정직, 모범시민 양성에 두고 있다.

핀란드

핀란드는 세계 최고의 청정국가로 유명한데 국민의 90%가 루터교 신자로 청렴성과 근면성을 기초로 하는 청교도 정신에 입각한 투명성이 확립된 국가이기 때문이다. 자본주의의 모순으로 인한 개인주의적, 이기주의적 인간상을 윤리, 도덕적 교양인으로 만드는 것을 교육의 목적으로 삼았다.

핀란드에서는 NGO가 공익교육을 선도한다. 예를 들면 가정 교육관에서는 책임감, 공동체의식, 남에게 피해를 주지 않는 사고, 준법정신, 식사예절 등을 교육시킨다는 것이다.(조선일보 2001.4.)

3. 한국 전통사회 질서와 글로벌 생활교양

유교적 전통사회에서는 학연, 혈연 등 모든 연(緣)으로 얽힌 정실감정의 지배 의식의 상존과 공사(公私)구별 의식의 부재 그리고 서양문화의 영향인 이기주의, 황금만능주의 등으로 근대적 의미의 글로벌 교양 마인드 생성에 장애요인이 되었다 할 수 있다. 현대적 사회질서의 확립을 위하여 정치, 경제, 사회제도 및 환경조성, 국민의식의 개선, 교육이념, 사상의 확립, 법 제도 등 지원장치(system)의 확립이 선행되어야 하며 이는 글로벌 생활교양 마인드의 고양으로 가능하다.

1) 조선시대 유교윤리의 기본 요소

조선사회의 질서유지에 결정적 역할을 한 사상과 철학은 주자학과 유교라 할 수 있다. 당시의 학문 연구는 소위 사대부가문 등 양반 자손에 국한되었으므로 그들이 엘리트그룹을 형성하여 정치권력층 및 사회지배층을 구성하게 된다.

엘리트의 조건이 혈연(가문), 학문(학연, 지연), 과거급제, 관직 등으로 구성되었다. 조선의 과거 제도는 원칙적으로 개방되어 신분의 귀천과 관계없이 응시자격이 주어졌으나 문제는 과거준비에 20여 년이 소요되었다 하니 재력 없는 일반서민의 급제는 사실상 불가능한 것이었다.

조선사회 질서는 유교정신과 제도에 따른 지배복종 관계, 사회계급제도의 구조 속에서 이루어졌다. 배우지 못한 일반 백성이나 서민, 하류층은 상류층의 차별의식 속에서도 사회질서를 지켜야 했으며, 부모형제에 대한 인간의 도리, 충효사상에 대한 체계적인 교육을 받지는 못했어도 상류층으로부터 배운 윤리사상을 일상생활 속에서 보고 배워 실천했다는 것이다.

이러한 한국적 미풍양속은 조선시대의 엘리트 가치관이며 사대부(士大夫)의 도리인 선비정신, 예와 도덕, 또는 성현지도(聖賢之道)를 하류층도 배우고 흉내내려는 갸륵하고 순박한 서민정신에 있었다고 생각된다. 따라서 우리는 현대를 살면서 과거부터 한국인들이 유교사상의 전통 속에서 살아오면서 알게 모르게 우리 몸에 배어있는 여러 의식 중에서 버릴 것은 버리고 간직해야 할 것은 간직해야 한다.

유교에서는 도덕, 즉 제의식(祭儀式)을 중심으로 한 효(孝)사상이 주로 공(公)의 개념으로 발전되어 의식 속에 자리 잡고 있어 공(公), 사(私)의 개념이 서양과 다르다. 서양의 공개념은 공리적 인간을 기

반으로 하나 동양에서는 도덕적 인간을 기반으로 존재한다.[29)]

다시 말하면 지연, 혈연, 학연의 상하관계, 선후배관계, 누이 좋고 매부 좋고 식의 적당주의, 공사구별 의식의 결여 등 동양적 집단주의적 사고방식이 정치, 사회 발전에 부정적 영향으로 작용했다고 할 수 있다.

2) 지배복종 사회의 붕괴와 그 결과

사회질서는 현대 자유민주주의 사회보다도 전통적인 계급사회, 이원적 지배구조 사회 또는 미개사회나 원시사회에서 더 잘 준수되었다. 중남미 여러 나라를 볼 때 비록 근대화 과정에서 콜롬비아의 파륵(FARC) 등 게릴라나 멕시코의 치아파스 인디오 투쟁 등 산발적인 의식투쟁이 전개되고는 있다. 그러나 인디오와 혼혈이 주종을 이루고 있는 이원적인 특징을 가진 대부분의 나라에서는 백인의 지배, 통치하에서도 인디오들은 그들의 어려운 현실을 감수하며 살고 있는 것이다. 그들의 온순한 복종적 성격은 일종의 전근대적 현상이다.

그러나 과학기술 문명의 발달로 사회계층 간의 소득수준, 교육차별이 과거보다 많이 소멸되고 있는 현대사회에서는 과거의 사회적 전통적 지배복종 관계의 상황은 허용되지 않는다. 특히 자유민주주의 경제체제 하에서는 누구나 동등한 인권, 생존권, 평등권이 보장되어 있기 때문이다. 후진 전통사회에서는 지배복종 사회가 붕괴되면서 인권과 생존권 회복을 위한 투쟁이 전개되고 있는 것도 사실이다.

한국의 경우는 서구화 물결의 영향으로 지배 복종적 사회인 유교사회가 붕괴되면서 서구적 개인주의가 발달되고 개인주의가 발달하면서 상하관계가 붕괴되고 분별심의 망각 현상이 초래되었다. 예를 들면 한 가정의 아버지가 밤늦게 귀가했는데 아들이 소파에 누워 텔레비전을 보면서 인사를 하지 않고 누워있어 화가 나서 TV를 발로

차서 쓰러뜨렸다. 여기서 아들은 유교 전통에서 벗어난 서양식 자유주의자라면 아버지인 가장은 유교식 보수주의자이다. 동·서양 전통과 사고방식의 차이에서 오는 감정의 충돌 현상이다. 가정적으로는 핵가족화로 인한 효 정신의 상실현상이다.

한국의 직장에서는 최근 영어교육 붐이 일면서 한국식 존칭이 사라져 분위기가 좋다는 의견도 있다. 권위의식의 지양이라는 관점에서는 바람직하나 서양적, 합리적 사고방식, 교양과 매너가 뒷받침되지 않고서는 서양식으로 존칭을 사용하는 것이 반드시 좋은 현상은 아니다. 대통령에게 "님" 자도 붙이지 않는 것은 결코 바람직하지 않아 보인다.

3) 위정자들의 글로벌 마인드 부족

한국의 역대 교육정책을 보면 조선시대에는 양반 중심의 사교육이 유행하였다. 식민지 시대에는 우민정책의 실시와 더불어 하층 공직자의 행정업무 처리 중심 교육이 중점적으로 이루어졌고 군정 하에서 단군왕검의 건국이념인 홍익인간(弘益人間) 교육이 다시 시작되었다. 특히 이승만 정권은 홍익인간 계승, 민족주의 교육정책을 추진했다. 세상을 널리 유익하게 하는 삶을 영위한다는 의미이다. 김용옥에 의하면 여기서 "홍익인간"의 의미는 사람을 뜻하는 것이 아니라 세상을 의미한다. 따라서 홍익인간의 의미는 더불어 사는 사회, 즉 휴먼 소사이어티(human society) 또는 공동체사회(common society)를 만들어 가는 것을 의미한다고 할 수 있다. 이는 현대 글로벌 사회의 효시로 볼 수 있을 것 같다.

박정희 정권 하에서는 민족중흥, 반공, 새마을교육 등으로 나라를 빈곤에서 벗어나게 하는데 크게 기여했다. 그 이후 여러 정권에서는 국민헌장, 덕목교육 등 목표를 내걸었으나 지극히 형식적으로 끝나고 말았다. 사회정화위원회 등 부정부패 방지 정책도 내 걸었으나 오히려 집권자들이 부정축재자로 전락한 경우도 있었다. 범법자는 단속하는 듯하였으나 윤리, 도덕적 교양인 양성은 등한시 한 것이다. 이는 결국 역대 위정자 자신이 글로벌 마인드(선진시민정신: 국제교양 마인드)가 부족했기 때문이다.

4) 글로벌 마인드와 "5단계 발전이론"

모든 국민이 글로벌 마인드를 갖지 않는 한, 국민의식도 나라의 경제도 발전할 수 없다. 글로벌 마인드가 있어야 글로벌 스탠더드가 확립될 수 있다. 그리고 글로벌 스탠더드가 확립되어야 경제가 발전하고 경제가 발전해야 국력이 성장하고 국력이 성장해야 선진복지국가 달성이 가능한 것이다. 이제 우리에게 가장 중요한 것은 모두가 하루 빨리 글로벌 센스(국제 감각) 또는 마인드(공감: 선진시민정신)를 갖는 것이다. 즉, 선진 국민의식을 갖추는 방법은 글로벌 생활교양을 배우고 실천하는 마음에서 나오는 것이다. 이상을 다음과 같이 그림으로 나타낼 수 있다. 다음 [그림 1]은 선진국이 되는 "5단계 피라밋형 발전이론"을 나타낸 것이다.

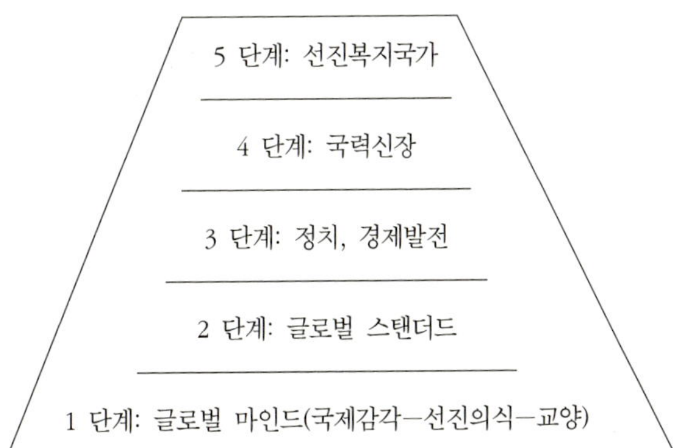

[그림 1] 5단계 피라밋형 발전 이론

1단계의 글로벌 마인드(선진시민교양)는 선진국민이 되는 중요한 기본이다. 글로벌 마인드를 갖춘 국민이 글로벌 스탠더드(표준, 제도, 규정 등)를 만들어 낼 수 있으며, 만든 다음에 준수할 자격과 능력을 갖추는 것이다. 그렇지 못하면 글로벌 스탠더드를 만들어도 지켜지지 않으며 무용지물이 될 수도 있다. 스탠더드가 마련되어야 경제가 바로 선다. 노노(勞勞), 노사(勞使)분쟁 등이 스탠더드 부족에 기인하기 때문이다. 경제가 바로 서야 국력이 신장된다. 국력은 경제력, 국방력뿐만 아니라 정치, 사회, 교육, 문화 등 모든 분야에서의 발전된 종합적 총체적 국가 능력을 의미한다. 글로벌 마인드는 선진 복지국가가 되는 보장장치인 것이다. 경제성장은 투자증진, 기술개발 등으로 어느 정도는 가능하다. 따라서 1단계의 글로벌 마인드가 부족한 상태에서는 2~3단계 발전과정도 부족할 수밖에 없다. 결국 거품경제, 부정부패, 비리 등 악순환이 계속되는 것이다. 따라서 글로벌 교양은 건축의 튼튼한 기초공사이다.

어떤 교육자는 학교에서 "국민윤리" 과목을 과거부터 계속 교육해 왔고 현재도 하고 있다고 했다. 우리나라의 경우 윤리, 도덕의 타락 현상은 물론 포스트모던시대 서구문명의 잘못된 영향 때문이기도 하지만, 근본 원인은 역대 위정자들의 무관심, 무책임성, 그리고 학교교육의 형식적, 이론적, 입시위주의 교육에 큰 원인이 있다고 할 수 있다.

따라서 국민이 글로벌 마인드를 갖추는 것이 급선무이다. 글로벌 마인드를 갖추도록 하는 길은 지금부터라도 글로벌 생활교양 교육을 각급 학교 차원에서 적극 실시하는 것이다. 하루아침에 좋은 효과를 기대할 수는 없겠으나 지속적으로 노력하는 것이 최선의 방법일 것이다.

글로벌 교양 공부는 에티켓, 매너를 아는 것이고, 상대방을 배려할 줄 아는 것이고, 국가 경쟁력을 강화하고 나아가 나라를 선진국으로 인도하는 원동력이 되기 때문이다.

제5장 글로벌 생활교양과 문화

글로벌 생활교양은 문화의 어떤 부분인가. 문화의 중요성을 어디에서 찾아야 하는가? 선 · 후진국 문화와 교양의 차이는 무엇인가? 21세기 밀레니엄시대, 지구촌시대, 세계화시대, 무한경쟁시대에 대처하고 적응할 수 있는 바른 교양인, 글로벌 인재를 양성하는데 중점을 두어야 한다.

1. 문화의 여러 가지 의미

새뮤엘 헌팅턴은 "문화가 정말 중요하다"라는 글에서 '문화'라는 용어는 학문별, 문맥별로 다양한 의미를 가지고 있다고 했다. 문화는 때때로 사회의 지적, 음악적, 예술, 문학적 결과물, 즉 '고등문화'를 가리키기도 한다. 또 일부 인류학자들은 문화란 사회의 전체적인 생활방식으로 풀이한다. 즉, 한 나라의 가치, 실천, 상징, 제도, 인간관계 등이 모두 문화의 범주 속에 포함된다는 것이다. 만약 문화가 모든 것을 다 포함하는 개념이라면 그것은 아무것도 의미하지 않는다. 그러므로 주관적 관점에서 "문화는 한 사회 내에서 우세하게 발현하는 가치, 태도, 신념, 지향점, 전제조건 등이다"라고 정의한다.[30)]

"문화가 중요하다(Culture matters)"는 인류사회가 풍요하고 평화로운 사회가 되기 위해서는 물론 경제가 중요하지만 문화가 더 중요하다는 의미이다. 특히 문화 중에서도 윤리, 도덕을 바탕으로 하는 교양문화야말로 민주 선진복지국가로 가는 기본이기 때문이다.

문화는 문명이 발달되어 생활이 편리하게 되는 현상이며 철학적으로는 진리 추구, 끊임없는 진보, 발전, 향상을 위하여 노력하는 인간의 정신적 활동, 또는 그 결과로 얻어지는 물질적, 정신적 총체를 의미한다. 문화는 사유행위이며 아름다움과 인성에 대한 감수성의 산물이라 할 것이다.

스튜어트 홀(Hall)은 "문화는 관찰이나 음미의 대상이 아니라 삶의 역동적 과정이다."라고 했다. 문화의 연구는 불협화음이나 무질서 세계의 혼란을 겉으로만 성찰하는 것이 아니라 이를 극복하기 위한 유기적 지식인의 소명을 견지해야 한다고 주장한다.(중앙일보 2001.10.11)

크리포드 기어츠에 의하면, 문화란 특정 사회의 구성원들이 공통적으로 가지는 가치관 또는 세계관을 의미하며 이들의 삶을 지배하는 생활양식과 원칙을 지칭한다.31)

스티븐 코비는 "원칙 중심의 리더십"(역서)에서 원칙이란 시공을 초월해서 언제, 어디서나 적용되는 자유법칙과 같은 것이라 했다. 원칙은 언제 어디에나 항상 존재하는 것이며 지켜져야 한다는 의미이다.

문화는 사회 구성원, 집단의 생활방식, 즉, 의식주(衣食住), 결혼, 가족, 노동, 종교, 관습, 생활의식, 에티켓 등 궁극적으로 인간생활의 모든 부분을 포괄하는 개념이라 할 수 있다.

노만 엘리아스(Norman Elias: 문화 철학자)는 문화(culture)와 문명(civilization)의 의미가 나라에 따라 다르게 해석될 수 있다면서 다음과 같이 말했다.

프랑스와 영국 어법에서 문화개념은 정치적, 경제적, 종교적, 기술적, 도덕적, 사회적 사실을 의미한다. 그리고 독일 어법에서 문화개념은 지적, 예술적, 종교적 사실을 의미한다. 양측 다 문명개념은 "행동 양식"을 의미한다. 문명개념은 동적개념이요 전진적 개념이다. 반면에 문화개념은 인간의 산물, 예술작품, 종교, 철학적 개념(한정적)이라는 것이다.

칸트(Kant)는 문명과 문화를 구별함에 있어 문명인은 명예욕, 점잖음, 즉 체면이며 문명화의 귀결은 문화라고 했다. 또한 저서 "세계시민의 관점에서 본 보편사의 이념(1784)"에서는 "예술과 과학이 고도로 발전된 사회에서 우리들은 갖가지 사회적 예의범절에 혹사당할 정도로까지 문명화 되었다고 했다(역설적 표현). 도덕의 이념은 문화의 일부이다. 그러나 명예욕과 외적으로 점잖은 성격에서 도덕성의 모방만을 초래하는 이러한 이념의 적용은 오직 문명화로 귀결된다"라고 했다.

문화는 인간의 행동과 인류발전에 중요한 역할을 하며 보통 '문화'라 하면 인간의 태도, 가치, 신념 등을 통틀어 말하는 개념이다. 예를 들어 경제문화라 하면 개인, 조직, 기타 기관의 경제 활동과 관련을 맺는 신념, 태도, 가치 등을 말한다.[32)]

토마스 바이스너(Thomas S. Weisner)는 문화를 인류가 공유하는 가치와 믿음, 생활의 일과로 조직된 활동, 감정적인 의미를 지니고 있는 상호작용, 경험 등의 혼합체라 정의한다.[33)]

문화는 인간의 삶에 어떤 형태로든지 영향을 미치므로 인간과 인간 간의 매체 역할을 한다. 인간의 사고방식, 행동양상, 표현행위, 나아가서 사회 및 도시건설, 교통질서 준수 등 모든 의식, 사고행위를 지배하는 매체 역할을 하는 것이다.

문화개념에서 객관적인 인간업적이 점차 더 지배적 비중을 차지하지만 "문화는 인간 간의 매체라는 의미에서도 문화와 교양"의 개념은 항상 밀접한 관계가 있다.

이렇게 볼 때 교양문화라 하면 개인, 조직, 기타 기관의 윤리, 도덕, 예의범절 등 교양 행위와 관련된 인간의 신념, 태도, 의지를 의미한다 할 것이다. 즉, 시민의 일상생활에 있어서의 신념, 생각, 생활태도, 행동, 가치를 의미하는 것이다.

교양인과 문화와 관련, "품격 있는 언행은 개인의 교양, 예(禮)와 문화수준의 문제로 어릴 때부터 몸과 마음에 자연스럽게 밴 일상의 습관"이라고 유근일(논설위원)은 표현했다. 이어서 "교양은 감미로움(sweetness)과 영롱함(light)을 추구하는 고운 심성(finely tempered nature)"이라는 스위프트(Swift)의 이론과 "지금까지 사유되고 말해진 것 중 최고의 것"이 교양이라는 매튜 아놀드(Mathew Arnold)의 이론, 그리고 교양은 "평범한 삶의 가치(ordinary life)"라는 레이몬드 윌리엄스(Raymond Williams)의 이론을 소개했다.(조선칼럼 2008.1.8)

이는 교양이란 "좋은 생각, 좋은 말, 일상의 삶, 바로 최고의 문화, 인간의 삶 자체를 의미하는 것이라 생각된다.

글로벌 생활교양은 세계화 또는 국제화 시대를 사는 지구촌의 인류 교양문화인 동시에 모두가 준수해야 할 원칙이다.

2. 문화의 가치 기준

"21세기에는 문화가 인류 가치의 척도가 된다"라고 알렌 뒤렌(Allen Duren)은 말했다. 경제가 성장하면 할수록 문화의 중요성이 더 커진다는 것을 강조한 대목이다.

데니스 노블 교수(옥스퍼드대학교)는 세계화로 인한 경제 · 문화 단일화의 조류 속에서 살아남고 번창하기 위해서는 강한 민족문화가 있어야 한다고 역설했다.(중앙일보 2001.4.30) 한 나라의 문화의 중요성을 강조한 대목이다. 이 경우의 문화는 외부로부터 도입된 저질 문화가 아니라 전통적인 고유의 양질문화를 의미한다.

이어령 교수는 문화는 기본적으로 비합리적인 것으로 이지적이고 과학적이고 기술적인 문명과는 대조적인 개념이라 했다. 문화가 제 역할을 하려면 문명이라는 "싸늘한 세계"와 융합해야 한다며 이윤을 추구하는 기업도 문화라는 자양분을 동시에 충족시켜야 성공한다고 했다.

베네트는 인간의 가치를 미덕과 악덕으로 구별(Cultural value are the patterns of goodness and badness people assign to the ways of being in the world.)하고, 미덕도 보는 관점에 따라 서로 다르게 판단될 수 있다고 보았다. 예를 들면 미국인은 개인적 독립심(independently self-reliant)을 미덕으로 보고 일본의 집단주의를 비하한다. 반면 일본인은 집단의존(interdependent in groups) 현상을 미덕으로 보며 미국 같은 개인주의를 비하한다.[34)]

또 문화와 경제와의 관계는 밀접하다. 문화의 성취와 경제의 성취는 연결되어 있기 때문에 하나의 변화가 오면 필연적으로 다른 하나에 영향을 미치기 때문이다.

데이비드 랑드(David Landes)는 막스 베버(Max Weber)의 말을 찬양하면서 "경제발전의 역사에서 우리가 배울게 있다면, 문화가 거의 모든 차이를 만들어 낸다."라고 했다.[35)]

여기서 말하는 문화는 미술, 예술, 음악 등을 포함하는 포괄적 의미의 문화라기보다는 우리의 일상생활 태도, 기본, 사고방식 등 교양문화를 의미한다고 할 것이다. 이는 앞으로 경제발전이 이루어지면 질수록 문화가 더 중요하게 생각된다는 것이다.

21세기 세계화시대, 무한경쟁시대에는 "변화가 인류가치의 척도"이며 거의 모든 가치를 만들어낸다. 따라서 변화가 문화의 차이, 경제의 차이를 만든다.

* To change bad habits, we must study the habits of successful role models.

- Jack Canfield-

나쁜 습관을 바꾸려면 성공적 역할 모델의 습성을 알아야 한다. 잭 캔필드-

3. 문화와 교양으로 보는 선 · 후진국

앞에서 우리는 문화는 생활의 편리한 현상, 인간이 성취한 물질적, 정신적 총체라고 한다면 교양은 학문, 지식, 생활을 바탕으로 교육되어 키워진 품행, 인성을 의미한다는 것을 알았다.

우리는 2002년 월드컵 개최를 계기로 관광객 유치 및 정보통신사업을 통한 경제적 이익과 한국문화의 세계적 홍보를 위한 중대한 기회로 활용해야 한다고 열을 올렸다. 월드컵 경기 주최국으로 세계의 모든 나라가 한국을 알게 되었으며 한국문화를 알리게 된 것도 사실이다.

문화의 양상을 구별하는데 있어 문화의 종류 또는 카테고리를 인식할 필요가 있다. 문화를 알기 위해서는 문화재의 종류를 생각하면 쉽게 알 수 있다. 문화재는 유형문화재와 무형문화재로 구분한다. 유형문화재는 형틀, 외형을 갖춘 물리적 존재로서 육안으로 볼 수 있고 만질 수 있는 물체, 즉 물질적 재산이다. 무형문화재는 흔히 예술인, 기능인을 지칭한다. 인간 자체는 유형이나 그들이 보유하고 있는 재능, 기술, 예능, 윤리, 도덕, 예의범절, 교양 수준 등은 만질 수 없는 무형적 지적재산이다.

이와 마찬가지로 홍보의 대상이 되는 문화 또한 두 가지 유형으로 분류할 수 있다. 유형문화재로 우리나라의 우수한 전통적인 고유문화재 즉, 합천 해인사의 팔만대장경, 고려자기 등 국보급 문화재의 홍보이다. 이러한 유형문화재는 이미 건설된 한정적 시설물이므로 갑자기 준비할 수는 없으며 있는 그대로 그 가치를 정확하게 보여줄 수 있도록 하면 된다. 그러나 문제는 무형문화의 홍보인 것이다. 무형문화는 눈에 보이지 않는 문화, 수시로 표현, 또는 노출될 수 있는 행위로서 국민의 질서, 태도, 의사의 표현, 에티켓, 매너 등 생활관습과 예절이 모두 무형문화로 홍보의 대상이 되는 것이다. 따라서 무형문화의 홍보는 그 나라 국민의 교양수준을 나타내는 행위가 된다.

시민의 교통질서 준수, 청결한 거리 유지, 공중화장실 청결 유지, 식당질서 유지 등 윤리적, 도덕적 사고의 개발은 바로 문화 수준의 향상을 의미한다.

베네트(Milton B. Bennet)는 그의 저서에서 페리(Perry)의 이론인 윤리(교양)와 문화 간의 화해의 2단계를 다음과 같이 소개한다. 첫째, 윤리적 행위가 반드시 보편적인 것은 아니다. 예를 들어 다른 사람이 좋은 대우를 받으니까 나도 좋은 대우를 해 달라는 정직한 주장은 상황에 따라 부정직한 행위가 될 수도 있다. 둘째, 정직이 규범적인 사회에서는 정직한 행동이 살아나도록 지원하는 행위, 방법은 윤리적이라는 것이다. 문화적 상황에서 자신이 취하는 행위에 대한 성찰적 관점이 중요하다. 페리(Perry)는 인간은 세계를 알수록 윤리적 사고와 행동을 개발하려는 경향이 있다고 주장한다.[36)]

우리는 21세기 밀레니엄시대에 살고 있다는 사실을 알고 있다. 무한경쟁의 세계화시대에 대비한 윤리적 사고와 행동의 개발이 바로 글로벌 생활교양 교육으로 가능할 것이다. 이를 위해 동·서 문화를 비교한 결과 도출된 문화관습의 다양한 내용을 알아보는 것은 의미가 있다.

---

* The great end of life is not knowledge, but action. - Thomas Henry Huxley -
* 삶의 위대한 끝은 지식이 아니라 행동이다. - 토마스 헨리 헉슬리

4. 동·서 문화 관습의 다양성 비교

1) 다른 문화 접촉의 상반된 반응

· 1500년대 유럽인(스페인)의 미주대륙 진출 당시 Santa Marta 거주 가톨릭교의 한 주교는 원주민 인디오를 야만인으로 평가함(아스텍 원주민은 백인을 자신들이 믿던 신 아니면 악마로 착각함).

· 17~18세기 중국인은 유럽인을 경멸적 존재로 취급.

· 1793년 영국은 조지 3세를 중국에 특사로 파견하였는데 중국은 고자세를 유지함.

중국인은 야만인(영국인)들의 상품 구입은 불필요하며 중국은 모든 상품 생산국이라고 주장. 즉 서양문화가 우수한 것은 아니라는 태도를 견지했다.

2) 문화, 문명의 다양성에 따른 일부 관습

· 서구에서는 개고기는 안 먹으나 굴은 먹음.

· 인도는 소고기는 안 먹으나 돼지고기는 먹음.

· 유태인과 힌두교도는 돼지고기 안 먹음.

· 한국, 중국, 멕시코 등에서는 개고기 먹음. 프랑스에서는 과거에는 먹었으나 근세에 들어 먹지 않음.

· 서양에서 타인 앞에서의 키스는 정상적 성행위로 간주함.

· 인도(계급사회): 하층인에게 자리 양보는 이해되지 않음. 짐을 운반하든가 청소를 하면 하층인으로 오해함.

· 중남미에서 주인은 식모나 운전기사와 함께 식사하지 않음.

· 서양에서는 귀엽다고 남의 어린이를 만지지 않음.

이 같은 관습의 차이는 문화의 차이에서 오는 것으로 문화와 문명의 다양성을 이해하여야 한다.

3) 동 · 서양 예절문화의 발전단계 비교

우리나라와 서양예절 및 사고방식의 근간이 된 시대적 배경과 교양, 예절 문화의 발전단계를 살펴보면 다음과 같이 대비 할 수 있다.

▮문화 발전단계 비교

시 대	서 양	동 양(한국)
중세	유치한 단계 (예: 맨손 식사, 손으로 코풀기 예절 준칙 발생) 봉건적 궁중예절(courtesy, courtoisie, cortesia) (예: 오른손 – 식사, 왼손으로 코 풀 것)	신라, 고려 초: 선비시대 개념, 선(仙) 문화의 발달 신라, 고려시대: 승려예절 – 발우공양(식사) 예절 불교의 사찰예절(절에서 부처님과 스님에 지켜야 할 예절)
17세기	절대주의 궁중예절 단계 귀족중심 궁중사회 왕, 귀족, 부르주아 – 3계급사회 루이(Loui) 14세: 궁중예절-문명화 예절 즉, 매너 모델의 절정기 (매너와 본능 억제의 절정기) 귀족: 초자아(superego)개념 즉, 자기중심, 자기보호법규, 서양예절 창조 예절: 자유와 본능 억제 사이의 가혹한 삶(엘리아스의 문명의 역설) 전문 부르주아산업 단계, 고도의 자제, 본능적 충동의 억압, 즉 인내(인내의 위반은 사회적 낙오자) 이득: 세련된 행동과 자연스런 삶 기독교 예절(1792): 남녀의 같은 침대 동침 금지, 남남 동일침대 사용시 오해(동성애), 걸을 때 너무 빠르거나 너무	유교 문화[37)] 이기성정(理氣性情) 인의예지(仁義禮智) 실천 윤리: 효제충신, 삼강오륜 사농공상 – 4계급 선비 – 선인(仙人) 선비 – 의리에 기초, 인간관계 유지 의례 연구(예학 발전) 삶의 중심: 군사부 – 일체 윤리 규범의 근본: 통(統)의식 3통: 도통(道統) 사(師) 왕통(王統) 군(君) 가통(家統) 부(父) 소학에서 제시하는 선비 삶의 4단계 : 수교 단계(출생-9세) 가정교육, 식사법 오른손 사용 어른이 호출 시 빨리 대답

	느리지 않게(귀족은 빨리 걸으면 하인, 느리게 걸으면 부인이나 신부로 취급), 뛰면 도둑 오인(중남미)	7세: 남녀7세 부동석 8세: 어른에 양보
18~19세기	(개화기) 절대적 궁중 양식의 지속 1) 부르주아 중심의 문명화 완성 단계 2) 왕, 귀족, 부르주아 상호 의존 관계 차별 지양, 국빈적 성격의 문명 매너의 민주화 실현 단계 3) 유럽 각국 문화의 차별화(불,영,독 등)	1879 문호 개방 서구문화(혼성문화 적응, 수용능력 필요) 1894 과거제도 폐지 유학+서구 문명교육

고대부터 우리에게는 선가(仙家)를 중심으로 선(仙)문화가 전수되면서 고구려, 백제, 신라 등 삼국시대를 거쳐 조선에 이르기까지 한민족의 전통적 정신으로 이어져 왔다. 선가사상은 선학(仙學), 선도(仙道)라는 학문과 철학에 근거한 인간과 우주의 도리와 법칙을 밝히려는 사상이다. 특히 사람이 우주와 자연의 주인으로 인본주의 사상을 중시하였다.

매너는 동·서양과 나라에 따라 다른 면이 있으나 어느 나라를 불문하고 그 나라의 민족적 자긍심, 자화상으로 발전되어 온 전통적 예절이라 할 수 있다.

서양식 사고나 동양식 사고 중 어느 사고가 우월하다고 단정할 수는 없으며, 서양식 예절이나 동양식 예의범절 중 어느 것이 더 좋고 더 열등하다는 주장이 타당한 것도 아니다. 어느 것이 더 좋고 열등하고의 문제는 외국의 관습, 사고를 연구하면서 우리 것과 대비해서 느끼는 공감의 정도와 관련된다 할 것이다.

문화 다양성과 관련하여 동·서 문화와 사고방식의 차이를 이해하려면, 리차드 니스벳(Richard Nisbett; 미시건대)의 "생각의 지도"(번역판)가 도움이 될 것이다. 또한 동양인의 순환적(circular) 사고, 집단적 소속감, 겸손의 미덕, 서양인의 직선적(linear)사고, 독립적 개인주의, 자기주장 의식 등에서의 여러 가지 차이점에 관하여 실험을 통하여 얻은 결과를 소개하고 있으므로 동·서양의 전통적 사고방식, 매너, 에티켓, 의사소통 방식의 차이를 인식하는데도 도움이 될 것이다.

4) 한국 효(孝) 문화의 현대적 재평가

우리나라는 전통적으로 동방예의지국이라 하여 부모에 대한 효도 국가로 알려져 있다. 토인비는 "장차 한국이 인류에 기여할 것이 있다면 그것은 바로 부모를 공경하는 '효(孝)사상'일 것이다"라고 설파했다. 사실 그는 한국의 전통적 유교사상에 근거한 효 사상을 높이 평가한 것이다. 그러나 이제는 우리의 "효 사상"을 재평가해야 할 때라고 생각한다.

우리 어린이들의 어른 존경심이 꼴찌라는 사실이 그 이유이다. 유엔 아동기금(UNICEF)이 2001년 10월 아태지역 17개국의 청소년 1만 73명을 대상으로 어른 존경심 정도를 조사한 것에 의하면, 한국 청소년들의 어른과 교사에 대한 존경심은 최하위였다. 17개국 평균 72% 가 어른을 공경한다고 되어 있으나 한국은 13%만이 어른을 존경한다는 것이다. 존경은커녕 부모, 교사에 대한 욕(상소리)도 예사로 한다는 것이다. 이는 부모 또는 어른의 권위 상실, 교육 풍토의 황폐, 가정교육의 부재 등 모두가 오늘을 사는 우리들의 책임이라 할 수 있다.

중남미 같은 개도국에서도 상당한 수준의 부모 공경사상을 볼 수 있다. 중남미에서는 아들보다는 딸들이 부모를 섬기는 경우가 많다. 왜냐하면 딸과 사위가 장인, 장모를 부양하는 경우가 많기 때문이다. 그래서 딸을 더 선호하는 경향이 있다. 그들은 가톨릭교를 국교로 하고 있지만 추석과 같은 조상 추모일에는 대부분이 성묘를 가고 집에서도 영혼을 위하여 음식상을 차려 놓고 우리 제사와 유사한 방식으로 조상을 섬긴다. 다만 그들이 차려 놓는 음식은 고인 생존 당시 좋아하던 음식이면 된다. 어떤 면에서는 그들의 효 문화가 우리보다 더 잘 보존되고 지켜지고 있는 것이다.

한국적 전통문화를 그대로 보존, 유지하기는 어렵고 효 문화가 상실되어 가는 이때에 효 문화에 대한 현대적 개념을 다음과 같이 정의

하는 의견이 있다.

- 더 이상의 전통적 사회규범, 강제성을 띤 규칙이 아닌 자율적 사랑의 개념.
- 수직적 의무적 부자(父子)관계 설정이 아닌 수평적 평등관계로서의 애정 표현.
- 약자인 노인에 대한 소외감의 제거.
- 부모에 대한 정서적 동반자.
- 인류가 존재하는 한 인간의 최소한의 도리, 예(禮).
- 효는 노인의 외로움과 허탈감을 달래주는 사랑의 정신이다.[38)]

2007년 젊은이를 대상으로 실시한 노후에 자녀로부터 부양 받을 의향이 있는지에 대한 한 여론조사기관의 설문조사 통계에 의하면 스스로 해결하겠다는 의견이 73.3%를 차지했다. 국민 다수가 장래에 자녀에게 의존하지 않고 스스로 해결하겠다는 의지로 독립심이 강한 현대적인 바람직한 사고방식이라 하겠다. 그러나 이러한 생각은 복지정책이 부족한 현대 우리 사회의 심각한 문제점으로 대두되고 있음을 간과해서는 안 된다. 즉, 국민의 노령화에 대한 행복한 삶을 보장하는 사회복지보장제도가 미비한 현 단계에서 국가를 신뢰할 수 없으므로 국민 각자가 노후대책을 세워야 하는 실정이기 때문이다. 그러므로 개인의 각종 부정부패, 비리에 의한 자금 축적을 강요하는 원인의 하나가 되는 것이다. 덴마크, 스위스, 스웨덴 등 북유럽 선진국들의 경우는 평상시 봉급의 50% 이상을 세금으로 국가가 환수, 예치해 두었다가 노인복지기금으로 환원해 줌으로써 완전한 선진복지국가를 자랑하고 있는 것이다. 개인이 치부하거나 돈을 저축해서 노년에 대비할 필요가 없는 것이다. 우리는 정부가 국민의 노후생활을 보장하기 위하여 제정한 국민연금보호제도 자체에 대하여도 국민들이 신뢰를 하지 못하는 것이 문제이다. 우리도 효 문화가 사라져 가고 심각한 사회적 문제가 야기된 데 대비해서 선진국형의 복지제도를 하루빨리 마련해야 한다. "요람에서 무덤까지"라는 말대로 노인들의 여생을 국가가 책임져야 하기 때문이다.

5. 문화 다양성의 한계와 장애물

1) 문화 다양성의 한계와 문제

어느 국가나 민족도 그들 고유의 문화를 가지고 있으며 전통적으로 유지, 발전시켜왔다. 그 문화는 동일하거나, 유사하거나 전혀 상이할 수 있다. 이러한 문화 양상의 차이 내지는 발전의 차이를 문화의 다양성이라 한다. 문화, 문명을 연구하는 세계적 석학들은 문화의 다양성과 관련하여 문화의 충돌, 문화 간의 대화 등 다양한 의견을 제시한다. 에드먼드 사이드(E. Said)의 "문화와 제국주의", 하티미(이란 대통령)의 "문명의 대화" 등이 좋은 예이다.

다른 나라의 문화를 볼 때 이해할 수 없는 경우, 이해는 되나 공감할 수 없는 경우, 동의할 수 없는 경우, 또는 수용할 수 없는 경우가 있다. 그런가 하면 전적으로 공감, 수용할 수 있는 경우도 있다. 이것은 문화 다양성인 동시에 문화 다양성의 한계라고 할 수 있다.

예를 들어 아마존 지역이나 아프리카의 일부 식인종들의 생활을 수용할 수 없는가 하면, 한국, 중국 등에서 많은 사람들이 개고기 음식을 먹는 행위는 이해 내지 동의할 수도 있고 전혀 이해 못 하겠다는 주장도 있다. 아프리카의 케냐에서는 외부의 다른 종족이 방문할 때 아이들이 침을 뱉어 대하는 행위가 최대의 환영 관습이라 하는데 상식적으로 다른 문화권의 사고방식으로는 이해할 수가 없는 일이다.

또 이슬람문명과 기독교문명 등 종교문명 간의 충돌 대립은 근본주의의 문제, 정치적 문제도 있지만 상호 이해 부족 내지 독선적 자기문화 중심주의에 근거한다.

이러한 문명 내지 문화 다양성의 차이에 대한 주장은 또한 자기민족 우선주의, 종족 우월주의 등에 기인한다. 문화의 한계 내지 다양성을 극복하지 못하고 문명의 충돌을 야기하는 것은 그 문명 주체의 인류공존에 대한 아량 부족, 종교관의 문제, 즉 신에 대한 독선적 신앙, 역사인식의 부족, 현대화 적응성의 문제, 인간 지혜의 문제 등 인간과 삶의 가치관에 대한 인식의 문제라고도 할 것이다. 이것은 바로 글로벌 마인드의 문제도 된다.

2) 문화 장애물의 극복이 중요한 이유

프로이트(Sigmund Freud)는 인간의 자기 보존적 본능이 본래적 본능으로 문화의 가장 큰 장애물이라고 했다. 프로이트의 본능은 에로스(Eros)와 죽음, 그리고 파괴의 본능이다. 자기파괴의 본능은 바로 공격적 본능으로 표출되는데 이것이 결국 문화의 장애물이 된다는 것이다.

인간 사회에 좋은 문화, 공동체사회 등 인류가 더불어 사는 문화를 심기 위해서는 인간의 본능인 공격적 본능을 제거하여야 하며 이는 심리적 힘, 의식전환에 의해서 가능하다.(리처드 노만, 윤리학 강의). 즉, 의식의 전환은 초자아(超自我-Super ego)적 도덕성에 의해서만 가능하며 결국 교육에 의해서 가능하다는 것이다.

기어츠 홉스테드(G. Hofstede; 네덜란드, 경영, 문화학 교수)는 문화적 가치 연구 결과, 시간 경과에 따라 국가 간의 문화 차이에 관한 가치 차이는 계속 존재해 오고 있으며 앞으로도 수백 년 간 문화적으로 다른 상태로 남아있게 될 것이라고 한다. 그러나 나라와 인종에 따른 문화의 차이를 문화 간의 만남을 통한 공존을 위하여 인간 간의 서로 다른 정신 프로그램의 한계를 보다 깊이 인식하려는 의식을 개발하는 것이 가능하며 모두가 같아질 수는 없지만 적어도 생각에서나마 코스모폴리탄(cosmopolitan)적으로 될 수 있다는 것이다.[39)]

기술적 상대주의자들은 문화적 다양성, 도덕적 신념, 도덕률 기원의 차이, 자기민족 중심주의 등을 내세워 모든 문화권에 공통되는 도덕규범은 없다고 주장한다. 그러나 외교계의 규범이며 관례로 사실상 세계적으로 준수되고 있는 의전(protocol) 관례를 볼 때 모든 문화권에 어느 정도 보편적으로 공통되는 도덕규범의 존재 가능성 즉, 보편화 가능성의 원칙(principle of universality)이 존재할 수 있다.

모든 문화를 동일화하는 것은 불가능하나 인류사회가 이기적 본능을 초월할 경우 문화의 공통성, 즉 공동체 사회건설을 위한 최대공약수로서의 보편적윤리의 확립과 인류 공동가치문화의 창조가 가능할 것이며, 그것은 글로벌 생활교양 윤리(global mind & ethics) 문화의 확립과 교육으로 실현이 가능할 것이라고 본다.

3) 자유민주주의를 잘못 받아들인 결과

우리는 인류 역사상 최대의 고귀한 정치사상인 자유민주주의 사회에 살고 있다. 그러나 인간은 이성의 망각, 가치의 상실 속에서 경제적 인간(homo economicus), 즉, 경제벌레로 변질되었다고 이반 이리치(Ivan Ilichi)는 말한다. 경제가 발전할수록 인간은 이성의 퇴보를 초래한다는 것이다. 자본주의 발달에 따른 저질문화의 영향이라 할 것이다.

월드컵 행사에서 보여 준 고수준의 성숙된 시민의식은 높이 평가되어야 마땅하다. 그러나 젊은이들의 기쁨과 환희는 그동안 내면에 억압되었던 한과 열정의 표현이며 그것이 놀이문화를 통해서 분출되었다는 견해도 있다. 따라서 월드컵이 끝난 후에 일부는 도시 봉사활동 등에서 보람을 찾았으나 많은 젊은이들이 허전한 마음에서 방황하고 있는 경향을 보였다는 평가가 있다. 월드컵증후군에 시달려 끌려갈 것이 아니라 각자가 성숙한 문화시민으로서의 자각의식을 갖추도록 반성의 계기로 삼았어야 했다.

이어령 교수의 표현대로 "판" 자가 붙은 것 치고 온전하고 정상적인 것이 없다. 이판사판, 춤판, 노름판, 싸움판, 먹자판, 욕지거리판, 사기판, 난장판 등이 그런 것이다.

이러한 모든 표현은 무질서의 대표적 표현으로 한 마디로 "개판문화"를 표현한다고 할 것이다.

사회질서는 그 나라의 문화수준의 척도이며 국민의식 수준과 직결된다. 사회 각 분야에서 질서가 잘 유지되는 나라는 선진문화 국가라 할 수 있고 그렇지 못한 나라는 후진문화 국가이다.

김수환 추기경도 선진 국민은 경제나 과학기술만으로는 곤란하며 국민의 의식수준 고양이 필요하다고 강조한 바 있다

선진국은 그 사회의 각 분야에서 기본질서가 잘 지켜지고 유지되는 합리적인 제도와 그 제도를 존중하는 높은 교양 수준을 갖춘 국민들로 구성된 나라이다. 질서의식이 높은 나라일수록 선진국에 가까운 나라이며 후진국일수록 질서의식이 낮다고 할 수 있다. 홉스는 무질서의 원인을 인간 본성에 내재하는 경쟁심, 불신, 자존심 세 가지에 기인한다고 말하고 특히 사소한 자존심이 인간 폭력행위까지 유발한다고 보았다.

우리 사회의 무질서의식은 여러 가지 사회 구조적, 심리적 원인에 기인한다. 무질서의식은 편의주의, 적당주의, 이기주의, 무관심, 무사안일, 인내심 부족, 타인 배려 부족 등 후진적 사고방식과 나쁜 습관에 기인한다

예를 들면, 교통법규 위반, 주차 위반, 난폭 운행, 음주운전 등의 교통 무질서를 들 수 있다. 화장실 사용, 지하철 승하차할 때 무질서 행위도 같다. 그런가 하면 나라의 정책도 마찬가지이다. 교육정책, 건설정책, 신용카드 정책, 선거 무질서 등 사례를 다 들어 설명할 수가 없다.

무질서 사회는 정의가 없는 사회이다. 목소리 큰 사람이 살아남는 사회이다 보니 정의가 약할 수밖에 없다. 옳고 그름의 구별이 명확하지 않다. 자유민주주의, 자본주의, 시장경제도 질서 속의 번영에서 찾아야 한다. 글로벌 교양문화 수준의 문제로 귀착되는 것이다.

일부 잘못된 문화는 현대 자본주의, 개인주의, 자기중심 등 서양문화의 도입, 동화 과정에서 적절한 시간, 단계, 정선절차 등을 제대로 거치지 못하고 급속도로 동화됨으로써 많은 부작용을 초래하게 된 것이다. 서양의 좋은 문화를 수용하되 나쁜 문화를 배척했어야 하는데, 그와 반대로 나쁜 문화가 더 많이 도입된 결과이다.

문화 도입 과정의 발전단계를 베네트(Bennet)는 다음과 같이 6단계로 분류하였다.[40)]

① Denial(외국 문화의 배척, 부정 단계)

② Defense(유입의 저지, 방어 단계)

③ Minimization(최소의 수용 단계, 문화 접촉 단계)

④ Acceptance(수용 단계)

⑤ Adaptation(어느 정도 수용된 단계)

⑥ Integration(완전수용 단계; 동화 단계)

우리도 외국문화 도입 과정에서 정상적이고 선별적인 중·단기적 수용, 동화의 단계를 거쳐야 했다. 그러나 조선시대 말 쇄국정치시대와 개화기를 거쳐 6·25전쟁 전후로부터 밀려 온 일부 서양저질문화의 파도에 쓸려 마구잡이로 외국문화를 받아들이다 보니 부정적 측면에서의 문화수용, 즉 "판" 문화로 변질된 것이라 할 수 있다.

칸트는 악은 도덕법칙을 위반할 가능성이 있는 주제적 근거 안에 놓여 있다고 하고 "악은 자유로부터 출발한다. 인간에겐 악으로 향하는 성향이 있다"라는 기본명제를 제시하였다.[41)]

시장경제와 민주주의 꽃이 활짝 피려면 ① 환경 테러 문제 해결 ② 이기적 개인주의 극복 ③ 문화차이의 이해 등 인류의 투쟁 극복과 화해 실현 없이는 불가능하다고 미셸 비비오르카(Michel Wieviorka; 프랑스, 세계 사회학 회장)는 주장한다.(조선일보, 2007.11.15.)

자유민주주의의 소산으로서 비정상 문화를 유지할 것이 아니라 이성으로 되돌아가 윤리, 도덕을 회복하여 후란시스 후쿠야마의 인류 최상의 정치, 사회제도인 자유민주주의의 고귀한 가치의 진가를 찾아야 할 것이다. 현대 선진민주주의(modern democracy) 사회를 확립해야 한다.

이제 세계 인류가 이 책에서 주장하는 대로 올바른 교양의 덕목을 갖추어 서로 존중하고 더불어 사는 상부상조의 공동체정신, 더불어 사는 화합, 공화(共和)의 정신으로 변화해야 한다.

* 이 세상에 살아남는 것은 가장 강한 것도 가장 영리한 것도 아니다. 가장 변화에 민감한 것이 살아남는 것이다. — 찰스 다윈-종의 기원 중 —

제6장 신 윤리(높은) 문화 창조

지금부터 새로운 문화의 창조가 요청된다. 우리는 어떤 문화를 창조해야 하는가? 반칙 문화가 왜 성행하고 있는가를 알고 해결 방안을 찾아야 할 것이다. 우리는 이제 "오프 사이드 문화"를 과감히 떨쳐 버리고 "노 오프사이드" 문화를 창조해야 한다. 이것은 바로 높은 문화의 창조를 의미하며 일류 선진복지국가로 가는 길이라 생각한다.

1. 노 오프사이드(반칙 금지) 문화의 창조

오, 대-한민국! 붉은 악마들의 우렁찬 함성은 멀리 사라져 가고 있다. 우리 젊은이들의 혈관 속에 잠재해 있던 한과 기쁨의 열광이 2002 월드컵을 계기로 화산처럼 분출함으로써 세계를 놀라게 했다. 한국인의 저력을 세계만방에 과시한 것이다. 언론에서 김태길 교수는 무한한 가능성을 내포하고 있는 이 귀중한 젊음의 에너지를 올바른 수로로 유도해 내일의 국가 발전으로 이어지도록 만드는 것은 넓은 의미의 "교육이 해야 할 일"이라고 강조했다. 응원 마당에서의 쓰레기 청소 정신을, 평소 길에서도 그렇게 하도록 그들의 혈기를 바른 길로 인도하는 "교육의 손길"이 가해져야 한다고 주장했다.

2002 월드컵의 성공적 개최를 정보통신 산업, 한국상품 홍보 등 경제적 이익과 한국이미지 선양에만 국한하여 외형적 수익만 평가하고 만족할 것이 아니라 이 기회를 활용하여 모두가 선진문화 의식, 글로벌 생활교양 마인드를 갖도록 대책을 강구하는 것이 중요했다. 그렇지 않으면 또다시 88올림픽 개최 결과와 같이 일회용 효과로 끝나고 말 것이다.

마이클 부린 한국 메리트버슨 회사의 마스텔러 부사장은 “월드컵으로 한국이 거둔 소득은 젊음(youth), 정열(passion), 선량함(goodness)과 같은 긍정적인 이미지를 획득했다는 점이라며 정부가 아무리 노력해도 안 되는 일을 시민들이 이뤄 놓았지만 이를 유지 보전하려는 정부의 움직임은 보이지 않는다”라는 부정적 지적을 했다.(중앙일보 2002.8.7)

우리는 축구의 열기로 나타난 국민의 단결심이라는 긍정적 요인을 애국적 단결력의 발전적 승화로 효과를 유도하는데 전력을 기울여야 한다. 단순한 스트레스 해소문화나 기쁨과 즐거움을 위한 일회용 놀이문화로 추락하지 않도록 해야 하는 것이다. 그것은 하나의 부정적인 극성문화에 불과한 것일 수 있기 때문이다. 다음의 명언을 음미해 보자.

말없이 실천하는 것은 군자의 행동이요(無言實踐君子動)
큰소리를 쳐도 실천하지 않으면 소인의 행동이다(大聲無實小人行)

‘오, 대~한민국!’을 아무리 크게 외쳐도 그 숭고한 뜻의 결실이 없으면 없었던 것이나 다를 바 없다.

우리는 축구를 통하여 남녀노소 모두가 축구 전문용어인 “오프사이드(off-side)”라는 용어를 확실히 알게 되었다.

오프사이드는 공을 상대방 수비선수가 없는 적 진영에 먼저 들어가 있는 자기팀 선수에게 미리 패스해 주는 행위로 규칙위반이다. 그 벌칙으로 프리킥을 허용, 패배할 수도 있는 것이다. 우리가 오프사이드에 관하여 이런 정도의 상식만 배우고 넘어간다면 이는 바로 일회용 축구문화로 끝나는 것이다.

오프사이드 현상은 규칙위반, 질서위반 행위이며 범법행위인 것이다. 예를 들어 교통질서위반, 차선위반, 좌·우회전 신호 위반 등은 교통질서에서의 오프사이드 현상이라 할 것이다. 한 마디로 말하면 "오프사이드 문화"는 비정상적 반칙의 문화이다.

이제 우리는 "노 오프사이드 문화"를 창조해야 한다. 노 오프사이드 문화는 사회질서, 윤리 도덕을 지키고 부정부패 비리행위를 범하지 않는 정직과 원칙의 문화이다. 즉, 반칙금지의 문화이다. 우리의 기본이 되어야 한다. 왜냐하면 오프사이드 문화는 나라를 망국으로 몰고 가는 사탄(마귀, 마구니)이기 때문이다.

우리는 "대-한 민국"이라는 구호를 "노 오프사이드" 구호로 바꾸어 외칠 수 있어야 한다. 모두가 지하철이나 거리에서 젊은이들이 이구동성으로 "노인공경, 자리양보" 등 구호를 외칠 수 있어야 한다. "부패 타도", "정의 실현" 등 우리나라에 적합한 구호는 너무나 많다. 모두가 "오프사이드 문화"를 제거하는데 창조적 역할을 해야 한다. 남보다 내가 더, 나만이 더 앞서가고, 내가 더 잘 먹고 더 잘 살아야 한다는 강박관념에 사로잡혀 수단방법을 가리지 않고 자기이익만 챙기는 문화는 바로 "오프사이드 문화" 이다.

우리는 이제 "오프사이드 문화"를 과감히 떨쳐버리고 "노 오프사이드" 문화를 창조해야 한다. 새로운 혁신문화의 창조가 필요하다. 이것이 우리의 살 길, 일류 선진복지국가로 가는 길이다.

2. 정치 차량(Political Vehicle)이란 무엇인가?

우리나라의 정치를 성공적으로 수행하는데 필요한 선결조건은 지도력, 정직성, 청렴성, 개혁성, 투명성 등 윤리 도덕적 덕목과 글로벌 마인드를 갖춘 교양인이어야 한다. 사리사욕과 자기중심 사고방식을 버리고 합리적이면서 원칙을 존중하는 선진적 사고의 소유자여야 한다. 정치는 지도자 혼자의 힘으로는 불가능하다. 따라서 훌륭한 지도자의 뜻과 일치하는 지지세력, 하부구조로서의 훌륭한 정치조건(훌륭하고 유능한 지도자와 훌륭한 하부구조 또는 하부팀)을 갖추어야 한다. 하부구조(sub-leaders) 팀을 정치차량(political vehicle)이라 하며 구성요소는 다음과 같다.

① 훌륭한 각료, 훌륭한 측근, 공직자, 각계의 지지세력
② 훌륭한 지지정당
③ 훌륭한 제도
④ 훌륭한 국민

따라서 훌륭한 지도자로서의 대통령과 정치를 지원하는 훌륭한 선진형의 장치를 지도자의 하부구조라고 하겠다. 정치를 지원하는 장치, 지도자의 하부구조 내지는 지도팀으로서의 시스템이 정치차량(political vehicle)이다. 항공기나, 선박 또는 자동차를 운전하는 경우와 비교할 때 지도자는 훌륭한 항해사 또는 운전사라 할 수 있다. 각료 정당, 제도 등은 하나의 자동차, 버스 또는 항공기나 선박이라 할 수 있으며 이를 총칭하여 차량(vehicle)이라 명명한다. 차량이 잘 굴러 가는 경우 선진국형 차량이라 한다면 차량이 잘 굴러가지 않고 가다 서다 고장이 나거나 사고가 나는 경우를 후진형 차량이라고 비유한다. 훌륭한 운전자가 훌륭한 차량을 운전할 때 승객인 국민의 안전을 도모할 수 있고 안전여행을 할 수 있다.

즉, 대통령이 좋은 정치차량(political vehicle), 즉 훌륭한 정치를 하는 팀을 가지고 나라를 잘 이끌어 가면, 나라 정치는 잘 될 것이고 국민은 행복할 것이다. 이것이 대부분 서구 선진국의 정치상황인 것이다. 지지세력도 정치차량의 구성원이다. 지지세력은 강압적으로 이

루어지는 것이 아니라 지도자 또는 정부가 내세우는 정책과 비전, 정책 목표에 대한 찬동, 동조 세력을 자연스럽게 규합해 나가는 노력으로 가능한 것이다. 명분과 타당성 있는 정책 목표의 확립과 추진이 필요하다.

선진국은 대통령이 좀 부족해도 정치가 별 문제없이 잘 되어 가는데 이는 바로 우량차량이 잘 굴러가기 때문이다. 운전자가 좀 능력이 부족해도 차량이 좋으니 상호 보완적 역할이 가능하기 때문에 별 문제가 없다. 시동만 걸고 방향만 잡아주면 저절로 잘 굴러 가는 것이다. 그러나 고물 차량인 후진국에서는 문제가 다르다. 훌륭한 운전자라도 고물차 운전은 쉽지가 않다. 더군다나 서툰 운전자는 차량을 제대로 끌고 갈수가 없다. 가다 서다를 되풀이 할 수밖에 없다.

지도자들, 정치인, 국민들은 이 정치차량의 작동원리를 알아야 할 것이다. 지도자는 누구보다도 정직하고 똑똑해야 하며 지도자를 지원하는 차량을 구성하는 팀들도 똑똑하고 정직한 사람으로 구성되어야 한다. 운전기사로서의 지도자가 아무리 자신의 스타일과 믿음에 대한 확신을 가지고 있다고 해도 수시로 고장 나는 차량을 하나하나 뜯어 고치면서 운행하기는 어렵다.

정치 지도자들이 엉성하면 국민들이 똑똑해야 한다. 모든 국민이 자각해서 주인의식을 가져야 한다. 국민들도 정치를 감시, 감독하고 나라를 바로 잡을 수 있는 의식수준을 갖추어야 한다.

훌륭한 정치차량과 노 오프사이드 문화 등 신윤리문화의 확립은 지도자와 국민이 글로벌 교양 마인드를 갖추어야 비로소 가능하다.

우리 모두가 지금까지 지나온 길을 돌이켜보면 너무나 빨리 급하게 달려온 것 같다.

하나의 배가 모진 풍랑을 맞으며 파도와 소용돌이를 헤쳐 가다 보니 이제 모두가 몸살을 앓고 있는 것이 아닌가 싶다.

"배는 허우적거린다"

물에 빠진 선원들은
이빨을 드러낸 사자의 얼굴로 혼자만 살려고 발악한다.
지푸라기라도 먼저 잡으려고 기를 쓴다.
목청을 높이고, 주먹을 휘두른다.
구사일생으로 갑판에 올라서도 혼자 더 먹겠다고
음식을 발로 밟고 집어본다.
포장은 화려한데, 속은 썩었다.

호화 저택의 사냥개같이
배 터지게 먹고 얼렁뚱땅 꼬리치며
사기극을 연출한다.
긁어모은 돈을 등에 깔고 낮잠을 잔다.
돌 이마에 바늘 한 땀 안 들어간다.
막힌 구멍 뚫을 수도 없다.
돈 뭉치는 때를 잘 만나면
투표용지로 둔갑하고
거짓말, 뜬소문 추태가 난무한다.

인간성 없는 마네킹족이다.
인정은 삽살개에게 빼앗긴 지 오래다.
대문은 굳게 닫혀 있다.
전화는 끊어진 지 오래다.
건물 안에서는 허울 좋은 가면 쓰고
선량하게 기도하고
나오자마자 가면 벗어 던지고
본래 모습 되찾는다.

혼자만 먹겠다는 사람
뜯어 먹겠다는 사람

너와 내가 다른 게 없다.
이것을 누구는 "판 문화"라 했던가?

그간 망각의 미로를 헤매었다.
착각은 자유라고 만끽했다.
그야말로 엉터리 세상을 살아 왔다.
정직하고 고지식한 선원은
죽지 않으면, 딱 빌어먹기에 알맞았다.

이제 그 누구도 혼자서 노를 저어 갈수는 없다. 한 배에 탄 사람은 모두가 공동 운명체다. 모두 끝까지 박자를 맞추어 힘차게 노를 저어 나가야 한다.

배를 목적지로 인도하는 오색찬란한 등대가 보인다. 그 등대를 향하여 달리고 또 달리고 있다. 내일이면 도착하리라는 기대 속에서 평화와 자유와 풍요가 깃든 에덴의 항구로 다가가고 있다. 세계의 파도가 몰려오고 있다. 우리가 타고 가는 배는 파손되거나 침몰될 수 없다. 태풍과 파고가 닥쳐와도 굳세게 유유하게 전진해야 한다. 항구가 가까워 온다. 항구가 가까워 올수록 속도를 늦추고 서서히 정확하게 접안해야 한다. 선장, 항해사 그리고 승무원 모두가 침착하게 합심, 협력할 때다.("배는 허우적거린다"는 저자의 1996도 수상집 "고지 위의 꼬레아노" 서문을 수정 인용)

3. 신 윤리 문화 창조는 왜 필요한가?

노만(R. Norman; 철학, 영국 켄트대)은 "인류사회에 남은 문제는 전통적 도의적 한계를 벗어나 선한 삶과 이성적 행위에 대한 보다 적절한 이론을 제시하는 것이다"라고 했다. 이것은 신문화 창조로 가능하다고 생각된다.

세계화는 문명의 충돌이 아니라 문명의 화합이어야 한다. 어느 일개 문명의 지배가 아니라 문화의 합리적 융합을 통한 인류 공동의 평화 복지세계 건설에 목표를 두어야 한다. 문화의 다양성을 무조건 인정하라는 주장에도 문제가 있고 문화의 다양성을 부인하는 입장에도 문제가 있다. 어느 국가 민족이든 자국 또는 자기 민족문화에 장 · 단점이 있음을 겸허히 인정하고 시정할 사항은 시정하고 현대화 할 줄 알아야 한다. 자가 문화의 단점은 과감히 버리고 다른 문화의 장점은 과감히 수용할 줄 아는 아량을 갖는 것이 중요하다.

문화의 시정방향은 기본적으로 인류의 가치, 존엄성을 최대한 존중하면서 보편타당성, 합리성, 공정성, 이성에 근거해야 한다.

"인간을 더 선하게 만들려면 의식 속에 선(善)한 이념을 더 주입시켜야 한다"라고 마빈 해리스(Marvin Harris)는 주장한다.[42)]

이 장에서 말하는 신문화 창조의 의미는 높은 문화, 바른 문화를 창조하고 낮은 문화, 나쁜 문화를 과감히 청산해야 한다는 의미이다.

예를 들어 최근에는 임명직, 선출직을 불문하고 투기, 사기 등 부정 비리와 관련된 사람을 선별하는 청문회 등 제도가 점진적으로 강화되고 있음은 바람직한 현상이다. 앞으로는 공직자 자격조건을 형식적 틀에서 벗어나 더욱 엄격히 강화하는 조치를 강구하여 낮은 교양수준의 인물들은 과감히 정치, 사회 지도층 등 고위직에 취임할 수 없도록 하는 제도를 확립하는 선진문화를 창조해야 한다. 공직임명, 노사문제 등 모든 사회적 문제로 발생하는 이해당사자 간의 시비, 갈등, 분열, 대립, 투쟁, 싸움 등을 근본적으로 제거할 수 있는 선진형 시스템을 마련해야 한다. 부정, 비리, 투기 등으로 얻은 재력을 바탕으로 선거에 출마한 사람, 즉 낮은 교양인에 대해서는 그 지역 주민 스스로가 지지표를 주어서는 안 된다. 그것이 주민 스스로를 높은 교양인으로 만드는 길의 하나이다. 높은 교양인 낮은 교양인을 구별함으로써 높은 수준의 교양 문화를 창달하는 것이 일류 선진국으로 가는 길이라고 생각한다.

리처드 니스벳(Richard Nisbett; 미시간대 심리학교수)은 동·서양인의 사고방식의 차이를 다양한 실험을 통하여 심층 분석한 그의 저서 "생각의 지도"에서 동양과 서양문화가 서로의 문화를 수용하여 가장 좋은 특성만을 통합한 새로운 문화를 만들게 되기를 기대한다고 결론을 내리고 있다. 이는 이 책에서 끊임없이 제시하는 글로벌 마인드 문화의 창조 주장과 어느 정도 일치하는 것이라고 생각한다.

선(善) 문화의 창조는 높은 문화, 바른 문화의 창조를 의미한다. 선한 삶과 이성적 행위의 고양을 위한 신문화 창조는 글로벌 생활교양 문화의 확립으로 가능할 것이다.

우리는 세계에서 가장 위대한 국민의 하나이다. 올림픽경기에서 보여주었듯이 저력있는 위대한 국민이다. 첨단과학기술의 개발능력, 신문화 창조능력을 가지고 있다. 개인의 우수한 두뇌와 숭고한 단결, 협동정신을 발휘하여 글로벌 마인드 문화, 신문화를 창조한다면 세계 최고의 일류선진국민이 될 수 있다.

---

* "역사의 버스"를 스스로 책임지고 모는 주인 의식을 갖춘 인재를 양성해야 한다.

- 페르난도 베칼리팔코(GE인터내셔날 회장) -

註 (Ⅲ부)

1) 김용학, 중앙일보. 2002. 3. 8.
2) 새뮤엘 헌팅턴, 문명의 충돌, p.55. 100.
3) 최인한, 한국경제, 2003. 7. 9.
4) 김경일, 나는 오랑케가 그립다. p.38.
5) 캐나다 오타와 G20 연설내용 중, 2001. 12.
6) 조지타운대학교 연설 2001. 12. 일간지보도.
7) 장영준, 중앙일보, 2001. 1.1.
8) 김경일, 나는 오랑케가 그립다. p.38.
9) 새뮤엘 헌팅턴, 문명의 충돌, p.77.
10) 기든스, 제3의길, p.291.
11) 세이무어 마틴 리프셋, 개브리엘 샐먼 렌즈, 문화가 중요하다. p.190. 196.
12) 니일 포스트만, Technology, pp.258~259.
13) 기 소르망, The real thinkers of the twentieth century, 趙復三과의 대화, p.157.)
14) 심성보, 교육윤리학입문, p.197.
15) 앤서니 기든스, 제3의길, p.77.
16) 서양근대철학, 철학회 엮음, p.82.
17) 김용옥, 노자와 21세기, p.159
18) 홉스테드, 세계화와 조직, 차재호 역, 1995. p.49.
19) 공건, 세상을 사는 공자의 지혜 1권, p.36.
20) Raymond Aron 주장; pp.103~104.
21) 전득주 논문, 자료:민주시민 교육원 설립 제의, 1995, 4. p.6.
22) Carlos Fuentes, 라틴 아메리카, 서성철 옮김, p.432.
23) 스티븐 코비, 성공하는 사람들의 7가지 습관, p.420.
24) 심성보, 교육윤리학 입문, p.107.
25) 2001. 12. 26. 한국경제, 오광진 기자.
26) 로버트 램, 서양문화의 역사, p.204.
27) 로버트 램, 같은책, p.298~299.
28) 막스 베버, 프로테스탄티즘의 윤리와 자본주의 정신, 박성수 역 p.138.
29) 박충석, 이화여자대학교 명예교수.
30) 사뮤엘 헌팅턴, 문화가 중요하다. p.11.
31) 조홍식, 외교.56호. 2001.1.호. p.34. Clifford Geertz, The interpretation of Culture.
32) Michael E. Porter 글, 사무엘 헌팅턴, 로렌스 해리슨, "문화가 중요하다" p.60.
33) 사무엘 헌팅턴, 문화가 중요하다. p.231.
34) Milton J. Bennet. Yarmouth Maine, Basic Concepts of Inter-cultural Communication. 1998. p.23.
35) 새뮤엘 헌팅턴, 문화가 중요하다. p.43.
36) 밀턴 베넽, Basic concepts of intercultural communication. p.31.
37) 이기성정, 삼통(三統) 등 유교문화 관련 참고: 최봉영 지음, 한국문화의 성

격, 사계절.

38) 황원상, 시니어 저널 편집부장, 한민족 네트워크, 재외동포재단 발행, 2002년 여름호 p.9.

39) 기어츠 홉스테드, 세계문화와 조직, p.335.

40) 밀턴 베넷, "Basic Concepts of Intercultural Communication. p.26.

41) 강영안, 도덕은 무엇으로부터 오는가. p.175.

42) 리차드 노만, 윤리학 강의. p.284.

글을 마무리하면서....

홉스는 현대사회의 부정과 비행을 인간이 상대방보다 나은 지위, 나은 부를 축적해서 자기 나름대로의 만족한 삶을 살겠다는 이기적 욕구 추구에 기인한다고 보고, 인간 사이의 대립을 불가피한 현상으로 판단, 인간사회가 구성되기 전의 원시 자연상태에서 개인은 "만인에 대한 만인의 전쟁"에 처하게 된다고 하였으며, 프로이트는 "인간은 인간에 대해 늑대와 같은 존재"라고 주장한다.

사람들은 본디 선량하고 정직한 인격자이다. 부정, 부패의 주범은 소수이다. 일부의 목소리가 커서 잡음이 들리는 것이다. "악화가 양화를 구축한다"는 그레샴의 법칙이 있다. 나라의 발전을 저해하는 각종의 병폐(악화)를 제거하지 못하면 건전한 사회 건설이 어렵고 선진국 대열에 진입하는데 걸림돌이 되어 결국 후진국 신세를 면하기 어렵다.

칸트는 한 인격이 지닌 덕과 도덕적 가치는 행복을 위한 최상의 조건이므로 도덕적으로 무가치하게 사는 사람은 결코 행복할 가치가 없다고 본다. 현대 사회에서 추락한 윤리, 도덕을 회복하고, 부정, 비리 등 악행을 완전히 제거하고 추방한다는 것은 사실상 불가능할 것이다. 그러나 인간사회에서 힘을 합하여 모든 노력을 경주한다면 어느 정도의 긍정적 실현은 가능할 것이다.

⁋ 정확한 현실, 변화의 인식을 통하여

우리가 처해있는 현실을 정확히 인식하여야 한다. 인간이 살고 있는 현실이 정상적 상황인지를 판단할 줄 알아야 한다. 인간사회가 그런가 보다 하고 지내는 것은 바람직하지 않다. 아파트 안에서만 기르는 강아지는 다른 개를 만나면 무서워 도망가고 사람을 만나면 모르는 사람도 무조건 좋아한다. 마치 자신이 개가 아니라 사람인양 착각하고 있기 때문이다.

미국 등 선진국에서도 부정, 비리는 있다. '2002년 1월 엔론사건', '고임금 CEO들의 회사공금 비리사건' 등이 좋은 예이다. 2008년 1월의 통계에 의하면 인구 10만 명당 751명(한국 97명)이 수감자로 세계 최고이다. 미국은 자유민주주의가 완전히 보장된 국가로 알려져 있으나 부정, 비리 방지와 사회질서유지 면에서는 엄격하다.

정상적 사회는 정직하고 성실한 사람이 잘사는 사회요, 모든 사회가 투명하게 운영되는 사회이다. 21세기 첨단정보화사회는 인류를 투명하고 거대한 "유리 항아리 속에 노출된 나체" 인간으로 만든다. 좋든 싫든 투명성과 정직성의 사회로 가고 있다. 거짓이 없는 사회는 서로가 존경하고 남을 생각하는 "배려와 열린 마음"의 사회이다. 불신이 없는 사회이다. 사기, 비리, 부정행위는 완전히 노출되어 처벌받아야 하며 더 이상 존재해서는 안 되는 사회로 가고 있다.

⁋ 제도개혁 및 강력한 의지 확립을 통하여

마키아벨리는 군주론에서 인간을 정치 목적의 악으로 보고, 선을 강요하지 않으면 악하게 된다고 주장, 악에 물들어 타락하면 법률도 소용없다고 했다. 나라 건설은 타락한 문명인보다 소박한 사람과 하는 게 낫다고까지 역설했다.

글로벌 생활교양의 생활화를 위한 강력한 의지와 제도적 장치가 필요하다. 법을 지키는 제도의 확립, 법률의 현대적 개정, 처벌 법규 강화(공소시효 연장 포함) 등 조치가 수반되어야 교양 함양 노력의 효과가 상승한다. 풀어야 할 규제는 과감히 풀고, 잡아야 할 사항은 확실히 잡는 강력한 의지가 필요하다. 처벌하려면 하고 아니면 말고 하는 적당주의식 사고방식은 이제 지양되어야 한다. '대가성'이란 말이 변명의 용어에서 사라져야 한다. "면죄를 위한 사과 발언"의 유행도 없어져야 한다. 악은 과감히 제거하고 선은 강제할 정도의 제도를 확립하는 일이 중요하다. 진정한 법치국가를 만들어야 한다. 생각의 변화가 필요한 시대이다.

사회 계약적 거국적 교양 함양운동 전개를 통하여

라인홀드 니버는 인간의 이성은 어느 정도는 사회적 상황 내에서 이해관계의 노예가 되기 때문에 사회비리는 도덕적이고 합리적인 권고만으로는 해결될 수 없으므로 이성과의 갈등은 불가피하다는 입장이다. 이런 갈등 상황에서는 힘에 대해 힘으로 맞서는 수밖에 없다. 이러한 엄연한 사실을 교육자들은 간과하고 있으며, 사회학자들조차도 마지못해 인정할 정도라는 것이다.

북유럽 사회에서 발달한 사회적 인문주의는 종교와 도덕교육을 통하여 전민중에게 교양을 넓힐 목적으로 사회개혁 및 도덕개혁을 이루려는 운동이다. 그런 의미에서 이미 늦었지만 우리도 윤리도덕 재건운동을 제대로 전개할 때가 되었다고 할 것이다.

에드워드 홀은 "문화는 생득적인 것이 아니라 습득적인 것이다" 문화는 인간 간의 매체로서 영향을 주며 변경이 가능하다는 것이다. 문화도 태어날 때 타고나는 것이 아니라 교육환경을 통하여 개선이 가능하다는 의미이다. 글로벌 생활교양 문화의 실현은 거국적, 사회계약적 차원의 정신적, 도덕적 선도 교육 운동을 통하여 가능할 것이다.

글로벌 생활교양을 칸트의 도덕법칙같이 만들어 시행하는 것이 세계화시대에 대비한 교양 있는 지도자, 인재(人材), 즉 바른 교양인을 양성하는 길이며, 나라를 진정한 선진국, 일류 국가로 인도하는 방법이다. 또한 장래 통일국가에 대비한 지도적 인재를 양성하는 길이기도 하다.

국제화시대, 세계화시대, 무한경쟁시대를 살고 있는 우리는 한국식, 즉 우물 안 개구리 식으로만 살 수는 없다. 북한이 반세기 동안 소위 공산주의 계획경제와 주체사상이란 고립상태에서 자기식대로 살아온 결과가 국가파산 지경에 이르게 된 것은 모두가 다 아는 사실이다. 비록 이념과 체제의 문제는 아니더라도 21세기 최첨단 정보화 시대에 윤리, 도덕이 살아있는 한국적 일류선진 문화를 만들어 이를 국제화시대에 맞추어 나가야 한다. 글로벌 마인드로의 변화가 필요한 이유이다.

일류 선진국으로 가는 삼위일체의 조건

한국 고유의 전통적 장점, 정체성을 살리면서 서양의 장점을 수용하여 세계적인 교양문화를 모범적으로 창조해서 국민 각자가 몸에 배도록 하여야 한다. 바로 글로벌 마인드 창조의 주역이 되는 것이다. 한국인의 생활예절이 세계의 모범이 되도록 그리고 세계가 우리를 우러러 보아 존경을 받을 수 있는 선진 민족으로서의 자질과 교양, 기본을 갖추고 합심 협력하면서 과학기술(IT, BT, NT, RT, MT etc.), 첨단산업에 집중 투자하여 경제발전에 노력한다면 명실상부한 일류 선진국가를 건설할 수 있을 것이다.

경제가 제일 중요하다 해서 경제문제를 경제원리로만 해결하려고 시도해서는 결코 성공할 수 없다. 정직성과 투명성을 바탕으로 한 정당한 부의 축적이 이루어져야 한다. 글로벌 생활교양 교육의 확립을 바탕으로 모두가 자기 분야에 충실하고 경제과학 기술발전에 최선을 다 해야 한다. 외국어인력을 양성하여 수출 증대 및 적극적 국제사회 진출을 통하여 세계적 경쟁에서 승자가 되어야 한다. 경제성장, 교양 함양, 외국어인력 양성은 선진복지국가에 이르는 삼위일체의 조건이다. 글로벌 코리아로 가는 길이다.

한국에서 성공한 일부 기업의 경영방식이 외국기업에 의해 글로벌 스탠더드로 활용되고 있다는 사실(Ko-balization; 한국 형식의 세계화)은 글로벌 교양 문화의 주도적 창조의 가능성을 시사하는 것이다.

마틴 설리그만은 "낙관적 인간은 성공한다"고 했고 대일 카네기도 "낙관적으로 노력하면 반드시 성공한다"고 했다. 우리 모두가 풍요의 심리로 성공에 대한 희망과 확신을 가지고 단점은 과감히 버리고 장점을 살려 인류의 고귀한 가치를 추구하기 위해 최선을 다 한다면 행복은 보장될 것이며 더 나아가 인류의 행복 실현에 기여할 수 있을 것이다.

끝으로 필자는 우리 자신의 문제를 보다 냉정한 시각에서 분석, 정리, 제시함으로써 많은 전문가 여러분들이 이 분야에 관심을 갖고 더 큰 뜻과 더 좋은 방향을 설정하여 나라의 앞날을 밝히는데 동참하여 주시기를 바라는 마음에 있음을 밝혀둔다. 그런 의미에서 이 글에서 우리나라를 과소평가한 점이 있거나 폄하한 점이 있다면 용서를 바란다.

참고 문헌

Anthony Giddens(1993), 김미숙, 김영학 외 5인 옮김, Sociology, 을유문화사, 1998.

_______(1998), 한상진, 박찬욱 옮김, The third way, 생각의 나무, 1998.

Anthony Giddens & Christopher Pierson(1998), 김형식 옮김, Conversations with Anthony Giddens, 21세기북스, 1998.

Blaine Lee (1997), 장성민 옮김, The Power Pinciple, 김영사, 2001.

Edward T. Hall(1995), 최효선 옮김, Beyond the Culture, 한길사, 1999.

Edward Said, 김성곤, 정정호 옮김, Culture and Imperialism, 창, 2000.

Elizabeth L. Post(1984), Emily Post's Etiquette 14th Edition. Harper & Row, publishers.

Guy Sorman(1990), 강위석 옮김, The Real thinkers of the Twentieth Century. 한국경제신문, 2001.

Geert Hofstede(1995), 차재호, 나은영 옮김, Cultural and Organizations,. 학지사, 1996.

Harold Nicolson(1969), 신복룡 옮김, Diplomacy, 평민사, 1998.

Herb Cohen(1994), 강문희 옮김, 협상의 법칙 I, 청년정신, 2004.

John K. Clements & Douglas F. Mayer(1987), 이은정 옮김, The Classical Touch-Lessons in Leadership from Homer to Hemingway, 매일경제신문사, 1993.

Klaus Held(1990), 최상안 옮김, 그리스로마 철학기행, 백의, 2000.

Larry King(1994), 강서일 옮김, How to talk to anyone,anytime,anywhere. 청년정신, 2001.

Leinhold Niebuhr(1960), 이한우 옮김, 도덕적 인간과 비도덕적사회, 문예출판사, 2000.

Marilyn Pincus(1997), 장경희 옮김, Everyday Business Etiquette, 용인미디어, 1997.

Marshall B. Rosenberg(2003), 캐서린 한 옮김, Nonviolent Communication, 마오출판, 2007.

Marvin Harris, 박종렬 옮김, 문화의 수수께끼, 한길사, 1999.

Max Scheler(1980), 이을상, 금교영 옮김, Der Formalismus in der Ethik und die materiale Werterthik, 윤리학에 있어서 형식주의와 실질적 가치윤리학, 서광사, 1998.

Max Weber, 박성수 옮김, 프로테스탄티즘의 윤리와 자본주의 정신, 문예출판사, 2000.

Milton J. Bennet. Basic concepts of intercultural communication.

Norbert Elias(1996), 박미애 옮김, Zivilisation, 한길사, 1999.

Paul W. Taylor(1975), 김영진 옮김, principles of Ethics, 서광사, 1987.

Peter Collett(1993), 이윤식 옮김, Foreign Bodies(습관의 역사), 2006.

Peter.F. Drucker(2000), 이재규 옮김, 프로페셔널의 조건, 청림출판, 2007.

Richard. E. Nisbett(2004), 최인철 옮김, The Geography of Thought(생각의 지도) 김영사, 2007.

Richard Norman(1983), 안상헌 옮김, The Moral Philosophers(An Introduction to Ethics), 윤리학 강의, 문원, 1994.

Rhonda. Byrne(2006), 김우열 옮김, The Secret, 살림, 2007.

Robert Ramm(1996), 이희재 옮김, The Humannity in Western Culture I, 사군자, 2000.

Robert Root-Bernstein 외(1999), 박종성 옮김, 에코의 서재, 2007.

Samuel P. Huntington(2000), 이종인 옮김, Culture Matters, 김영사, 2003.

______(1996), 이희재 옮김, The Clash of Civilizations, 김영사, 1999.

Stephen R.Covey(1989), 김경섭, 김원섭 옮김, Habits of Highly Effective People, 김영사, 1999.

______(1997), 원칙 중심의 리더십, 김영사, 2004.

Sigmund Freud(1914), 김인순 옮김, The Interpretation of Dream. 꿈의 해석(상), 열린책들, 2000.

Thomas J. Vilord(2006). 안진환 옮김, Great Words of Great Mind, 성공명언, 쌤엔파커스, 2007.

William Glasser(1998), 김인자, 우애령 옮김, Choice Theory: A new psychology of Personal Freedom, 한국 심리상담 연구원, 2002.

William Ridings.Jr. & Stuart B. Miciver, 김형곤 옮김, 위대한 대통령 끔찍한 대통령, 한국 언론자료 간행회, 2000.

강성두, 기독교란 무엇인가, 대한기독교서회. 1989.

강영안, 도덕은 무엇으로부터 오는가, 소나무. 2000.

공건(孔健), 이위길 옮김(1998), 세상을 사는 공자의 지혜 1권, 1999.

금장태, 유교와 한국사상, 성균관대학교 출판부, 1993.
_____, 퇴계의 삶과 철학, 서울대학교 출판부, 1998.
_____편집 공동 위원장 외 다수, 전통 문화 연구회, 경전으로 본 세계 종교, 2001.
김경일, 나는 오랑케가 그립다, 바다출판사, 2001.
김상철, 고지 위의 꼬레아노, 청림출판, 1996.
김용옥, 노자와 21세기(上), 2000.
_____, 도올 논어(I), 통나무, 2000.
김창훈, 국제화 생활 에티켓, 백록, 1994.
나카다니 아키로히(1993), 현선아 옮김, 교섭테크, 청맥, 1994.
도몬휴유지(童門冬二)(1984), 이정환 옮김, 오다노부나가(織田信長)의 카리스마 경영, 경영정신, 2000.
박영준, 볼프강 글로벌 비즈니스 1.2. 김영사, 2000.
박태일, 비즈니스교양, 토내이도, 2007.
서양근대철학회, 서양근대 철학, 창작과 비평사, 2001.
심보성, 교육 윤리학 입문, 내일을 여는 책, 1995.
앙드레 베르제즈 & 데니스위스망, 새로운 철학 강의, 이정우 옮김, 1991.
양춘희 외 2명, 비즈니스커뮤니케이션, 북코리아, 2004.
유재봉, 최승희, 심리학개론, 박영사, 1994.
외무부 발간(박동진 장관 시), 외교관 요람, 1979.
외무부. 의전실무편람, 2002.
이가원 감수, 大學.中庸, 홍신문화사, 1993.
이기석 역해, (신역) 小學, 홍신문화사, 1994.,
이시헌, 孟子, 이 난세를 어이하리, 하나미디어, 1992.
정약용(다산), 목민심서(牧民心書), 박일봉 역저, 육문사, 2002.
조개종 포교원 편저, 불교교리 2. 조개종출판사, 2002.
조량제, 모범 회의진행법, 일신서적, 1996.
조용헌, 5백년 내력의 명문가 이야기, 푸른역사, 2002.
최봉영, 한국 문화의 성격, 사계절, 1997.
하지연, 소통의 기술, 미루나무, 2007.
한비자(韓非子), 허문순 역해, 일신서적, 1994.
황농문, 몰입, 랜덤하우스, 2008.
탁영진, 교육학(上)(탁설회소), 열린교육, 2002.
홍대식 편저, 사회심리학, 청암미디어, 1997.

글로벌교양과 리더십

초판 1쇄 발행 2008년 9월 20일
초판 2쇄 발행 2012년 10월 30일

지은이 ▪ 김상철
발행인 ▪ 박 철
발행처 ▪ 한국외국어대학교 출판부
130-791 서울특별시 동대문구 이문로 107
전화: 02)2173-2495~7
FAX: 02)2173-3363
홈페이지: http://press.hufs.ac.kr
전자우편: press@hufs.ac.kr
출판등록 ▪ 제6-6호(1969. 4. 30)
편집 · 디자인 ▪ (주)이환디앤비 02)2254-4301
인쇄 · 제본 ▪ SM C&P 02)468-6100

ISBN 978-89-7464-509-0 03190 정가 16,000원

* 잘못된 책은 교환하여 드립니다.

HUEBOOKS는 한국외국어대학교출판부의 인문학도서 Sub Brand이다. 한국외대의 영문명인 HUFS, 사람을 위하는 Humanism, 교육의 Education, 색조의 Hue의 다의적인 뜻으로 해석할 수 있으며, 인문학도서 출판에 대한 의지가 담겨있다.